国家社会科学基金后期资助项目
"国有基金支持企业创新的效率测度、全息模型及路径优化研究"（20FGLB051）

U0367945

国有基金支持企业创新的效率测度、全息模型及路径优化研究

The Impact of State–owned Funds on Enterprise Innovation
Efficiency Measurement, Holistic Modeling and Path Optimization

禹久泓　著

上海交通大学出版社
SHANGHAI JIAO TONG UNIVERSITY PRESS

内容提要

本书深入剖析了国有基金支持企业创新的效率问题,通过产业大数据的建模和应用场景调研,构建了国有基金支持企业创新的评价体系和全息模型,揭示了其内在机制。本书基于产业大数据的开发技术方法,探索了国有基金在产业决策、创新发展、投融资等问题,构建了投资绩效预测模型,为风险管理和投资策略优化提供有力支持;分析了国有基金在缓解企业融资约束、提升创新能力方面发挥的重要作用,认为效率仍有提升空间。此外,本书还提出了优化国有基金投资策略、加强监督管理等建议,以提升支持产业创新的效率。本书的研究丰富了产业大数据相关领域理论体系,为国有基金相关政策制定、企业决策和投资者提供了有益参考。

本书既是经济管理专业本科生、研究生的创业学、投资学和战略财务管理的教材,也是投资界研究国有基金投资的指导用书。

图书在版编目(C I P)数据

国有基金支持企业创新的效率测度、全息模型及路径
优化研究 / 禹久泓著. — 上海 : 上海交通大学出版社,
2024.11 — ISBN 978-7-313-31327-0

Ⅰ. F279.23

中国国家版本馆 CIP 数据核字第 20244JZ507 号

国有基金支持企业创新的效率测度、全息模型及路径优化研究
GUOYOUJIJIN ZHICHI QIYECHUANGXIN DE XIAOLÜCEDU、QUANXIMOXING JI LUJINGYOUHUA YANJIU

著　者:	禹久泓			
出版发行:	上海交通大学出版社	地　址:	上海市番禺路 951 号	
邮政编码:	200030	电　话:	021 - 64071208	
印　刷:	苏州古得堡数码印刷有限公司	经　销:	全国新华书店	
开　本:	710mm×1000mm　1/16	印　张:	18	
字　数:	311 千字			
版　次:	2024 年 11 月第 1 版	印　次:	2024 年 11 月第 1 次印刷	
书　号:	ISBN 978 - 7 - 313 - 31327 - 0			
定　价:	78.00 元			

国家社科基金后期资助项目
出版说明

后期资助项目是国家社科基金设立的一类重要项目,旨在鼓励广大社科研究者潜心治学,支持基础研究多出优秀成果。它是经过严格评审,从接近完成的科研成果中遴选立项的。为扩大后期资助项目的影响,更好地推动学术发展,促进成果转化,全国哲学社会科学工作办公室按照"统一设计、统一标识、统一版式、形成系列"的总体要求,组织出版国家社科基金后期资助项目成果。

全国哲学社会科学工作办公室

序

禹久泓教授《国有基金支持企业创新的效率测度、全息模型及路径优化研究》专著即将出版。他们希望我为该书作序，我欣然应诺。

禹久泓是创投理论和实践的先行者，我是他的这本专著的最早的读者之一。我深为他的科学探索精神所感动。该书展现的丰富内容、大量数据、深透的分析以及丰盛的研究成果都令人耳目一新。

这本书是国内第一本全面论述国有基金投资在产业创新和产业升级的作用，及其在投资中的全息画像和路径优化的书籍。在习近平新时代中国特色社会主义思想指导下，无论从理论研究上，还是从实务操作上，该书对于国有基金投资的研究作出了重大贡献。这本书的价值不只是在于它对中国不同区域的国有基金投资的研究，也不仅仅在于它对中国200多个国有基金投资公司以及200多个有关专家的调研，还在于它覆盖了国有基金投资各个方面的价值链，从融资到投资，从实践到理论，从企业到政府，它涉及国有基金投资家、创业者、研究员、律师、会计师，及其他各专业领域相关人员和组织机构。

禹久泓教授这本书涵括的深度及广度都在国有基金投资研究领域中独树一帜。禹久泓教授之所以能够在相对短的时间作出这种层次的研究，在很大程度上基于他本人丰厚的经验和阅历。他曾是成功的创业者、企业家、管理者，在实践中历练了20余年，又回到学术领域。他的研究方法，他的思维和愿景，以及他对于国有基金投资的研究执着和热情，都使我折服。

近几年国有基金投资大规模投入产业，国有基金投资的进入对于我国产业创新是一个促进，也是一种压力。国有基金投资机构利用制度上优越的融资条件，成熟的资本市场以及良好的国有基金投资运作经验，结合我国高科技企业相对优势，创造了良好的投资业绩。同时我国政府也及时审视和推出相关政策,及早作出战略调整。

从这本书中,我们看到国有基金投资量规模很大,但对产业创新的投资力度还不成正比。这说明我们的国有基金投资科技含量还有待于提高和改进。中国的国有基金投资已经探索出了一些很有价值的经验,也有了很好的进展。但其进一步发展还有赖于目前我国国有基金投资的政策环境。此外,推进我国国有基金投资发展的相关法律、法规尚需制定,资本市场尚需完善,投资管理人才尚需进一步培养。中国的国有基金投资业任重而道远。

禹久泓教授已成为公认的国有基金投资方面的产业研究专家和财务管理专家,他的这本书,既是本科生、研究生的创业学、投资学和战略财务管理的教材,也是业界研究国有基金投资的必读书籍。本书所作出的结论性分析,对我国国有基金投资事业的发展,特别是在经济和环境多变的情况下,我国国有基金推动产业升级的进程,有着直接的借鉴和重要的指导意义。

我祝贺本书的出版,也衷心将这本书推荐给广大学术界和投资业界的读者。

浙江工商大学二级教授

目 录

第1章 引 言

本书是对国有基金投资领域及其促进实体经济创新动能的研究,本项研究涉及"保值增值"的国有基金要求和国有基金投资助力"产业升级"的风险属性这两个相反趋势共存的现象。

过去的研究很少涉及越来越复杂的国有基金投资行为的内在风险及主要驱动因素,以及与之相关的国有基金投资的最佳路径。本书描述分析了那些已实现专业化的国有基金投资企业在产业升级与创新中的作用,进而详细阐述国有基金在发展进程中实现专业化转变的必备条件。

本章主要介绍国有基金支持企业创新的背景和作用机制。首先,在描述国有基金基本情况的基础,对在中国产业升级的关键作用因素进行总体介绍。其次,回顾近年来国有基金投资行业的发展进程,更好地说明此行业的发展现状。最后,通过对本章研究对象的整体介绍,总结研究价值和实际意义。

1.1 研究背景、问题与对象

自 2000—2019 年间,全球基金股权投资在美国、欧盟、英国、亚洲和以色列的年平均复合增长率均超过 40%,技术人员、科技成果和股权基金的"流动性"与不断的革命性技术成果需要在更广大的市场进行产业化和商品化。可以预见,任何一个国家、地区的繁荣,任何一个新兴产业的成功,都离不开投资基金及其投资的科技技术的创造力、商品的产业化能力和高效的组织管理能力。

从对中国的调研结果来看,我国的股权投资基金行为已经显著推动了我国企业的科技水平,最为显著的一个指标就是专利数量,尤其是发明专利数量的大幅度增长。

1.1.1 全球化进程、障碍及中国应对

1.1.1.1 经济全球化的概念及含义

经济全球化的本质是以市场为基础的人类经济活动在世界范围内运行的过程。狭义上,经济全球化是生产要素在世界范围内通过市场优化配置的过程;广义上,经济全球化是市场经济要素的世界化过程。其中的市场经济要素,不仅包括市场经济条件下的生产要素,也包括市场经济过程各生产、分配、交换和消费环节的全球化,尤其包括市场经济体制和政策的全球化。

1.1.1.2 经济全球化的历史进程

经济全球化从狭义到广义的演进与其历史进程息息相关。经济全球化的逻辑和历史起点是 17 世纪资本主义生产方式在西欧的初步确立。第一次工业革命和欧洲早期市场经济时期,经济全球化是以市场经济从英国向欧洲扩散和以英国为首的欧洲列强的对外殖民掠夺为主要表现形式。这个过程充满了暴力掠夺和欺骗。19 世纪中叶以后,资本主义进入以金融寡头为基本特征的帝国主义时代,对殖民地投资和列强争夺殖民地成为这一时期经济全球化的主题。两次世界大战后,国际共产主义运动和民族解放运动的兴起与发展,瓦解了帝国主义的殖民体系,世界形成南北垂直的市场经济体系与社会主义计划经济两大经济体制。随着苏联解体、东欧剧变和中国改革开放,市场经济成为世界范围内居支配地位的经济体制。与以往不同的是,冷战后的新一轮经济全球化不再是一般意义上经济联系的全球化,而是市场经济体制在世界范围内迅速展开并粗放运行的历史过程,而市场经济体制的全球化为经济联系的全球化提供了制度基础和保障。2008 年的金融危机,宣告了新自由主义主导下经济全球化大规模粗放进程的终结,全球化面临调整深化的历史选择。

1.1.1.3 经济全球化的内在逻辑

市场经济全球化的内在逻辑是国家间竞争与资本逐利本性叠加,促进生产要素在世界范围内优化配置,这是不以人的意志为转移的客观历史进程。

生产要素在世界范围内寻求最优化配置,意味着那些实现最优化配置的地方经济具备活力、增长快且可持续,而地区经济陷入困境也通常与生产要素的配置不均衡、不合理密切相关。生产要素配置是否合理或优化,既取决于诸生产要素本身的条件与水平,也取决于相关国家或地区的引导与管理是否到位有效。毕竟,经济不可能在政治真空里运行。

苏联解体后,东西方两大阵营的意识形态对立明显淡化,众多国家转向市场经济体制,在以下几个方面对世界经济产生深远影响。一是市场经济体制成为世界性现象。这为市场经济活动在世界范围内展开与运行提供了前所未有的便利条件。二是世界各国尤其是大国竞相致力发展经济。例如,美国取得对苏联的冷战胜利后,意识形态和国家安全压力大为缓解,于是福山提出"历史终结论",克林顿政府提出"经济安全第一"的执政理念,使世界"美国化"成为美国众多政商精英的战略诉求;欠发达国家纷纷急于摆脱贫穷和"落后就要挨打"的被动局面。各国普遍执行亲资本(pro-capital)政策,即重视利用资本甚于重视维护劳工利益。三是世界范围内的不平衡发展凸显,使寻求生产要素最优化配置具有可选择性。当众多地区和国家都在寻求发展本国经济的时候,资本成为宠儿并在世界范围内"挑肥拣瘦",那些生产要素综合状况好、政策更为良好的国家,就成为资本首选而得到发展,反之则被遗弃在角落。

特别值得注意的是,冷战后的市场经济全球化与科技革命,特别是交通运输条件的改善与社会信息化迅猛发展密切相关,同时也为发达国家资本通过科技创新追逐垄断利润提供了条件。资本追逐高额利润的行为与国家亲资本政策叠加,引发世界范围内的产业转移,最突出的就是发达国家的实体经济,特别是制造业空心化,大批传统制造业劳工成为"时代弃儿"。因此,在市场经济全球化的时代背景下,经济走向成功或失败根源并不在于全球化本身,而在于各自经济体的条件与政策。在国家层面上,将本国问题归咎于全球化,甚至所谓全球化受益者的言辞,其实是政治势力压力下的所谓"政治正确",来掩盖自身决策失误的诡辩伎俩,在为自身的短视、偏执和无能寻找替罪羔羊而已。

正因如此,理清全球化的内在逻辑,对当下经济全球化遭遇的非议和责难正本清源,才能找到未来全球经济治理的正确方向与路径。

1.1.1.4 未来全球经济治理的方向

对冷战后经济全球化的反思,呼唤着合理且可持续发展的新一轮全球化。冷战后经济全球化是通过市场经济体制全球化促进经济全球化的过程,仍然属于经济全球化的粗放阶段,市场经济的全球化管理尚不具有急迫性。但是,未来新一轮的全球化便合乎逻辑地属于调整、深化的全球化,即经济治理的全球化或有管理的全球化。在这个方向上,大致需要在以下几方面做出努力。

一是在全球市场经济背景下就如何实现合理均衡发展进行深度沟通交流,深化在新的历史条件下实现经济发展与社会进步的规律性认识。

二是高举合作共赢和互惠互利的贸易准则，充分利用现有国际贸易规则，坚决反对将经贸问题政治化，尤其是抵制以政治和意识形态为借口的肆意破坏全球产业链安全性、完整性的单边主义行为。

三是推动形成经济竞争合理性与建设性的全球共识，研究确立公平、公正、合理的标准和界限，排斥恶性竞争。

四是倡导建立针对全球资本力量的国际监管机制。在尊重市场机制、发挥好市场作用的基础上，吸取经济全球化粗放阶段经济发展反而导致贫富差距扩大的经验教训，提出跨国投资的行为规范和税收安排，约束资本力量对发展中国家的变相掠夺。

五是鼓励形成科学有效的全球经济治理决策机制，在全球经济治理过程中充分发扬民主，充分听取发展中国家的意见与呼声。

1.1.1.5 中国经济发展的内生性

从改革开放至今，中国的经济经历了几十年的快速发展，从整体的经济形势大局上来看，中国经济的高速增长出现了四个方面的变化。

第一个变化是，中国经济从改革开放后的高速增长，到现在已明显放缓，中国经济正在进入新的常态。经济增速放缓的原因有很多，其中最为重要的增长驱动机制的变化。在改革开放的前三十年，中国政府通过直接投资拉动的方式推动中国经济出现短平快的高速增长，但如今由于大环境和自身发展阶段的影响，中国政府投资已经无法拉动经济，反而会带来产能过剩的副作用。可以看到的是，当前中国政府的经济发展目标也不再追求单一的高增长，而是看重经济的长期增长和市场环境等基础条件的改善。习近平总书记对于我国经济的增长速度倾向做出了精确的判断，党的十九大报告就指出，中国要在2020年实现"全面建成小康社会"的短期目标，在2035年基本实现社会主义现代化的中期目标，在2050年要全面建成社会主义现代化强国的长期目标，从目前经济增长状态来看，这些目标的实现并不会面临过大的经济增速压力，因此应该更加重视经济的平衡发展。

中高速的经济增长对投资人来说是赚钱的良机。由于经济增长速度的要求和支撑，在政府引导的政策之下，资金投入蓬勃发展的领域并非难事。但在低速增长的社会，投资者难以单纯依靠政策等确定性因素进行投资决策，需要更多地考虑市场因素，这种情况下，市场会产生很多热点领域，同时市场的不确定性导致经济增长并非完全稳固，此时，保证经济持续增长的关键就在于技术进步。因此，中国未来经济稳定增长的关键就在于发展技术。发展技术不同于引入技术，单一的引进技术最终只会导致"卡脖子"的情况不断发生,只有内生性的技术发展才能够支撑起中国经济。

第二个变化是来自中国的经济结构。中国的经济结构近些年发生了很多变化,三驾马车中投资、消费、出口的权重有一定的调整,而这个调整的时间节点就是十八大。在十八大之前,中国的国民经济主要依托于投资来实现快速发展,引进外资,圈地办厂等投资风潮如火如荼。但在 2013 年之后,随着环境的变化,中国的国民经济发展重点从投资侧已经转换到消费侧,而这种转变,一方面是由于我国的经济实现了良性增长,国民收入提高,整体的经济呈上升态势。在这种经济结构转变的局面之下,投资人以及市场的研究者,应该对消费方面进行深入的调查和研究。而本书研究对象就是大众的消费画像,其中包括方方面面的行为特征。但这种研究的积累需要漫长的时间,同时,消费也是一个长期的过程。消费的提高无法迅速带来收益,但日积月累的改变足以创造很多商业机会。这些年兴起的个性化推荐就反映了消费者的画像研究所受到的追捧。

第三个变化是来自中国政府,也就是经济政策。政府对于市场的调控能力在 2008 年的金融危机中已经得到了验证。政府的恰当行为能在一定程度上帮助扭转颓势,促进经济增长。但若政府单纯地依靠发行货币,依赖于土地经济和过度投资等政策激励,虽然短时间来看对经济有极大的提振效果,然而由此带来的潜在风险是巨大的。从银行间的同业拆借利率可见端倪。以 2016 年 7 月到 2017 年 6 月一年数据为例,银行间拆借利率在这期间出现近一倍的增长,而中国的货币政策在此后也慢慢地趋向稳健。在这种环境下,企业能够有效合理地利用杠杆,不至于过度扩张。在货币政策趋于稳定的情形下,市场中的投机需求会得到有效的控制,而投资需求就能够得到释放。

第四个变化是中国经济与世界经济的对比。从企业家方面来考虑,相较于西方的美国欧洲等国家而言,中国企业家 PMI 指数一直处于相对较低水平。在改革开放近四十年里,中国参与并融入世界经济,学习了大量的经验,但美中不足的是,中国的企业家精神还有待完善和提高。在以往的发展历程中,中国扮演着一个模仿为主的生产大国形象,对于创造性的生产仍有很大的距离。这种环境下,国内的企业家精神难以得到激发,这导致的直接后果就是市场化企业家精神的缺乏,而这又极大地遏制了创新与创业的有效性,中国也更容易遭遇"中等收入"的危机。

就中国经济目前的状况而言,发展道路上仍存在很多挑战,相较于以往所面临的,这些挑战难度更大。在改革开放初期,中国经济的体量很小,彼时加入全球贸易体系是广受欢迎的。但经过了四十多年的发展,中国已经作为全球第二大经济和最大的对外贸易国,正在发挥举足轻重的国际和地区影响力。四十年的长足发展造就了更大的经济体量和影响力,也带来了更高的要求,WTO 等世界经济组织规则制度需要严格遵守和参与。从全球经济的参与者变成主导者,还有很多需要克服的挑战。

全球化对中国为何如此重要,中国选择改革开放的目的是什么,改革开放的总设计师邓小平曾这样回答:开放的目的就是走和平发展的道路,让中国人真正富起来。富裕只能通过生产创造实现。对中国而言,既然选择了改革开放,就是选择走生产创造财富之路。只有这样,改革开放才有意义。

如何扩大生产能力? 从历史上看,有两条可以选择的路径:其一是通过材料加工出口获得外汇,又称"创汇";其二是吸引外资,借助国外的充足资本、先进生产力和管理经验,结合国内廉价的劳动力优势,可以快速扩大生产能力。在初期,通过两种途径完成资本的原始积累,继而形成自己的生产,最终实现产业输出。在拥有资本,借助劳动力优势之后,产品和服务的相对竞争力就会更强,这种优势将让生产的产品和服务走向全世界。但现实并不总如人意,实际在方方面面受到限制。当试图利用资源以及开放市场来换取外汇时,下一步的自我生产却没能实现,导致我国贸易出现了不平衡的发展现象。过度依赖资源的开采,伴随对环境的严重破坏,换来的只是中低端的生产能力,始终缺乏满足高端需求的技术与能力。

通过以上对于中国全球化进程中的总结与归纳,发现中国出口企业普遍缺乏个体能动性,表现在企业热衷于赚取快钱,而缺乏成长性投资,缺乏对技术研发的持续投入以获取长期盈利。

1.1.1.6 发展科技自主的公司是中国融入全球经济的必要条件

中国 2001 年加入世界贸易组织后,依据世贸组织制度要求,中国企业必须自主经营和自负盈亏,这对公司治理提出了挑战,只有保持治理的合理性和有效性,企业才能够持续经营下去。另外,公司利益相关方的合法权益也应得到尊重与保障,其中既包括公司的管理人员,也包括股东和债权人,以及与公司有上下游关系的供应商和销售商和公司服务的最终对象客户,只有做到这一点,公司治理才能抓住核心,在国际贸易环境下,中国的出口型企业才能获得长久的发展。

随着中国深度融入全球经济,中国企业的行为也在世界市场上发挥着影响力。以国有企业为例,国有企业的经营自主性存在一定缺陷,容易成为外部势力攻击的把柄。在国企的经营治理中,需要克服的挑战是企业的管理层与企业经济的长期权益是相互剥离的,当管理层无法从长远利益中获益时,容易造成短视经营等道德风险问题。国有企业的相关合约与常规的民营企业有着较为明显的区别,国有企业由于其资本的所有权为广大人民,其委托人无法确定。在实际生活中,中国政府通过对国资委的委托使其发挥相应职能,国资委再与企业管理层进行合约签订,基于这种模式下的代理人与代理人的合约签订难以实现长期化。由于公司领导和管理层的合约是短期的,公司的成长性难以在其考虑范畴内。在这种治理模式下,企业会过度追求眼前效益而忽视长远发展,一个明显特征在于对研发投入的不足。研发需要长期且持续的投入,其回报也需要时间来沉淀,在寻求短期利润的理念下,企业会采取各种短视的行为,但对整个市场是无意义的。

管理层聘用合约与经营战略的时效不匹配性不仅造成了短视行为,也扰乱了中国的政商关系。改革开放以来,这种复杂的政商关系问题一直是长期存在并难以解决的,这也给中国企业与经济的发展造成很大的困难,也阻碍了中国更好地融入全球经济贸易的大环境中。

由于管理层短期目标的道德风险,中国企业普遍缺乏成长性,这种情况下,企业的研发投入热情可想而知。最关键的是,企业对于研发的不重视会使得企业在经营中缺乏创造力,产品只能依赖模仿。在这种模仿风气之下,中国企业对于产权的概念处于十分模糊的阶段,对于知识产权就更加不重视了。归根结底,是管理层的追求在于实现自身的政治利益而非公司的长远利益。在这种追求无法达到统一的情况下,从短期来看,企业会出现规模扩大和利润增长,但这是以损害其他企业利益相关者的权益为代价的。在这样的追求短平快的增长之下,中国的经济全球化之路会有很多坎坷。回头看中兴通讯的事件,就是一个在海外市场暴露的隐患。

中国经济要实现全球化,中国要融入全球经济,必须要发展自己的自主科技产业,这样可以避免将来更多的本土企业陷入中兴一样遭受制裁却无法应对的局面。自主的前提是要能真正做到自主经营和自负盈亏,而想实现这两点就必须对混乱的政商关系进行深层次的切割。在这种切割行为下,政府官员和企业家就不会再互相转化,企业家不再以企业的短期发展作为实现自己政治利益的工具,这样能够从根本上减少企业家的短期行为。从这个角度上来说,实现企业家和政治家的割断,使得两者都能够具备充分的职业性,是刻不容缓的。

1.1.2　中国科技发展与产业升级

1.1.2.1　中国科技发展的重要性

自新中国成立以来,中国在科学研究方面经历了从无到有、从弱到强的过程,如今在很多领域已经走在世界前列。当前,中国现在发展问题的核心仍然是科技,这不光是国家博弈的重要舞台,也是人类进步的最终标志。

从原始社会到现在的信息社会,每一次社会形态的进步都是由科技进步推动的。当今世界,几乎全部发达国家都是科技先进国家,都在某些领域掌握领先技术并占据垄断地位。垄断地位带来超额利润,超额利润支持持续的研发投入,获取的技术突破再次巩固其既有垄断地位,形成了实际上的闭环。这一发展模式也是中国冀以实现的目标。从本质而言,一个国家的科技水平的发展就决定了该国家的生产力水平的上限。

对于发达国家而言,那些在自身行业凭借技术获得领先地位的人群,包括从事科学研究的科学家、进行工程设计的工程师、管理公司的管理者以及有先进技术的劳动者,凭借其地位赚取高额报酬。而这些高额报酬则被市场和政府调节转移到了全国范围,让普通人也能同时受惠。由此可以对某些现象进行解释:在发达国家,非熟练劳动力的收入比发展中国家的相同从业者要高得多,这与其提供的服务质量并不相关。高收入源自发达国家的熟练劳动力所带来的溢出效应,源于超额利润的转移。而对于发展中国家来说,如果没有领先的技术水平,无法获得超额利润,那么市场以及政府也无法进行相关的再转移和再分配,最终就会形成只能依靠资源输出获取报酬,而无法获得更高的收入份额。但是,科技的巨大作用始终被低估,经济学家们关注体制、文化等间接因素上,而对科技创新却十分冷漠,甚至抱持错误的观念,导致高谈阔论最终沦为无的放矢。例如耶鲁大学教授陈志武,在其著作《金融的逻辑》的序言中说:"没有派上任何实际用场的一代代银河计算机,也是一堆废铁,是在摧毁价值。"

中美贸易摩擦使这种常见的错误愈加凸显。不少流行的文章甚至认为,中国的发展是美国的"恩赐",一旦美国收回这种恩赐,中国经济就将面临崩盘。他们做出这种判断的原因无非是认为中国毫无科技实力,只能依靠外国转移的低端产业并依赖外国市场为生。事实上,客观数据表明,中国在全球科技领域已经占据一席之地。尽管中国目前距离美国仍有较大差距,但在很多领域已经实现对英、德、法、日等传统大国的追赶和超越,纵观过去半个世纪的历史,我国无疑是大国中进步最快的。

度量基础研究发展水平通常引用以下三个指标：自然指数（Nature index）、研究前沿（research fronts）和高引用研究者（highly cited researchers）。自然指数是世界顶级科学期刊《自然》制定的一个指标，通过统计一年中在 82 家一流科学期刊上发表的论文，来考察不同国家或不同研究机构的基础研究产出。在 2017 年的自然指数国家排名①中，居首是美国，得分为 19 579，其次是中国，得分 9 088，第三是德国，得分 4 363.57。第四到第十位分别是英国、日本、法国、加拿大、瑞士、韩国、西班牙，它们之间得分差异较小。从自然指数上看，美国已经是中国的两倍，而中国是德国的两倍，其后各国下降缓慢。此外，从 2017 年相对 2016 年的变化率看，美国下降 1.4%，中国上升 13.3%。实际上，在自然指数前十位的国家中，有九个国家出现下降，只有中国在迅速上升。研究前沿的定义是：如果一篇论文被频繁引用，那么认为存在一个研究前沿，且该论文是这个研究前沿的核心论文。科睿唯安公司发布的《2017 研究前沿热度指数》通过国家贡献度和国家影响度两个指标来度量一国的研究前沿热度。两个指标均显示，美国高居第一，中国第二，而英国排名第三。此外，科睿唯安公司还制定了高引用研究者指标，通过统计在 22 个大类中发表的高引用论文，来确定各个领域的顶尖科学家。2017 年，全世界共有高引用研究者 3 538 人，其中美国最多，达到 1 644 人，占比接近一半。其次是英国，共 344 人。第三是中国，共 249 人。第四是德国，共 193 人。第五到第十位是加拿大、法国、瑞士、日本、西班牙。这项指标最有趣的地方是，中国排在第三位，而不是第二位。显然，这是因为高引用研究者度量的是顶级成果，这比自然指数度量的一流成果更加狭窄。中国处在快速追赶中，首先追上的必然是一流中那些次顶级研究水平，而追上顶级研究水平尚需时日。

在看清楚中国科技实力的基本图景之后，下一个问题就是：应该做些什么，来进一步加快科技进步速度？笔者认为，应大幅度地增加研发投入。事实上，大量研发投入量是促成近十余年我国科技实力呈现爆炸式增长的重要原因。许多数据都表明，中国的研发投入仅次于美国，位居世界第二，且增速可观。在可预见的未来，中国是唯一能在研发支出上有望超越美国的国家。以这个基本趋势为基础，才谈得上对科技发展的前瞻研究。以这样的财力物力的投入，才可能发挥出我国潜藏的巨大的人才资源库的作用。

然而，以上统计的是研究支出的总额。用另一个指标——GDP 中研

① www.natureindex.com/annual-tables /2018/2018/country/all.

发支出的占比,也即研发投入强度或研发强度来看,仍能感到上升空间很大,中国对研发的投入还十分不足。在世界银行的数据库中,可以查到各个国家的研发强度,目前的数据到 2015 年。全球目前主要的科技产出国即自然指数排在前十的国家,2015 年这些国家的研发强度具体为:美国 2.79%,中国 2.07%,德国 2.88%,英国 1.70%,日本 3.28%,法国 2.23%,加拿大 1.62%(2014 年),瑞士 2.97%(2012 年),韩国 4.23%,西班牙 1.22%。可以看到,我国研发投入强度才刚超出 2%,在这些国家中位居第七,属于中等偏下。10 个国家中这个数据低于我国的只有英国、加拿大、西班牙三国,它们的创新表现越来越乏力。值得一提的是,日、韩两国这个数据却遥遥领先,他们对研发的重视是值得学习的。近几十年来,韩国确实是发达国家中研发强度上升最快的国家,在很多领域实现了从起步到赶超甚至领先,这得益于他们高强度的研发投入。近年来,中国的研发强度确实在提升。根据《中华人民共和国 2017 年国民经济和社会发展统计公报》,2017 年中国的研究与试验发展(R&D)经费支出是 17 500 亿元,比上年增长 11.6%,与国内生产总值之比为 2.12%。根据"十三五"规划,2020 年预期要把研发强度提高到 2.5%。提高固然可喜,但跟日本、韩国以至于美国、德国对照一下就能发现,这样的提升幅度仍然太低。既然已知科技是最核心竞争力,是国际竞争的主战场,那么有什么理由不进一步大幅增加弹药呢? 这不应该是最直截了当、且最理性的结论吗? 笔者认为,应将研发强度提高到韩国的程度,即超过 4%,并应该力争在尽可能短的时间内达到这个目标。当然,在增加研发的硬件投入的同时,科研体制的软件环境也应配套改善。

投入和体制是什么关系呢? 硬性资源投入决定一个体系能够达到的上限,软的体制、文化决定硬件的使用效率。"巧妇难为无米之炊",这句谚语准确描述了两者的关系。此处想强调的是,如果想加快国家进步的速度,为人类开辟更加美好的未来,就应该大幅提高研发强度,这必将给国家、人民以至于全人类带来巨大的收益。此外,需要指出的是,研发投入不应该急功近利,而要持之以恒的信念和久久为功的精神。科技是推动人类进步的最强大力量,但科技的突破并不是可以计划出来的。科研是创造性的事业,越重大的科研成果越是不可预测,这是科技的一个基本特点。因此,应该抱持开放的、包容的态度对待和引导社会创新研发,强化技术知识产权保护,保护研发者的经济利益和创新动力。

1.1.2.2 海外世界对于中国的科学技术封锁

近些年来,中国的科学技术发展势头十分迅猛,这让一直站在科技领域金字塔尖的美国的危机感越来越强烈。由于中国科技发展迅猛,遭到了美国主导的42个国家联合"重拳出击"。《瓦森纳协议》中的美国、日本等42个国家决定将出口管制升级,范围扩大到所谓可转为军用半导体制造材料及网络软件,"围攻"主要对象就是中国企业。

同时,美国还对华为进一步围堵,此前一些公司还是能够继续以美国技术占比不足25%的规则发货,但这个门槛降低到了10%。这个协议是世界主要工业设备和武器制造国在1996年签署的,成员有美国、日本、韩国、英国、俄罗斯、印度等国,旨在管制军民两用的敏感技术流入中国等国。

这份协议限制出口清单包括计算机、航电设备、传感器和激光等技术和产品,整整234页几乎涵盖了所有高科技领域。该协议除了限制高精尖技术和设备出口,美国还多次借此对中国"下手"。此前,捷克曾向中国企业出售10部"维拉"雷达,但在美国的压力下取消了;之后中国和意大利曾签署发射卫星的合作协议,也被美国施压取消了;中兴和华为芯片禁售也都和这个协议有关,这导致我国总是不能获取国外最先进的设备和科学技术。

从事后来看,这些协议只会"搬起石头砸自己的脚",禁售的商品不仅不能阻碍中国的科技发展,反而更加激发中国产业自主发展的决心,推动社会资源向禁售、制裁领域倾斜,并且一旦中国攻克了技术难关,禁售商品通常会暴跌成"白菜价"。伽利略导航、黑鹰直升机、国际空间站……无数次经验都证明了这一点。因此,这次禁售半导体行业,可能会让中国半导体行业受到短暂的影响,但也为中国半导体领域逆袭创造了时机与条件。

1.1.2.3 企业越来越成为科技创新的主体

本着十六字发展方针,即自主创新、重点跨越、支撑发展、引领未来,从发展成果来看,方针的指引还是十分有效的,经受住了各方面的冲击,也获得各个行业人士的认可。对于自主创新的提出原因,可以从以下角度去分析:目前中国科学技术的发展存在哪些问题,存在哪些薄弱的地带。对这个问题进行思考后,可以得到一些答案,即当前中国科学技术存在三个薄弱地带,分别是原始创新的薄弱地带、集成创新的薄弱地带、引进消化吸收创新的薄弱地带。

原始创新的薄弱地带需要去通过相关的基础研究来获得更多的科学发现和技术突破,这需要大量的时间、人力和资金上投入,也是目前中国企业创新最突出的薄弱地带。

集成创新的薄弱地带不是从技术、从科学的角度去定义的,而是引入了经济,同时结合了科学技术的一种定义,因此在经济学上也产生了相关的概念和内涵。目前,中国对于科学技术的发展倾向有的时候侧重于单一的科学技术,在相关的单一技术研究取得突破之后,却只能将其存放起来,直到其他相关的技术得到突破,才能够加以利用,最终得到一个具有市场意义、有一定竞争水准的成品。从这个角度而言,集成创新的重要性与原始创新相比丝毫不弱,并且这是中国以及其他发展中国家发展近代的科学技术和高科技产业必须采用的方法路径,目前并没有其他的方法可以与之媲美。同时在目前的市场环境中,由于竞争的存在,购买技术往往成为一个不得不使用的方式,这也是集成创新的一种。

最后的薄弱地带就是引进消化吸收再创新,即对于引进的科学技术要有良好的吸纳接收机制,真正做到引进,并在此基础上进行技术的消化吸收和升级革新,从而培养自身的再创新能力。

结合上述这三个薄弱地带的定义,自主创新就得到了一个较为全面、较为完整、较为妥善的定义。并且在这之中,有一些点是值得用数据点出给出更直观的感受的,即中国在技术引进方面与消化吸收技术实现再创新方面的严重不平衡。通过这两个方面的资金投入就能够非常明显地看出差距,在这两个方面中国资金投入悬殊,2002 年的比值是 100∶8,即在购买相关科学技术、机器设备、实物上面耗费资金 100 元的话,在吸收再创新方面的投入就只有 8 元,这个对比还是悬殊的,已经超过 10 倍,达到 12.5∶1。在随后的发展过程中,该比例得到一定的好转,但也仅仅是用 100 元去购买相关产品,花费 40 元去进行消化吸收再创新。虽然比例已经从 12.5∶1 提升到 2.5∶1,但是对比韩国和日本仍能看到差距。在 20 世纪六七十年代,韩国的购买技术和消化吸收技术的投入比例达到了 100 元购买,700 元吸收的高比例,即吸收技术的花费是购买技术花费的 7 倍。随着发展的推进,韩国和日本的该项比值也在不断提高,在 2014 年的时候,日本的比例达到了 10 倍,而韩国达到了 8 倍。对比这两个国家可以看到,中国对于技术吸收的投入相当匮乏,也就是说,中国在这期间的战略往往是购买多于吸收,没有自身的创新能力,在技术实现升级的时候,中国又一次被落下,只能够再次购买,循环下来,虽然会不断地投入却没有形成自己的技术优势和创新,只是一个单纯的设备购买者,光刻机就是一个很好的体现。中国对于光刻机购买了一代之后,面临技术升级的时候,落伍的机器顿时失去了价值,而要维护生产,就只能持续购买。

引进技术创新能力不同于引进技术,引进技术容易,但无法引进技术创新能力。技术创新能力无法靠引进技术来获得,技术创新能力属于一种内生的能力,要想获得这种能力,需要学习与实践相结合。对于中国的产业而言,要吸纳接收发达国家的高新技术,将其作为自己能够掌握的技能,从而成为有价值的无形资产,拥有知识产权,那么就必须要有完整的自主研发的体系。在这个体系中,平台是重中之重,只有一个完善的平台,才能够吸引优秀的科研人才,成立一个优秀的科研团队,去对引进的技术进行一个学习和再创造,并在实践中实现转换,这些都是中国目前需要立刻落实的。对于中国而言,时间异常宝贵,更早地建立好体系,就能赢得更多的发展时间和空间。

1)科研投入规模和强度

2010 年至 2018 年,我国的研发(R&D)经费从 7 000 亿元增加到了近 2 万亿元,增长了 1.85 倍。同期的 GDP 从 6 万亿美元增加到 13.6 万亿美元,增长了 1.26 倍。研发经费投入增长高于经济增长,这为我国科技发展提供了最坚实的保障。R&D 经费投入如图 1-1 所示。

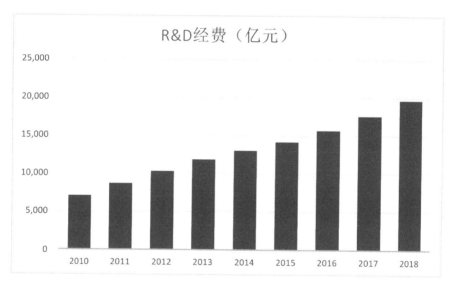

图 1-1　我国 R & D 经费

数据来源:Wind 数据库

研发投入强度是指企业社会研究与试验发展经费的支出占 GDP 的比例,是衡量一个国家科技可持续发展能力的重要指标。我国的研发投入强度从 2010 年的 1.76% 提升至 2018 年度的 2.19%,在世界范围内处于中上水平。R & D 经费投入强度与世界各国研发投入占比如图 1-2、图 1-3 所示。

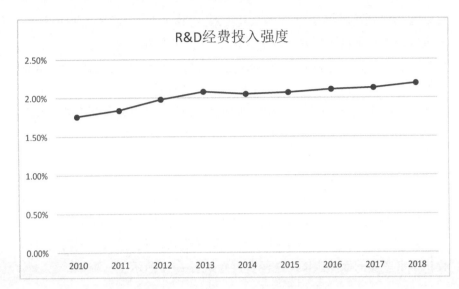

图 1－2　我国 R＆D 经费投入强度

数据来源：Wind 数据库

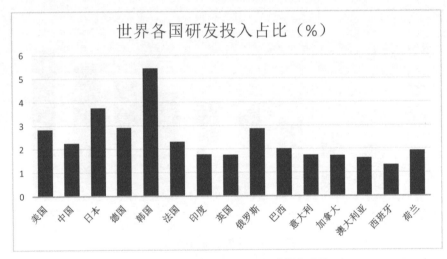

图 1－3　世界各国 R＆D 研发投入占比

数据来源：Wind 数据库

2)科研经费投入方向

全社会基础研究经费、应用研究经费、试验发展经费,这三方面的支出即研究与试验发展经费,如研究与试验发展过程中所用到的购置固定资产的费用、购买原材料的费用、管理费用、劳务费等。在我国,基础研究经费占比为 5％,应用研究经费占比为 10％,而 85％的经费用于试验发展。

基础研究及通过理论或实验性的研究,以揭示所研究现象或事物的本质和规律,从而获得基本原理、新知识、新学说、新发展等,值得一提的是,其目的并不是具体应用或使用。我国的基础研究比较薄弱,投入经费所占比例从 4.59% 提升持续至 5.54%。2018 年的基础研究经费为 1 090 亿元,虽然比 2010 年翻了两倍多,但与发达国家相比差距仍然较大。基础研究经费如图 1-4 所示。

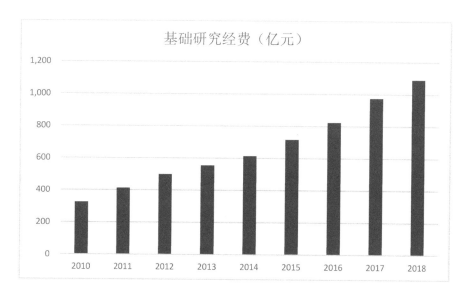

图 1-4 我国基础研究经费

数据来源:Wind 数据库

应用研究是一种创造性研究,是在基础研究的基础上,研究其具体的用途,或者通过新的途径或方法来探索某个预定的目标,有特定的目标或目的是应用研究的特点。我国应用研究的费用从 900 亿增加到 2 200 亿,所占比重从 2010 年的 12.66% 下滑到 2017 年的 10.5%。应用研究经费如图 1-5 所示。

试验发展是一种系统性工作,是利用现有的知识,即在已有的基础研究、应用研究等的基础上,建立起新的系统、工艺、服务等,改进原来的操作,以促进新材料、新装置、新产品的产生。我国试验发展经费投入一直保持在 82%~84%,总额从 5 844 亿元增加至 1.6 万亿元。

3)科研经费投入主体

科研经费的投入主体大致包括企业、政府属研究机构和高校。与科研经费投入方向联系起来,企业主要投入试验发展研究,政府属科研机构主要投入应用研究,高校主要聚焦于基础研究。

高校科研经费投入从 2010 年的 600 亿元增加值约 1 500 亿元,投入占比从 8.46% 下降至 7.41%,下降了 1 个百分点。高等学校科研经费投入如图 1-6 所示。

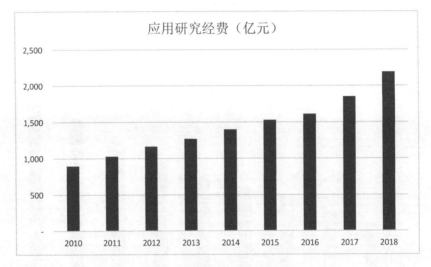

图 1-5　我国应用研究经费

数据来源:Wind 数据库

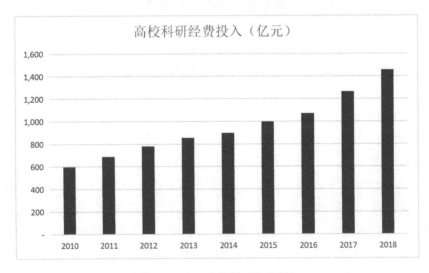

图 1-6　我国高校科研经费投入

数据来源:Wind 数据库

政府属研究机构研发投入从 1 186 亿元增加至 2 691 亿元,投入占比从16.80%下降至 13.68%,下降了 3.2 个百分点。企业研发投入从 5 181亿元增加至 15 233 亿元,投入占比从 73.42%提升至 77.42,上升了 3 个百分点。政府属研究机构研发投入如图 1-7 所示。

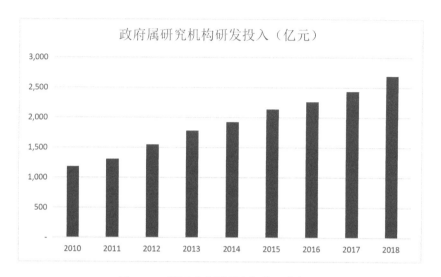

图 1-7 我国政府属研究机构研发投入

数据来源:Wind 数据库

从这些统计数据可以看出:①我国的基础研究投入比重相对较低,越来越多的企业参与到应用研究甚至基础研究中;②企业一直是 R&D 经费投入的主体,而且主体地位越来越强。

1.1.3 我国国有基金发展

国有基金的出资方是政府,还包括地方政府、投资机构、金融以及社会资本等,设立创业风险投资基金或为创业风险投资机构提供股权或债权等,从而为创业企业提供支持,其目的不是盈利。

1.1.3.1 行业进入快速发展阶段

截至目前,我国国有基金行业经历了三个阶段:探索起步阶段(2002—2007 年)、规范运作阶段(2008—2015 年)、快速发展阶段(2016 年至今)。

1)探索起步阶段(2002—2007 年)

这一阶段中关村创业引导基金成立,这标志着我国国有基金的开端。

2)第二阶段为规范运作阶段(2008—2015年)

在2008年度,国家发展和改革委员会发布《关于创业引导基金规范设立与运作的指导意见》,明确了国有基金的性质与宗旨、基金设立与资金来源、基金的运作原则与方式等。此外在2015年度,财政部颁布了《政府投资基金暂行管理办法》,在该文件中提到了相关概念的定义以及规范,例如《办法》对政府投资基金的设立、运作和风险控制、终止和退出、资产管理等方面进行了规范;其中指出,设立政策投资基金可以采取公司制、有限合伙制和契约制等不同组织形式。

3)快速发展阶段(2016年至今)

在2016年度,国家发展和改革委员会颁布了一项暂行管理办法,即《政府出资产业投资基金暂行管理办法》,在该指导文件中对相关的概念进行了更为精确的定义。该管理办法将政府出资产业投资基金定义如下:其出资方为政府,以股权投资基金、创业投资基金的方式为非公开交易企业股权投资。该管理办法《暂行办法》明确并规范了政府出资产业投资基金的投资范围以及募集、管理方式等。我国国有基金行业已经进入快速发展阶段。

据中国私募股权投资行业领先的金融服务科技企业投中信息的监测数据显示,2014年,我国国有基金数量仅为269支,2015—2016年,引导基金数量急速增长至1 062支,增速达90%以上。目前,我国基金数量发展增速开始下滑,截至2018年6月月底,国内共成立1 171支国有基金。我国基金设立数量及其增速见图1-8、图1-9。

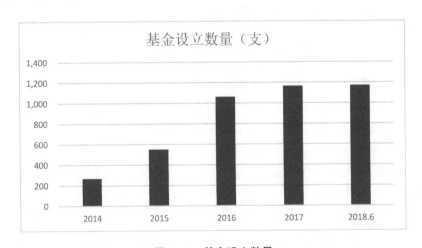

图1-8 基金设立数量

数据来源:Wind数据库

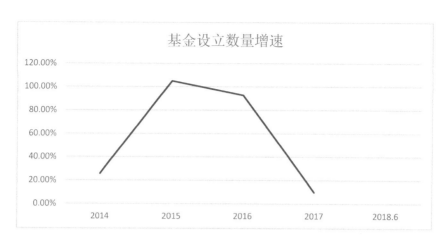

图 1 - 9　基金设立数量增速

数据来源：Wind 数据库

1.1.3.2　科技类为国有基金主要投向

据数据显示，目前国有基金关注的投资方向主要以医疗健康、人工智能、TMT 为主。除了国家级引导基金格外关注新兴产业外，北上广等一线城市的主要产业基金，在其成立之初的投资方向确定上，也大部分以新兴产业为主，国有基金规模大都在 10 亿～100 亿元。国有基金投资行业分布如图 1 - 10 所示。

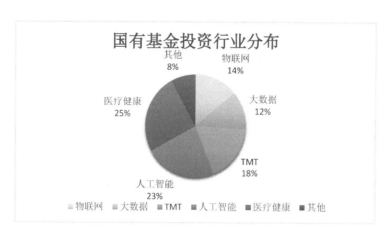

图 1 - 10　国有基金投资行业分布

数据来源：前瞻产业研究院整理

从目标规模来看，国有基金规模大都在 10 亿～100 亿元。据统计，目前国有基金为 0～10 亿元规模的占比为 28%,10 亿～100 亿元规模的基金占比为 36%,100 亿～1000 亿元占比为 14%,1 000 亿元以上的占比为 2%,未披露的占比为 20%。国有基金规模分布如图 1-11 所示。

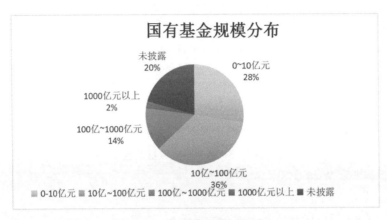

图 1-11　国有基金规模分布

数据来源:前瞻产业研究院整理

1.1.3.3　四大难点亟待解决

目前,我国国有基金仍然存在几个问题等待解决。第一,绩效考核标准不清。尚无公信力强的评价引导基金管理机构的标准。第二,尚需进一步优化运作模式。部分引导机构仍然属于事业单位,存在责权不清的问题;有些还会利用董事会或理事会对子基金的运行造成过度干涉,从而降低了投资决策效率。第三,《资管新规》①影响了出资能力,在各类监管政策愈来愈严的背景下,银行中的国有基金被结构化方式所"撬动",导致后续出资能力不确定性极大。第四,出资人缺乏统一的利益,被投资的子基金集合了财政资金和社会资金,政府方面不求营利,只是为了发挥引导作用,但获得财务回报往往是社会出资人的必然追求。上述问题如图 1-12 所示。

1.1.4　问题的提出

国有基金投资于高新技术企业既是自身盈利目标的要求,也是服务于中国战略的必然选择。而中国企业的技术进步和产业升级也离不开国有

---

①　《资管新规》即中国人民银行、银保监会、证监会、外汇管理局联合印发的《关于规范金融机构资产管理业务的指导意见》。

基金的支持。国有基金、被投企业、企业管理层、基金管理人都愿意承担一定的风险也要进入未来增长潜力大的科技业务的发展。中国有视野、有抱负、有技术储备的企业家对技术进步与产业大发展具有强烈的要求与愿景,但这些企业家所在的公司平台,大多面临很大的障碍,并严重影响他们的投资和运营,这就是资金约束。

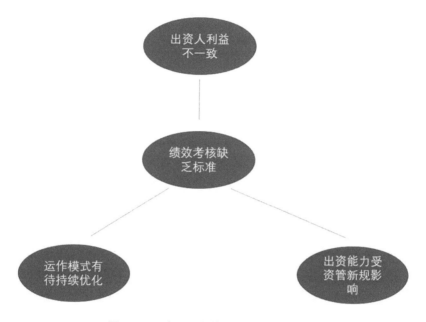

图 1-12　我国国有基金存在的四大问题

　　近些年来,国有基金对科技型企业的投资正在快速增加,而针对这些领域的学术研究还是很少。目前基本没有能够帮助预防重大损失或者致命错误的指导思想和最佳的模型方案。

　　这几年的研究证据表明,基于不断发展的技术进步和发明创造,以及由此带来的产业进步和就业岗位的增长,基金投资高科技企业的比重在迅速增加。

　　国有基金是以什么为出发点,有何动机、基于什么原理和决策标准来做出可靠的投资决策,或者是风险一定情况下尽可能的优化决策,学者使用什么模型来衡量国有基金对科技创新的重大作用,这些都将在本研究中予以探讨。国有基金在进行科技投资时有多种可能的选择,即不仅要满足科技企业所急需的资金需要,从而推动它们完成产业升级,也要实现国有基金的管理要求——国有资金的保值增值。

1.2 研究目的

本书研究的目的是帮助国有股权基金在高科技企业的投资和融资活动中理解并更好地把握市场动态变化,并为被投企业在技术升级过程中提高专业水平提供模型上的参考。为了实现这一目标,提出了这个待研讨的中心问题:

在股权投资的发展性和内在风险与日俱增的情况下,国有基金对技术创新企业投资的主要驱动因素、决策标准、效率测度、全息画像和优化路径是什么?

1.3 研究意义

1.3.1 学术价值

本研究建立一个全国范围内的国有基金投资数据库,包含了投资和管理的主要财务信息和非财务信息,可以作为将来研究工作的储备。这个研究的核心主题就是形成以最出色科技企业为基准的评价模型。

在充分分析了国有基金投资科技企业的效率测度后,本研究提供了在对企业创新内涵进行阐述基础上,从全息画像的视角对学科中创新指标与公司价值判断结合进行了分析。文章运用全息画像模型,界定了创新指标的内涵,并挑选有关的指标建立了相对完整系统的企业价值判断。最后以实证的方法,分析了其在企业创新与企业价值的关系,并分析结合其价值管理整体的得分情况,给出了适当的建议。

第一,界定了全息画像的创新指标。从根本上来说,创新价值链是一种管理活动,它通过处理、加工和利用从企业中获取的深层次方面的信息来管控价值链。也就是说充分利用全息画像专有的方法和职能对价值链的各个环节和之间的联系进行一个系统的协调,来使生产经营价值链更好的运营,发挥其更大的价值。

本研究通过盈利能力(总资产收益率 ROA、净资产收益率 ROE、净利润收益率 ER、销售毛利率 GPS)、偿债能力(资产负债率 LEV)、营运能力(日资产周转率 TAT、流动资产周转率 CR)、增长能力(营业收入复合增长率 CAGR)和创新能力(公司专利数 PAT、研发投入占营业收入比例 RD、技术人员数占比 HR)的五个方面,提取出 11 个具有一定代表性的企业指标,对企业的价值进行衡量,最终确定企业全息画像的创新指标。

第二,构建了基于价值链的全息画像工具与模型,分析了企业内部创新、横向、纵向三个角度的价值链来设计创新企业价值的结构体系。三条价值链构成一个有机的整体,企业的内部价值链通过确定企业的业务活动,用创新实现内部价值链优化,横向价值链通过识别竞争对手价值链,依据竞争对手的发展战略来决定自身的可能发展战略,而纵向价值链则专注于识别产业价值链,最终实现产业集聚,从而得到可持续发展的市场竞争力。

内部价值链通常采用作业成本管理法与估时作业成本法进行辅助,这两者均能帮助企业进行成本管理,同时一定程度上也可以激励员工,并进行成本考核。横向价值链一般采取竞争态势矩阵分析和实物期权现金流量折现模型。前者的自身特点可对各个战略方案进行分析,避免某些主观性的因素导致的错误决策,最终实现科学的投资决策指定;后者是一种定量研究分析工具,可以提高资金的使用效率,从现金流的角度为企业的竞争博弈决策提供参考。

第三,探究了政府补贴和税收优惠对企业创新的促进作用,并就两者的促进效率进行对比。从政府补贴的引导效应与收入效应以及税收优惠的引导效应和成本效应着手,将企业对创新的投入通过研发投入进行表达,研究企业的研发投入与政府补贴和税收优惠的关系,最终得到这两者都能够促进企业加大研发投入,提高创新活动的积极性,同时根据实验结果得到税收优惠对于企业创新的促进作用要大于政府补贴。

第四,由于科技的进步、市场的全球化等因素,企业面临的经济内外部环境时刻都在发生变化,而为了适应这种变化,在任何情况下都占据先机,保持自己的优势,企业必须把握三个驱动力——资源的限制、机会与选择,通过提升创新能力、收集更多的信息,进行更深层次的分析与挖掘,来促进企业的发展与创新,为企业增添活力。在面临日新月异的市场需求的时候,能够紧紧跟随,不断创新与升级,获取外部信息和知识,实现企业与外部之间的交流、互动,从而实现企业创新成为企业获取核心竞争力重要来源的目标。

1.3.2 现实意义

国有基金投资科技企业的实践经历了长期的尝试—失败—试错—优化—再出发阶段。尽管许多障碍正在消除,但在这个国有基金体系中还是缺少能够促进国有基金投资流的关键环节,也就是对国有基金投资科技企业的理念、动机和决策标准的理解,本书的研究努力正聚焦在这一点上,应该有利于降低国有基金投资科技企业的风险,通过有效模型实现被投企业的有效全息画像,并进行投资的效率测度。

本项目的研究可以为基金行业的寒冬问题解决提供思路。在 20 世纪 90 年代,硅谷 VC 萌芽初期也经历了一段冷静期,直至 90 年代末纳斯达克市场泡沫破裂之后,行业才逐渐步入正轨。10 年前,人民币基金在中国也是新生事物,而新生事物的成长过程难免要经历一系列的市场考验。而行业寒冬,也存在部分为此前的不成熟行为买单的性质。但国有产业基金一直在做积极的引导,引领中国基金行业向着更好的方向发展,将损失降到最小。这也是行业发展的正常曲线。而正常的资产配置,一级市场股权投资必然会在资产配置中占据相当大的比例,类似大众去投资二级市场股票或不动产一样。经过此轮行业寒冬的洗牌,中国真正的一级股权投资市场才能真正做起来,才能更健康的发展,才能迎接即将到来的投资行业的春天。

本书是对国有基金投资领域及其促进实体经济创新动能的研究,本项研究涉及"保值增值"的国有基金要求和国有基金投资助力"产业升级"的风险属性这两个相反趋势共存的现象。研究涉及越来越复杂的国有基金投资行为的内在风险及其主要驱动因素,以及与之相关的国有基金投资家在进程中可采取的最佳方式。本书描述分析了那些已实现专业化的国有基金投资企业在产业升级与创新中发挥的作用,进而详细阐述这国有基金在其进程中实现专业化转变的必备条件。

本书描述了国有基金的基本情况的基础,对在中国产业升级所起关键作用的因素进行总体介绍,回顾近年来国有基金投资行业的发展进程,以更好地说明此行业的发展现状。

本书全面介绍了国有投资基金如何在大数据框架下利用在企业创新影响力衡量与管理中独立创建的"全息画像"对被投企业的创新力成长变化的动态演变机制进行评估的体系。通过使用"全息画像"作为工具来描述和预测被投企业在其创新力和价值成长动态行为方面的演变机制。在大数据环境下给定企业创新行为网络结构提供的结构化与非结构化数据信息,并进行数据融合,进一步从处理与创新成长生态系统相关的发展网络结构中提取与创新力相关的创新基因,从而建立对投被企业的评估体系和成长预测,这也是通过国有基金投资行为的网络结构信息研究被投企业创新力发展机制的新方法。

本书研究项目的服务对象是从事创新企业投资的国有基金投资人,同时对于那些寻求基金投资的创新企业家也有帮助。另外也有助于想通过政府基金投资以促进本地经济增长的地方政府。本书的研究成果也能通过文章、出版物、座谈会和学术研讨会等形式使更多的受众者受益。

1.4　本书的结构

本书共分为 9 章,篇章结构与主要内容详见图 1 - 13。

第 1 章是引言部分,介绍全球化的逆潮、中国科技进步的必要性、国有基金现状以及国有基金投资科技企业的战略意义和财务意义等相关问题和背景资料。在阐述本研究的预期后,提出了研究目的。

第 2 章是文献综述和研究方法。文献综述总结了前人在产业基金和国有基金、企业创新、投资基金代理权不对称性、风险和收益等方面的研究论点。研究方法介绍了定量分析中使用的模型、对样本访谈对象的要求、数据收集和整理的方法,调查问卷设计的思路和图表,也阐述了其中的主要假设和研究中的限制,此外也对本书研究所使用的主要技术模型进行了介绍。

第 3 章阐述国有基金行业现状。重点介绍了本研究涉及的不同国有基金的相关投资业务活动,从多角度分析中国国有基金的特点、管理规定及运作所处的环境。该章节为本书的研究的现象提供了现实的基础,形成了整体的研究框架。

第 4 章定义企业创新价值,讨论企业在创新过程中受创新活动带来的风险与收益,对管理层在进行创新决策时的考量进行了一定的分析。同时介绍了创新风险与自身组织结构与财务结构的关系,将创新对企业的利弊进行详细的介绍。

第 5 章分析国有基金支持企业创新的举措与理论机制。对于国有基金支持企业创新过程中实行的政策举措进行了详细的介绍,对取得的成果进行分析,在此基础上对国有基金支持企业创新的机制进行了理论层次的研究。

第 6 章测度国有基金支持企业创新的效率。探究国有基金对企业创新的影响,并通过定性与定量相结合的方法,测度并分析了国有基金支持企业创新的效率。

第 7 章介绍国有基金支持企业创新的全息模型。给出了国有基金做投资分析和投资决策的全息画像模型,并进行了模型的构建与实证。同时,将"全息画像"运用在最需要发展的芯片半导体产业上进行实证,在解释结论含义后提出指导性建议。

第 8 章探索国有基金支持企业创新的路径优化。在国有基金支持企业创新的全息模型基础上,对路径优化的机制进行了理论上的探究,在实证的基础上提出了优化的建议。

第9章进行研究总结与展望。概述了本书的定性和定量分析结果,对其经济学含义进行解释,同时强调了研究的现实意义。最后也给出了本书在现阶段存在的研究缺陷与不足,并展望了进一步改进的方向。

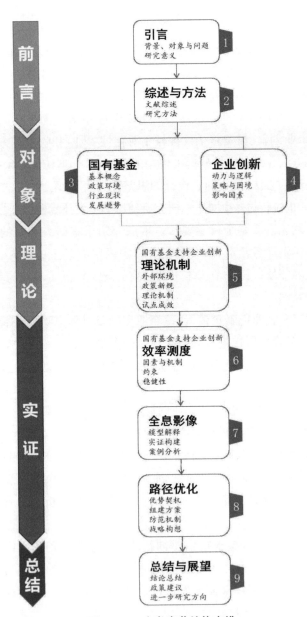

图 1-13　本书章节结构安排

第2章　文献综述与研究方法

国有基金对企业创新的支持已经受到广泛的关注与研究。本章集中回顾和综述已有文献在国有基金、企业创新、基金内在代理权机制等议题上的分析方法、研究工具和主要结论，并根据前人经验，对本书所用研究方法进行介绍。

2.1　文献综述

2.1.1　产业基金和国有基金文献综述

2.1.1.1　国内外学者对产业投资基金的定义

产业投资基金在发达国家被称为"organized private equity market"，也即有组织的私募股权市场，其形式主要为创业投资基金或创业资本。所谓创业投资基金，在美国指的是投资者们通过集合投资创立基金，交由专业机构来管理，将权益资本提供给初创企业，对这类企业进行帮扶与资助的情况下，让企业实现成功创业，并使得自身能够在企业成功后实现资本的顺利退出，去进行新的投资。在这样的循环中，资本在无形中就实现了增值，而下一轮循环开启时，可以利用的资本就大大提高，雪球会越滚越大，因此创业投资基金所投资企业多为科技型创业企业。

国外学者们所研究的"创业投资（venture capital）"最接近我国的产业投资基金这个概念，惠特尼（J.H.Whitey）首创了该概念，他是全球首家私人风投公司的创始人，该公司始建于1946年，进而提出了"风险投资"，不过并未详细定义该概念。1973年，NVCA（全美创业投资协会）认为，创业投资是一种权益性资本，由专业的投资机构为创业企业进行投资，并参与到企业的运营中，值得一提的是，这类创业企业多为新兴的行业，具有很大的竞争力。"创业投资与创新"（OECD，国际经合组织）明确定义了创业投资，指出其主要投资对象为技术密集型产业，提供股权资本给中小型高科技行业。1983年，欧洲以及英国创业投资协会将创业投资定义为提供股权投资给未上市的企业。1999年,勒纳、库珀斯指出,对未上市的企业通过股本或证券的方式进行投资即创业投资,创业投资经理需要承担部分监督与管理工作。

产业投资基金现阶段在我国尚属一种创新的金融制度。欧阳卫民(1997)指出,为获得长期受益,将对某产业有兴趣的投资者的资金募集起来,支持发展该产业,这即是产业投资基金的内涵。刘健钧(1998)指出,产业投资基金以国内实际情况为出发点,并向西方国家的创业投资基金学习,以发行基金收益凭证的方式将投资者的资金募集起来,支持未上市的公司,共担风险,并对受益实施分成。张国平、文玲(1998)指出,所谓产业投资基金,即把投资者(数量不确定)的出资(额度不等)采用发行基金券的方式汇聚起来形成一定规模,并由从事投资的有关机构根据资产组合的一些原理和逻辑进行投资组合的构建。对于组合中这些信托资产,对应的投资者将按照一定的规则进行收益的获取划分。曹尔阶(1998)指出,为建设和发展某特定区域或事业,通常由信托或投资公司等特定机构委托进行管理的基金即产业投资基金。姜皓天(1998)认为,产业投资基金与其他基本有着类似点,即多是向处于创业阶段的企业进行长期股权投资,以获得企业的成长受益(具有相同投资倾向的还有创业投资基金等)。张陆洋(1999)则认为,产业投资基金向西方国家的创业投资基金学习,发行基金受益权将投资者的资金募集起来,向不同项目投资,采用专业化管理,并按出资比例实现受益分享。郑联盛等(2020)将产业投资基金定义为一种集合投资制度,提供股权投资给未上市的企业,并参与到企业的经营管理中,共担风险、共享利益,采取产融结合的方式,为的是建立基金公司,从而寻求水准高的基金管理人去对相关现金资产进行管理,从事基础设施投资、企业重组投资、创业投资等。

在对产业投资基金的定义方面,国内学者开始时只是从狭义角度理解,将其视为一种权益资本,只是对新兴企业进行投资,背后的投资风险巨大。后逐渐扩展到对非上市公司进行投资,优化其经营管理,使被投资企业发展成优质企业,逐步适应市场发展,具备上市标准等。概言之,产业投资基金即提供专业化的经营管理服务给发展潜力巨大的企业,金融资本和产业资本各自的特点都集合于产业投资基金中。

本书将产业投资基金定义为投资者在国外创业投资基金基础上,通过集合投资的方式建立基金,由投资管理机构管理,通过资产组合为未上市企业(特定产业)进行投资,使被投资企业快速成长、不断增值,使资产实现保值增值,并获得高投资回报这样一种投资制度。

2.1.1.2　国内产业投资基金发展现状研究

股权基金在国内刚出现不久,在法律这个层次,有关私募股权投资的法律还不够完善,亟待建立。因此中国境内对境外的私募股权投资(PE)缺乏有力的监管,对这一问题,相关的学者也进行了详尽的研究调查。张明(2008)对境外 PE 利用法律空隙对禁止外资进入行业进行投资,从而逃脱管制的行为进行了研究,发现资本项目管制以及行业管制现阶段未能发挥出应有作用,政府的监管力度应当加强。艾小乐(2008)研究认为,有关境外 PE 投资的法律尚未出台,现阶段仅依靠部门规章进行监管,作用非常有限。卞华舵(2007)深入分析了国内 PE 的发展情况,认为从政策角度讲,现阶段对于股权基金缺乏鼓励性政策,现有政策多属于限制性的,如《保险法》《商业银行法》等均对股权基金市场中金融资本的进入进行了限制。吴晓灵总结了四个导致国内 PE 产业发展受到制约的原因:其一,政府对三个方面的监管,即注册、投资人资格、大额交易等;其二,存在双重征税现象;其三,企业股权登记托管;其四,PE 产业退出渠道受限。他认为,必须通过政府出台相应的法律政策才能解决上述问题。

有关产业投资的理论研究体系与框架国内目前也未建立起来,产业投资基金因缺乏健全的法律制度而处于一个长期停滞无法前进的状态。这也就导致了一类研究现象的出现,即国内学者主要研究中国发展产业投资基金的各方面意义以及有过相关发展经验的国家的路径以及中国目前在发展产业投资基金方面需要改善的方面去形成类似政府工作建议等。樊增强(2000)认为产业投资基金为国内经济发展贡献了经济基础。张伟(2001)通过研究产业投资基金和国企改革发展两者之间的关系,对产业投资基金的必要性给予肯定。陈霜枝、罗君明 (2002)对在民族地区经济发展以及西部大开发过程中产业投资基金的作用做了分析。杨有志(1999)对产业投资基金在国内运作过程中存在的问题及面临的困难进行了研究,进而给出了建议。夏德兴、曹向华 (1999)研究了在我国产业投资基金发展的过程中,政府应当以何种姿势去对待、政府又应当发挥何种能力,认为政府应当不干涉,多引导和扶植。叶翔(1998)对产业投资基金在美、日两国的管理机制、组织、运作等进行了分析。鲍志效(2003)研究了产业投资基金制度在美国得到的创新,认为可以将有限合伙制适时引入国内。刘昕(2004)深入分析了国内产业投资基金的几个案例,并对国内该选择怎样的产业投资基金模式提出了建议。曹文炼(2007)比较了我国与国外在产业投资基金运作方面的异同,认为在我国该类基金的退出方式中,除了上市以外,红利分配也应受到重视,政府在产业投资基金刚刚发展的阶段应大力扶植引导,待其发展成熟,可推向市场。穆荣平、陈洪元(2005)研究指出,政府应从建立健全企业产权制度、公共信息平台的搭建等方面帮助产业投资基金提高效率。刘喜波等(2002)分析了交通产业投资基金在我国的巨大作用,还对如何设立该项基金、基金募集和运作的方法等给出了意见建议。周英豪(2002)对产业投资基金在中医药产业的发展进行了研究,并分析了该基金发展所需的经营体制、环境、服务导向等。丁秀英、闫康(2002)对房地产产业投资基金的必要性、可行性进行了分析。王立杰、李准锡(2004)对产业投资基金在新材料产业的发展情况进行了观察,分析了募集基金的方式、基金运作、投资配置等,进而给出对策。刘光明(2019)对政府产业投资基金的绩效进行了分析,指出自 2015 年以来国内政府产业投资基金快速增长,成为推动地方产业结构升级的新动力。

在产业投资基金领域,我国学者自 20 世纪 80 年代陆续展开研究,90年代起关于如何界定产业基金的研究成果日渐丰富,特别是在对"产业基金"的研究方面,国内比国外更深入。欧阳卫民(1997)指出,产业投资基金应专注于某些特定的领域,旨在获取长期受益。刘健钧(1998)、张陆洋(1999)都提出西方国家的"创业投资基金"是产业投资基金的原型,这种融资制度以发行基金收益凭证的方式将投资者的资金募集起来,支持未上市的公司,共担风险,并对受益实施分成。曹尔阶(1998)将产业投资基金定义为向某特定区域或特定产业投资,且这些基金由专门的基金管理机构进行管理。季敏波(2000)将产业投资基金定义为一种信托资产,其整合了社会投资者的资本,委托专门的资产管理公司对未上市的企业进行投资,王洋天(2010)、韩录(2010)的观点也与之相似。向吉英(2004)指出,我国尚处在经济转型期,未形成成熟的市场形态,在这一背景下,通过设立产业投资基金推动产业成长,进而获得相应的收益,向国外的创业投资基金或普通投资基金学习,采用信托计划的形式,委托专业机构进行管理,为特定的产业、项目提供投资。扶持产业的目的实现后,产业投资基金会转化为创业投资或证券投资基金等模式。渤海产业投资基金课题组(2007)研究指出,产业投资基金不同于证券投资基金,也可称为有组织的私人股权市场或股权基金,其直接为产业领域投资,将多种形式的金融支持提供给不同的产业。杨席(2009)指出,直接投资基金就是产业投资基金的内涵,传统的创业投资以及基础设施投资、发展投资、企业重组与并购以及其他领域的由国家引导的投资等,都包含在其投资范围中。《产业投资基金管理暂行办法(草案)》中指出,站在监管层的角度,产业投资基金是一种集合资产投资制度,即给未上市企业提供股权投资,并且共担风险、共享利益。

综上所述,对于产业投资基金,业内的研究者众多,研究的程度也相当深入。但从其研究结果来看,研究者们并未对该类基金的一些基本要素进行统一,例如从设立到运行的方式选择等。由于学界目前尚未达成统一,多是从各自角度出发进行分析,所以无法形成系统,存在着说服力不足的现象。

2.1.1.3　相关法规、风险、退出机制研究

1)产业基金的相关法律法规及后续管理问题研究

在产业投资基金的管理与发展领域,国内学者也展开了大量研究。何亦名、黄文正(2014)指出,产业投资基金的定位、基金后续管理以及法律法规体系的建立等是现阶段亟待解决的难题,今后一个阶段产业投资基金应努力完善政策制度环境、进一步拓宽筹资渠道、提升专业管理水平以及逐渐健全退出机制等。

陈峥嵘(2002)指出,法律法规特别是监管政策会给企业筹资的活跃及创新程度带来极大的影响。企业筹资的创新能力在越严的管制环境下,水平和有效性也越低。在股权投资基金市场中,金融分业经营会给资金的供给带来影响,股权投资基金的主要投资者难以由银行、保险公司、信托公司、证券公司等传统金融机构和社会养老保险基金等来承担,所以,目前应进一步完善政策,使准入机构进一步拓宽,使股权投资基金市场中能有这类主体参与进来,进一步扩大股权投资的融投资规模,这样做的好处一是通过向股权投资基金投资促使这些传统金融机构实现资产增值,二是对股权投资基金而言其资金供给量也能进一步扩大。此外,借助股权投资基金这个渠道,传统金融机构也能像一些急需资金支持的中小企业投入巨额资金,使这些企业融资渠道得到拓展,融资贵、难的问题得到解决。哈耳曼(2017)通过对国有投资企业基金运营模式的研究,认为国有投资企业有一定 PE 投资经验的,为使资本配置更优,可尝试将 FOF(母基金)管理公司建立起来,以此来降低风险,达到分散投资的目的。而且母基金在我国 PE市场日趋成熟的情况下,在我国未来的股权投资中,很可能成为主流配置方式之一。

国内国外学者现阶段已对基金管理展开了较为全面的研究,找出了很多问题,国内学者们还对国企基金运作模式进行了深入研究,发现目前难以实现多种基金运营模式共同作用的局面,运营模式还比较单一,而且缺乏更加有效、科学的理论来指导基金的运营。

2)产业基金的风险研究

委托代理风险是股权基金投融资所面临的最重要的一种风险。可利

用企业控制权和所有权的分离、订立融资契约、分阶段融资等手段降低该类风险。在股权基金运作过程中,国内现阶段还存在着双重委托代理的问题,主要涉及的对象是投资者和基金管理人以及被投企业就国内外学者的研究来看,对后一种委托代理问题的研究比较多,对前一种委托代理问题的研究比较少。

Reid(1999)认为,在风险资本投资中,委托代理风险是最大的风险。JoshLemer(2004)对私募资本合伙人进行分析,认为要想使逆向选择减少,可采用限制投资者流动性的方式。VesaKanniainen(2003)对风险投资基金的规模和演化进行了研究,若风险投资产业短期内扩张,且投资家维持同样的专业技能,会降低咨询的价值,进而减少风险投资基金咨询与投资的项目。ChristianKeuschnig(2004)搭建双重道德风险融资模型对创业者与风险投资家之间关系调整中资本利得税的作用进行了研究。同样利用这一模型,VesaKanniainen(2004)对最佳风险投资组合规模进行了分析,认为代理问题不同,就会存在不同的最佳规模。CanKut.et.tal(2006)指出企业家与投资者之间存在信息不对称,这是出现委托代理问题的根源,风险投资家解决该问题的最佳方式就是选择最优契约。Gompers(1995)认为可以利用分阶段融资、辛迪加投资以及设计融资契约等方式使委托代理风险降低。通过对契约成本理论的研究,Gompers & Lemer(1996)指出企业的类型、基金规模、发展阶段、业绩和支出之间的关系等因素都会使融资交易结构的设计受到影响。William(2001)分析了怎样通过契约的方式、风险投资者和企业管理者之间配置收益和风险,并对股权进行分配,发现企业责任以及控制权的分配会受到企业所处的发展阶段以及管理者的能力、经验、声誉等的影响。Admati & Pfleiderer(1994)在连续决策分析框架中引入了代理理论,搭建起契约问题模型用来研究风险投资。Gompers(1995)认为投资风险可利用多个投资机构共同投资的方式分散,以使逆向选择的风险降低。Duffner(2003)认为风险投资家观察项目所需的时间会因分阶段融资而延长,掌握各阶段的融资项目信息能使代理成本降低。

Cornelli & Yosha(2003)围绕阶段性融资这一风险资本的特点,进而提出"窗饰效应(Windowdressing)"操纵信号,假设项目能够持续下去是企业家的普遍需求,在阶段性融资情况下,为使项目遭到清算的概率降低,企业家在风险投资家做出后续决策前,会倾向于操纵短期项目信号,这不利于该项目的长远发展,可转换债契约的重要性由此便凸显出来。

Trester(1998)对风险投资家和被投资企业之间在分阶段融资以及信

息不对称情况下最佳的契约安排进行了分析。被投资企业和风险投资者在投资初期都不知道项目的质量如何,而随着项目的推进,信息不对称逐渐呈现出来,对于项目的质量情况,被投资企业掌握的信息更多。为获得中间收益,被投资企业此时更希望违约并将项目放弃。因此,Trester进一步指出,当存在严重的信息不对称问题时,债务契约不及优先股契约。Gompers(1995)指出,投资方会对代理成本、控制成本以及监管成本进行评估,以更好地避免被投资企业向劣质项目投资,Gompers还提出了使代理成本降低的一种方法,即分离被投资企业的控制权与所有权。

学者们对风险投资的风险管理领域也展开了大量研究。付华民、张玉臣、陈德棉(2002)研究了风险投资者的监管,认为风险投资者一方监控被投资企业的主要方式就是进入企业董事会、签订合约,合约内容包括接受并购以及管理者更换的条款,如风险投资者在被投资企业发生违约行为时可接管。Sahlman(1990)分析了风险投资者和投资者之间的关系,发现二者之间因信息不对称的存在,逆向选择的问题很容易出现,投资者可通过研究风险投资者所获得的历史回报来预测未来的回报,从而给出合理的措施予以激励,使出现逆向选择问题的风险降低。郭建鸾(2006)认为风险投资者逆向选择的风险可利用获取诸如投资家的受教育程度、历史业绩、声誉以及第三方评级等外部信息的方式来降低。孙昌群(2004)通过博弈和声誉博弈模型的搭建,对风险投资者履约资本量以及投资者的风险转嫁行为给设计和履行契约所带来的影响进行了探究。王国松、戴国强(2002)分析了风险投资的退出问题,指出就风险分散、流动性、管理激励以及收益率等角度而言,最优的风险投资退出机制是IPO,不过如果高度的信息不对称问题出现在被投资企业和风险投资者之间时,最优的风险投资退出机制则是收购。同样研究风险资本退出机制的还有李姚矿、张玉臣、陈德棉(2002),他们认为风险投资机构要充分考虑退出方式、时机、控制权、程度等多方面因素来制定退出策略,使被投资企业和风险投资者二者总收益最大的情况才是最优的退出策略,此外,还指出除了货币收益以外,诸如声誉等非货币收益也应包含在退出收益中。

3)产业基金的退出机制研究

退出机制在股权基金发展过程中的重要性是不言而喻的,投资的动力会随着市场流动性的增强以及越来越多的退出渠道而增大,从而促使股权基金更快发展。Black & Gilson(1998)比较了美、日、德三国的资本市场结构,指出IPO提供给投资者的退出渠道不仅快速,且收益也高,因此,使国家资本市场更好发展的一个重要方法就是建立起发达的IPO市场。Jeng

& Wells(1998)认为,基金的退出机制在私募股权投资中发挥着十分重要的作用,IPO应成为投资者首选的退出方式,对企业的控制权在并购情况下而丧失。

Armin(2001)对于设计融资契约以及退出策略过程中,产品市场所带来的影响进行了研究。被投资企业如果生产的是创新产品,与并购相比,选择IPO退出所获得的收益会更高。而且就个人利益角度而言,被投资企业一方在上市后为了做独立经理人,更希望风险资本退出,为此,会采用扭曲创新战略的方式逼迫风险投资者退出,此时所选的模式就是IPO模式。Kaplan等(2003)深入分析了接受股权基金投资的超过2 000家企业的情况,对风险投资者退出的时机、概率、乘数以及预期收益等进行计算,发现市场环境、被投资企业的类型以及所处的融资阶段等会影响预期收益。Cumming & MacIntosh(2003)对创业资本退出方式进行了研究,选取了美、加两国的案例,结论是美国创业资本采用了较灵活的退出形式,有较高的市场流动性,其中最优的退出方式是IPO,可以获得较高的收益,不过还有一个发现,即与资本部分退出相比,资本全部退出的收益未必会更高。Andreas & Uwe(2001)对设计融资企业以及选择退出模式进行了研究,发现利益分配以及选择退出模式是风险投资者和被投资企业之间矛盾的主要源头,为解决这方面的冲突,可采用合理利用可转换证券(ConvertibleSecurities)的方式。

范柏乃(2002)在北上广以及浙江等地选择了三十余家风投公司为案例,分析了私募股权投资的退出,结果发现企业并购、创业板交易、回购以及买壳上市是国内风险投资排在前几位的几种退出模式,而国外的风投机构多是以IPO作为主要的退出方式,这是因为现阶段国内上不存在发达的多层级资本市场和活跃的产权交易,企业存在较高的市场门槛,一些国内的股权基金投资企业选择去海外上市也是这个原因。

ChaIl(1983)指出,在被投资企业管理者与投资者之间,风险投资者扮演着信息中介的角色,随着风险投资者的加入逆向选择的现象会得到缓解。Gompers & Lemer(1998)深入分析了产业投资基金的资本构成,发现由于会限制一般投资者,风险融资的发展因此受到了抑制,还提议政府应提供更加开放的政策支持投资基金募集资金。fama & Jensen(1983)的研究由Lemer(1995)做了进一步发展,采用实证的方式研究了企业治理与产业投资基金两者之间的关系,指出在被投资企业中,金融中介起到了监控的作用。该假设得到了Kaplan & Stomberg(2001a,b)的证实,他们通过研究指出,被投资企业在选拔管理层的过程中,产业投资基金发挥着主导作用,还实地调研了 10 家产业投资机构,对其中的 42 个项目进行分析,指出企业的市场规模、投资条款、竞争、技术、发展战略以及管理团队等都是产业投资家关注的因素。Tykvova(2000)指出,产业投资基金退出投资的最佳时机是边际利润为 0 时,而且全部投资都要在基金期满前退出。Bygrave & Timmons(1992),Gompers & Lerner(1999),Jeng & Wells(2000)通过研究证实产业投资的各种退出方式中,IPO 的利润最高。

2.1.1.4　国有基金运作与风险的研究

1)国内关于国有投资基金的发展必要性研究

很多学者们热衷于研究国企的经营效率该怎样提高,国有资本在竞争性领域的运营能力该怎样提高等。有学者发现,隐藏在产权制度下的风险是国企经营效率低的一个重要原因,为使企业效率提高,应变革所有权,变革风险配置。樊纲(1994)、张春霖(1995)建议由国资委充当国有资产所有权人格化的代表;荣兆梓(2006)、史正富(2005)等建议国有资产实现社会化、基金化,一方面能使国资委决策所存在的行政化问题得到解决,另一方面还能使国有资产的公有性质体现出来,使国企收益向人民福利转化;张维迎(1994)、周其仁(1996)、张五常(2000)等提出将国有资产所有权证券化、私有化;林毅夫、刘培林、蔡防(2000)等指出国企对各种战略性、政策性的负担承担的过多,是致使其低效的主要原因,国企改革就是要卸掉其不必要的社会政策负担以及将冗员剥离。值得一提的是,很多学者赞同分类改革论,该主张旨在使国企实现整体改革。吴敬琏、杨瑞龙、张宇(1998)等对多种行业中国企改革情况进行了研究,主要涉及行业特征、企业规模以及企业的盈利情况等,认为国企改革方案应针对不同行业的实际情况分别制定;荣兆梓(2000)也支持分类改革论,以竞争性和非竞争性这两大领域来划分国有资本,政府对于性质不同的资本所选择的监管模式也应不同。

学者们还研究了政企分开、怎样使国企效率提升等问题。对于由谁来代表国有资产管理机构,陈清泰(1993)认为应设立国有资产监管部门,隶属国务院;吴敬琏(1993)、常修泽(1998)认为应由全国人大代表国有资产;荣兆梓(2000)主张国有资产应以地方分级所有取代之前的国家统一所有,产权主体应实现多样化。针对国有资本运营机构与国资委之间的关系问题,吴敬琏(1993)、常修泽(1998)以债权关系和股权关系定义二者间的关系;刘纪鹏(2000)主张是监管和持股来定义二者之间的关系,张晖明(2007)提出以契约型授权关系定义二者之间的关系;对于应以怎样的形式管理国有资本运营机构方面,吴敬琏、张春霖(1993)主张由公益性行业组织或金融机构来承担,张冀湘(1994)主张由企业集团来管理,杨积勇、荣兆梓(2006)主张成立社会信托投资基金,史乖富(2007)主张国有资本社会化。

2)国有投资企业参与基金运作方式

针对政府和政府投资基金这二者之间的关系问题,范玉贞、李超指出在搭建管理架构、基金的募集和投资以及基金的退出等过程中,政府发挥着重要作用,首先,政府通过出台相应的法律制度和政策等营造出良好的外部环境为政府投资基金提供支持,而且还要提供一定量的资金支持政府投资基金的运作,其次,因为政府过多地干涉了政府投资基金业务,导致了很多问题的出现。

哈尔曼认为(2017),应严格管制国有投资企业作为 PE 基金普通合伙人(GP)的行为。国有企业根据《合伙企业法》的规定,不得成为 GP。因此,在有限合伙企业中,国企持股比重不能超过一半,也就是说,对基金管理公司不可能占据绝对控股的地位。此外,因为国有投资企业的薪酬管理及国资监管体系和流程也非常严格,如果由国资体系来运营国资背景的GP,要想招募优秀的投资团队势必难度很大,高效简捷的投资决策体制更难建立起来,面对激烈的市场竞争环境,劣势显著。国有投资企业就经营特点而言,与具有较高市场化程度的 GP 团队相比,政府资源及合作网络丰富是国有投资企业最大的优势,而且融资能力较强,信用等级较高,资本运作水平更加强大,可提供的退出渠道也更多。所以,在 GP 管理机构的组建过程中充当发起人的角色,不具备绝对影响力但有一定的话语权,这是目前国有资金最佳的参与基金运作的模式。以 LP 投资人及 GP 股东的身份,对 PE 基金进行引导,使投资人意图得以实现,使 PE 基金、企业资源以及直投业务之间形成协同联动的关系,从而使国有资本达到保值增值的目标。

秦怿(2017)提出了国有企业现阶段存在的三种主要的收购兼并形式,即战略投资、资产注入以及纵向并购(行业上下游企业)和横向并购(跨行业)。具有国有资产背景的产业集团利用产业投资基金,可在产业布局规划中快速实现多重战略目标,如孵化新企业、投资经营的积累、从深度和广度两个方面推动产业整合等。具有国资背景的国企在现实中,通常会联合其他具有国资背景的企业设立产业基金。这些大型国企相互联合,使合作领域得到拓展,共享各自的渠道和资源,使项目的广度和深度不断增加,这对筹集大规模资金无疑也是相当有利的。这种强强联合模式,容易使产业基金在市场上树立起良好的形象,对外部投资机构的吸引力也更大,便于募集更多的资金,进一步扩大基金的规模。

针对国企缺乏发展动力的现象,李明(2016)将资本运作与融资结合划分成五个阶段:一是金融控股平台的建立,为上市平台融资提供便利,使资金需求不断得到补充。二是进行并购重组整合,规划布局健康产业、基础设施产业等,大力将新的业绩增长点培育出来。三是采取多种方式使融资能力提高,使融资和资本运作之间融合得更深。四是实现整体上市,提高国有资本流动性。五是实施全球化战略,逐步向海外布局。

3)国有投资基金风险控制研究与退出机制

沈慧(2020)认为,随着经济社会的发展,投资风险越来越受到企业的重视,国有投资公司在投资过程中所面临的风险是影响国有投资公司效益与发展的关键,政府应更好地监管国有投资企业,树立"二元化"的投资定位,逐步完善相关政策以降低风险,努力争取相应的资源规避相关风险。

学者们对于国有资本在竞争性领域需要全部退出与否尚未形成统一的意见。有的学者以由于国有资本运营效率较低为由,建议竞争性领域国有资本完全退出,张维达(2010)指出,国有资本从竞争性领域中全面退出,有利于优化我国的产业结构和经济结构,重新配置国有资本。也有学者持反对意见,认为国有资本不能从竞争性领域全面退出,只需要退出一部分,即适度退出。荣兆梓(2006)利用马克思政治经济学原理进行分析,指出国有资本在竞争性领域也有增值的动力,可以创造更多的财富提供给社会,不主张全面退出,而且能为消除贫富分化和剥削等现象,促进共同富裕目标的实现做出很大贡献;赵宇(2010)也认为国有资本不能从竞争性领域中全面退出,从国家经济发展战略角度进行分析,指出相比西方发达国家,在我国,国有资本在竞争性领域中占比本来就很少,为使国民经济进一步发展,尽快实现赶超西方发达国家的目标,国有资本不仅不能从竞争性领域中全面退出,反而应该进一步壮大国有资本在一些具有良好发展态势的大型国企中的比例,积攒实力参与激烈的国际竞争。李北柿、陈剑(2007)指出,国有中小型企业在竞争性领域中的改制不能采取"稀释型股权多元化"的方式,而应该采用"退出型股权多元化"的方式。以证券市场定价为参考,减持国有股对国有上市企业而言很容易实现。对国有资本退出机制进行完善,知识与创业机制相结合,疏通中小型非上市国有产权的流通渠道,重组同有资产;完善国有资本退出的创业机制,使资本市场呈现出多层化特征,将产业投资基金充分利用起来,使国有资本的控制力、竞争力得到提升。搭建起有效的创业机制,使高新知识产权市场进入机制和国有资本退出机制能够实现有机统一,国有资本结构更加合理,优化配置国有资本,使国有资本的竞争力不断提升,进而更好地调整和升级产业结构。

2.1.2　企业创新文献综述

2.1.2.1　企业创新的概念

20世纪30年代末出现了企业创新理论,最先提出这一概念的是熊彼特(Schumpeter),这一理论用来研究社会发展和经济增长受技术变革的影响情况,但当时这一理论并没有得到广泛的重视。随着科学技术的进一步发展,到20世纪中叶,技术变革对经济发展和人类社会的作用越来越大,企业创新带来的巨大影响逐渐受到重视,学者们纷纷开始研究企业创新的规律。但是,迄今为止,人们对于企业创新概念的理解仍然存在着一定的分歧。

1928年,熊彼特在其《资本主义的非稳定性》(*Instability of Capitalism*)一文中首次提出了创新是一个过程的判断,但熊彼特本人并没有直接对企业创新给出严格定义。S.C.Solo继熊彼特之后更为全面地研究了该理论,他在《在资本化过程中的创新:对熊彼特理论的评论》中指出新思想来源及其实现是企业创新的两个条件。这一"两步论"的提出,被学术界判定为企业创新概念界定研究中的一个标志性事件。

此后,多数研究者均在企业创新概念上进行了一些较接近的探索和分析。在《石油加工业中的发明与创新》(J.L.Enos,1962)中,研究者首次从行为集合的角度出发对企业创新作出了明确的定义,认为其是综合了组织建立、计划制定、资金保障、选择发明、市场开拓、招工等多个行为的结果。林恩(G.Lynn)对企业创新的定义是以创新时序过程的视角出发,指出企业创新的整个过程是先要认识到技术所具备的商业潜力,进而将其向商品化产品转化。弗里曼(C.Freeman)以第一次使新的装备、系统、产品、过程等实现商业性转化定义来企业创新。

20世纪80年代中期,缪尔塞(R.Mueser)对企业创新做了较系统的整理分析。在其搜集的300余篇相关论文中,约有3/4的论文在企业创新界定上接近于以下表述:是一种非连续性事件,其典型特征是新颖的构思并最终成功实现。这一定义突出了企业创新在两方面的特殊含义:一方面是非连续的、新颖的,即非常规性;另一方面是以成功实现为活动的最终状态。应当说,这一定义是比较简练地反映了企业创新的本质和特征的,也是本书所采用的基本概念。

罗正英(2009)对企业创新概念给出以下界定:企业家为了获得商业利益,紧紧抓住潜藏在市场中的盈利机会,对生产要素和生产条件进行重组,将新的生产经营系统建立起来,该系统具更高更强的效率和效能,所需费用也更低,在此基础上研发新的产品和生产工艺等,获取新的半成品或原材料来源,开辟新市场等,这样一个过程即企业创新。简言之,企业创新过程是企业为其商业目标而建立新的生产函数的各种行为过程的总称。

2.1.2.2 企业创新的因素研究文献

企业区域竞争力的提升离不开创新,通过研究影响企业创新的因素,可使企业制定的政策更具针对性。现阶段学者们对企业技术能力的分析主要是从以下六个方面展开的。

1)制度政策

企业制定创新政策,必须要以经济、社会和技术发展的实际情况为出发点,进而推动国家和地区的产业发展和技术进步,因此,政策制度成为学界和业界研究的焦点(谢洪明、余志良,2003)。王国印、王动(2011)研究发现,"波特假说"更适用于东部等较为发达的区域,不适用于中部等比较落后的区域。不过也有学者指出企业生产率会受到环境规制的负面影响。Nakano(2003)分析了日本造纸类企业的有关数据,认为环境规制对技术进步的推动作用微乎其微。包桂荣(2002)通过对专利制度的研究,分析了企业创新受科学技术以及专利制度的影响情况,此外,还从现阶段国内专利制度的实际情况出发,比较了专利与科学技术领域我国与发达国家之间的差距,并给出相应的建议。李青原、肖泽华(2020)从环境规制异质性的角度,发现真正对企业绿色创新活动起到促进作用的环境规制工具是排污收费,而不是环保补助。黎文靖、郑曼妮(2016)利用财税扶持这一宏观调控手段,指出中国产业政策激发企业创新更多的是一种创新策略而非实质性创新,受政策激励企业发明专利的申请并未显著增加。

2)社会资本

李红艳、常宝、储雪林(2004)分析了社会资本的积极作用,如提升资源配置能力、传播隐性知识、加快企业创新扩散、增大潜在采用者数量和范围等,从而提高企业创新的数量及能力。Tsai(1998)、Greve(2001)、Landry(2002)也分析了企业创新中社会资本的影响,指出在创新活动、创新程度以及交易成本等方面,社会资本能够带来正面影响,从而有利于企业创新。林箱、李随成、刘伟(2011)发现企业自主创新能力会受到结构维社会资本的直接影响,而认知维社会资本对企业创新能力的影响需要借助企业间合作等条件间接发生。石军伟、付海艳(2007)认为我国改革经济体制、提升企业创新能力有赖于市场结构、社会结构以及企业创新活动等多方面的协同发展。

3)市场结构

Arrow(1962)对企业创新激励在垄断和竞争这两种不同背景下的情况进行了比较,认为企业的创新激励在垄断背景下不如竞争背景下。Dasgupta、Stiglitz(1980)认为企业创新速度的提升与企业数量的增加有关,Clemenz(1992)指出研发投入水平在垄断情况下会降低。Grossman、Shapiro(1987)发现,在研发投入方面,市场领先者显然要比跟随者更大。

Rosenberg(1976)、PhiiPs(1971)、Shrieves(1978)、Lee(2005)等学者指出市场集中度高有利于企业创新。也有学者则持反对意见,认为市场集中度在不同的行业特征、研发专用性程度或技术机会条件等情况下,会给企业创新带来不同方面的影响,而且更多时候市场集中度高给企业创新带来的影响是负面的(Geroski,1990;Blundell et al.,1995,1999;Broadbel & Crafts,2000)。

4)企业规模

部分学者对企业创新受企业规模的影响情况进行了研究。一些学者发现,两者之间存在正相关关系(Shmookler、Brownlee,1962;Comanor、Seherer,1969;Blundell、Griffith、Reenen,1995,1999)。Mansfield(1964)等学者对此则持反对意见,认为两者之间的关系是负向的。更多的学者则认为两者之间的关系随市场条件、行业特征以及规模范围条件等的不同而不同,有时候是正相关关系,有时候是负相关关系(Seherer,1984;Pavit、Robson、Townsend,1987;Aes、Audretseh,1987)。

5)所有制特征

企业所有制给企业创新带来的影响成为学者们近年来关注的焦点问题。Hu(2001)认为其他因素受控时,这些特征不再显著影响企业研发支出。Jeflerson等(2004)认为在产业效能受到控制的情况下,企业研发支出强度并不会受到市场集中度以及企业规模的显著影响。而周黎安、罗凯(2005)研究发现,企业规模对创新有显著的促进作用,不过这种有利作用在国企中并不存在,主要适用于其他类型的企业,也就是说,企业规模对创新的这种正向促进作用仅在私企中才存在,企业尚未形成健全的治理结构前,创新能力受规模的影响情况还不能显现出来。

6)风险投资

张学勇(2016)以公司创新能力为研究视角,分析了风险投资对被投资公司创新能力的影响,并验证了该影响是正向的并且是显著的,从而印证了中国风险投资对创新发展的意义。陆瑶、张叶青等(2017)对企业创新能力受联合投资的影响情况进行了研究,认为与独立投资相比,创投基金的

"辛迪加"风险投资可以明显地对企业创新能力的提高产生正向作用,且风险投资的持股时间逐渐增加,"辛迪加"风险投资对企业创新的正向影响效果则更加明显。温军、冯根福(2018)研究了攫取行为与增值服务二者之间的交互作用关系,进而分析了风险投资如何影响企业创新,认为国内目前的风险投资并不利于企业创新水平的提升,其对企业创新水平的影响呈"U"型关系,即先递减、再递增,持股企业 IPO 之前的一年或当年其消极影响往往会达到最高值。

2.1.2.3 关于"企业研发投入与企业业绩"的文献综述

很多研究认为企业研发投入与企业经营业绩之间具有正的相关关系。Mairesse(1983)利用柯布—道格拉斯模型为模型基础,实证得出企业的研发投入与生产率正相关的结论。Cohenand Levinthal(1989)认为,研发投资可以促进知识和技术的外溢,研发投资可以提高企业创新能力以及消化吸收技术的能力。Morbey(1989)采用案例分析法,深入调查了 800 家美国企业,这些企业均付出了大于 100 万美元用于研发工作,研究结果显示研发强度与获利能力正相关。Sougiaimis(1994)进行了以 10 年的美国企业研发数据为样本的实证研究,结果表明:企业在当前每投入 1 元的研究费用,在未来的 7 年将获得 2 元的收益。Edward B·Roberts(1995)研究了 244 家研发支出在 1 亿美元以上的科技型企业,发现产品创新和技术改进有效促进了销售业务增长额。Hu,A.G 和 Jeffersonz(2001)认为有显著的正相关关系存在于企业业绩与企业研发投入之间,不过企业业绩受研发投入的影响情况随时间的推移会呈现出越来越小的趋势。

也有部分学者认为研发投入与企业业绩不相关。冯·布朗(1999)分析了 1978—1990 年期间,全世界 30 家电子电气企业的盈利情况和研发投入值,得出的结论是二者之间并无相关关系,原因是存在"研发投资加速化陷阱"。Giulio Bottazzi(2001)选取了排在全球前 150 位的制药企业作为研究对象,发现该类企业成长性并不会受到研发投入的显著影响。Baruen Lev(2004)用三年时间跟踪了丹麦制造业,认为企业研发投入不会明显影响其业绩表现。

具体的研究如下。

1)研发投入与当期企业经营业绩正相关关系

大部分文献研究了研发费用投入当期和滞后期研发的业绩这两者之间的关系。梁莱歆、张焕凤(2005)以国内 72 家企业 2001 年的业绩和研发投入数据作为研究对象,发现研发投入能够显著提升企业的发展能力以及盈利指标,不过其对业绩的影响呈现出显著的滞后性。程宏伟、常勇、张永海(2006)选取了国内96家上市企业作为案例,这些企业的研发费用均做到了规范披露,研究发现企业业绩和研发投入之间存在正相关关系,一些研发投入比重低的企业,特别是后续研发投入跟不上的企业,其业绩也会受到负面影响。王玉春、郭媛媛(2008)以信息技术业以及制造业上市公司A股为研究对象,发现企业研发投入和其成长与盈利能力等之间存在正相关关系,不过产出效果需要累积,呈现出滞后的特征。任海云、师萍(2009)研究了71家制造业企业数据,发现企业主营业务利润会受到研发投入的显著影响,但这种影响并无滞后性。孔庆景(2010)指出从整体上看,企业研发投入会显著影响业绩,有显著的正相关关系存在于企业研发强度与净利润率二者之间,此外,企业的销售收入和营业利润率也会受到研发费用的显著影响,不过这种影响具有滞后性。

有些文献加入了研发人员投入对业绩的影响。李涛、黄晓卷、王超(2007)还在研究中考虑了人工成本比率,以信息业与制造业中披露研发信息的上市公司为样本进行分析,结果表明,高研发费用投入密度和人工成本比率对信息业、制造业上市公司的成长能力指标影响十分显著。刘伟、李丹(2010)选取了青岛市的125家高新技术企业,分析了自主产权数和研发投入情况,并将相应的指标评价体系建立起来,发现在该类企业中,自主知识产权产出和研发费用投入二者之间关系密切,存在显著的正相关关系。宋永鹏、赵岗(2011)对29家在创业板上市的企业进行了为期两年的数据跟踪,对传统研发投入和包含六方面要素的研发能力之间进行比较,发现总资产收益率会受到二者的正向影响。周艳、曾静(2011)选取了上海、深圳部分上市企业作为研究案例,这些企业均有研发投入信息披露,结果发现各期研发资金投入和人员投入均和企业经营利润有着正向相关关系,研发人员投入的滞后期与研发资金投入的滞后期相比显得更长。受研发投入的作用,与非国企进行比较,国企的营业利润率更高;与非高新技术企业相比,高新技术企业营业利润往往更高。

李武威(2011)选择部分国内大中型企业,以1991—2007年之间的相关数据展开研究,发现企业业绩和研发投入之间是动态均衡的,最终得出对于引进技术、研发的资金花费、技术的有偿使用、销售收入的增加都会导致上述方面投入的增加,相反则难以生效,即上述三个方面的投入增加无法对产品的出售带来正面的影响。为了改变这种格局,让上述三个方面能够与产品的销售业绩形成互反馈机制,从而实现真正的创新,带领企业长久地发展。

2)研发投入与当期企业经营业绩存在曲线相关关系

从曲线的角度来看,在 y 方向的最高处作为一个界限进行划分,在倒"U"形曲线的左边,可以看到与研发投入呈现正相关表现的是企业经营业绩,这表明对于有着较大的资产规模的企业,具有更低的单位研发投入成本;在这种低单位成本的优势之下,企业会投入更多的资金来进行创新,从而获得更多的有技术突破的新产品,建立自身的产品优势和护城河,从而使得企业获得优秀的业绩和不断扩大自身规模的动力和能力。与之相对应的是在倒"U"形曲线的右边,经营业绩就与研发投入呈负相关的关系,这就意味着企业对于研发资金的利用效率不够,会存在一定的无效资金。对此,由于企业的资源需要合理配置,那么其他方面的资金安排就可能被压缩。而 R&D 的投资回报减少的原因主要有两个方面,一个是研发资金的盲目投入,另外一个则是企业业绩受该项影响是有一定的基础的,需要有其他业务的支撑。

周亚虹、许玲丽(2007)对在浙江省的 21 家民营企业进行了分析研究,最终发现了研发投入对企业业绩产生明显的正向作用是在一年之后。但这种作用表现为一个倒 U 的曲线,在研发投入之后的第三个季度,曲线的 Max 值出现。刘德胜、张玉明(2009)的研究对象是116 家连续披露研发支出数据的在中小板实现上市的企业在 2006—2008 年的财务报表数据。根据其研究,这些公司的研发支出与企业业绩间呈倒 U 曲线的关系。在一个 R&D 较低的水平中,中小企业去提高该指标能够促进企业的经营业绩增加。但此时中小企业的局限性体现出来,即能够控制的资源很少,导致其研发活动与其他的活动的平衡性得到体现,即增加研发投入就被迫需要减少其他方面的投入,但这种行为同样会对企业的经营业绩产生影响。因此,中小企业面对研发投入的态度应当是控制,而非盲目增加或减少,只有适应该企业发展的研发,才能够为企业经营的业绩带来更多的活力。

3)研发投入与当期企业经营业绩负相关关系

因为不确定性、高风险等特征的存在,再加上退市制度,导致很多上市公司惧怕研发活动可能带来的风险,为确保经营资金,只愿意将研发费用投入保持在较低水平,研发活动中止或失败的现象比比皆是,带给企业的影响无疑是极其负面的,致使企业业绩与研发投入之间呈现出负相关关系。郭研、刘一博(2011)选取 92 家中关村高科技企业作为案例,对 3 年的相关数据进行跟踪,认为在该类企业中,企业规模和企业的研发投入这二者之间负相关关系明显,而且市场压力及国际优惠政策也会影响到二者之间的关系。相较于从事高科技事业的公司而言,中小型民营公司具大更高的研发动力,表现的研发业绩也更加突出。即使同样的高科技企业,由于其国有属性的不同,国有企业能够获得更多的政府资金支持,从而有着更加充足的底气进行研发,然而,普通高科技企业的研发费用投入对业绩的正面影响却比国有企业要高得多。陆玉梅、王春梅(2011)通过对上市公司的历年数据进行分析,得到了二者的定性关系,即当期的研发投入和上市企业的经营业绩之间是负相关的。由于研发的效率和成果受到多种因素的影响,因此研发的投入和最终的产出之间也存在负相关的关系。故而上市企业对于 R&D 投入的态度应当是一个均衡的,不能过早也不能过晚,不能过多也不能过少,以较为科学的决策和可持续发展的态度让 R&D 为公司带来更多的活力。

4)研发投入与当期企业业绩无关联

在很多学者的研究中,研究也得到结论为研发投入与当期企业经营业绩无相关关系。周国红、陆立军(2001)研究得到企业的经营业绩与当期的R&D 经费投入程度并不相关的结论;朱卫平、伦蓉(2004)研究发现从事高新科学技术的公司的研发投入(研发投入分为资金和人员两部分)与企业的经营业绩之间无相关性。梁莱歆、张永榜(2006)研究了企业的研发经费投入强度指标,从而发现高新科学技术上市企业的该指标与总资产收益率之间呈无显著相关的关系。并且对于成本导向模式进行了相关的介绍,并提及其不利点。郏宝云、陆玉梅(2010)认为公司的核心竞争力会受到研发活动的影响。从电子信息的行业上市企业作为切入点,最终得出导致每个年度研发投入波动明显,研发投入强度与企业经营业绩并不存在正相关关系。杨德伟、杨大凤(2011)以近 100 家在董事会的报告中连续 5 年对企业的研发支出进行披露的在中小板上市的民营企业作为研究对象,发现民营企业的当期 R&D 投资与企业经营业绩的相关性不明显,考虑更多期的数据研究,得到延后 1～2 期的 R&D 强度与企业经营业绩存在正相关关系。对于研发投入的研究既有宏观角度,也有微观角度,得到的结论大多能够佐证研发投入会促进企业的经营业绩提高,本书正是在此之上进行一定的展开研究。中国目前的资本市场还存在不够完善的特点,建立的信息披露制度存在着规范性较差的现象,这会影响到研究样本的质量,从而使研究结果的一致性受到影响。学者们对业绩受研发投入的影响情况以及影响的累积效应的研究结论都不统一。

2.1.3 全息画像文献

在大数据基础上,采用多种手段来整合、处理由全网采集到的企业数据,进而形成完整的标准体系,即形成了所谓的"数字全息数据画像"。而对于全息画像来说,大数据就是其基础,全息画像也是大数据在产业中的一种应用。

在大数据分析技术日趋成熟的背景下,出现了数据画像这种方法,为微观主体建模并进行分析,具体来讲就是将"数据—标签"映射关系建立起来。微观主体的特征即各种标签,进而对其进行定量和定性研究。数据画像亦称用户画像,早期是用来分析一些数据密集行业,如金融、互联网等的用户,具体来讲,即研究微观主体的年龄、地域、性别等静态属性,后来对用户动态属性的分析随着数据挖掘技术、AI 技术以及分布式运算技术等的发展也开始发展起来,如今,越来越多的学者开始对微观主体行为借助数据画像进行研究。

2.1.3.1 大数据的概念

近些年来,物联网技术的发展和云计算技术的兴起,本是存在于天文学和生物基因学里的概念——大数据成为热词。在 2015 年的"云计算邂逅大数据"大会上,EMC 公司对于大数据在云计算环境下如何利用进行了明确。并且来自世界各地的知名企业都将大数据作为自己进展的重头戏,强调自身在该领域的突破。最值得关注的是计算机领域对大数据的深入研究,该领域内的各行各业有着过硬技术的互联网技术研究机构都基于自身的研究结果对大数据这个概念赋予了更多的含义,也使得人们对这个概念有了全新的理解。

大数据这个概念在世界各大顶尖期刊上也崭露头角。例如《自然》(*Nature*)在 2008 年为了探讨大数据的相关问题,出版了专刊。该刊对于大数据的背景环境,即信息爆炸进行了介绍,同时提到了当各个行业领域都拥有着海量的数据的时候,互联网技术则会在大数据的时代背景下获得机遇。此后在 2011 年《科学》(*Science*)期刊也推出了名为"Dealing With Data"的专刊,将信息技术的发展带来的信息流量的飞速增长以及伴随的海量数据进行了系统的分析,对于众多繁琐的数据的利用重要性进行了强调,即大数据时代将会推动整个社会的 进步。2012 年欧洲的 *ERCIM News* 也出版了专刊,名为"Big Data",从管理和应用角度对于大数据进行了深层次的研究,同时介绍了欧洲在此领域的研究进度和主要成果。

大数据近年来呈现出迅猛发展的态势,世界各地的政府、业界和学术界都开始关注该领域。大数据能够带给国家和企业的发展机遇是巨大的,同时所面临的技术挑战也不容小觑。首先,对大数据的有效管理以及对其价值的分析提取等,可将高附加值的应用提供给行业,使经济和社会价值实现质的飞跃。其次,巨大的技术挑战也伴随着大数据时代的到来而出现,对大数据的处理显然不能再依靠传统的计算技术,为了更好地分析大数据,使大数据的价值充分发挥出来,必须开发出新的技术方法。

对大数据的计算、分析以及存储等都包含在大数据处理技术中。在中国计算机学会大数据学术会议(2016)上,院士徐宗本在发言中提到,对大数据的处理涵盖了获取和管理数据、存储数据、分析处理数据及具体运用等多个方面,大数据技术涉及众多的学科领域。高交叉性、高综合性是大数据技术的典型特征。

大数据这个概念本身包含了多重含义:其一指的是海量数据以及多种类别的数据;其二指的是借助互联网这个媒介,数据被赋予了更大的价值,甚至有了生命意义;其三指的是能够带来一系列连锁反应,包括大科技、大知识、大利润、大发展等。大数据的特征可用 4 个"V"来总结,即 Volume(数量巨大)、Variety(类别多种多样且复杂)、Value(有很大的隐藏价值)以及 Velocity(数据迅速生成)。信息技术的发展,促进了社会化、网络化、物联化、移动化、数字化的行程,进而推动进入大数据时代。薛一波(2014)以"新时代的石油"来形容大数据。

越来越多的各种新兴服务的出现,如计算、社交网、物联网等,使得各种数据无论是从规模还是类别上都呈现出爆炸式增长的态势,由此催生了大数据时代。数据成了一种重要的资源,将这种资源利用好、管理好逐渐成为人们关注的焦点。在新的时代背景下,曾经的数据处理流程例如存储、管理和分析等都有着不同程度的改变,对于数据的处理的变化在不断发生,这种新的变化加深了对大数据的全面和清晰的认识,并在此基础上能够对其应用场景进行较好的把握孟小峰,慈祥(2013)基于这个视角,对大数据的处理流程进行了大致的描述,并基于兴起的云计算技术的背景,将大数据时代受到的影响进行了剖析,展现了新时代需要克服的困难和把握的机遇。

与大数据时代一同出现的是数据科学,数据科学在这样的背景下蓬勃发展,如今已经可以比肩自然科学。自然科学的发展越来越离不开数据科学的帮助,并能促使相关产业有新的突破,实现转型升级。赵国栋(2013)指出,在大数据时代,对数据的收集整理只能算是完成了"上半场"工作,而数据的驱动、治理、变现等才是重头戏,是"下半场"的主要工作。经济活动如今已发展成为收集大量可用信息,进而对客户深入了解,并将个性化服务提供给客户这样一个过程(罗纳德·巴赫曼,2017)。经济舞台如果缺少了数据则会变得苍白,通过挖掘和分析数据从而为人类社会和生活提供更好的服务是大数据时代的重要任务（屈泽中，2015）。

2.1.3.2 大数据获取技术及全息画像处理分析技术

在大数据时代，不断创新了各种传统领域，同时也催生了大批全新的领域，人们的工作、生活乃至思维方式等都受到了很大的影响。如在生活领域，人们的购买、交流等各种日常行为随着智能手机、4G、5G网络等的普及以及各类应用软件的出现而趋于量化，最终社会的生产生活所产生的各种数据会聚集成超大的数据库。有学者提出，人类进入大数据时代，拥有了全新的聚合点。大数据也极大地更新了人们传统的思维，促使新的具有整体性、混杂性、相关性等特征的思维方式的形成，即所掌握的数据具有整体性，各种数据混杂在一起，对精准性不再强求，对不同事物间的相关关系更加关注等。值得一提的是，有极深的哲学内涵隐藏在这种思维模式中，其中整体性蕴含了全面、系统、开放的观念，混杂性注重对事物内在价值的挖掘，进而做出预测，相关性则体现了事物之间的因果关系，数据的非定域性、整体性、混杂性特征，以及采集和处理数据的不可分离性是数据存在相关性特征的主要原因。宋海龙（2014）认为，大数据思维在科学技术迅猛发展这一背景的助推下，也有了技术保证，使得这种思维方式迅速在全民中普及开来。黄欣荣（2014）进一步提出了大数据思维理念，如全局性、包容开放性、合作共享性以及精准性思维理念等。

大数据的容量随着网络技术的飞速发展也呈现出爆炸式增长的局面。据 IDC 公司的统计数据显示，全球电子数据总量截至 2011 年达到了 1.8ZB(1021)，要知道有史以来人类全部印刷品的数据加总也不过 200PB。谷歌、百度等搜索引擎可谓家喻户晓，覆盖面非常广泛，不过并不具备很强的精确性，因此，该类搜索引擎越来越无法满足人们对信息服务精细化的需求。近年来出现了一种更加精准的方式，即主题爬虫，其能够将与主题有关的网页在 Web 中抓取出来，凭借特定的网页将无关链接过滤掉。主题爬虫相比通用的这些搜索引擎而言，对资源的消耗更少，而且还可以实现扩张性检索。将网页中的前向链接过滤掉，爬虫可在特定主题的一个 Web 子集中聚焦，这是主题爬虫的特点。在网络爬虫领域，目前专注于开发这样一种主题爬虫，使之能够利用某种策略获得网络信息。主题爬虫可以实现高效聚集，在企业管理过程中，利用主题爬虫可使其决策更加高效，加强预警工作，很多企业借此来进行风险管理。很多企业现阶段还需要投入人力资本，由人工来采集信息，在信息采集方面，企业迫切需要提升信息采集的效率，利用现有资源更有效地采集到所需信息，为企业管理服务。

在全息画像中，考虑到目前计算机学科的发展以及机器计算能力的提高,结合了自然语言的特征,通过文本对于内容包含的情感进行分析,从而得出一定的倾向分类。与此同时,因为用于情感分析的数据是文本,而文本的划分有着更多的层次,高一等的是整个文档,而详细一些的可以到每一个词汇。由此可见,情感分析的对象的种类还是非常多的,其中的量级也有很大差别,一个文档中可以包含上万个词汇,上千条语句,上百个段落,不同量级的元素最终得到的分析结果可能截然不同。因此,从这个角度,本书对于情感分析进行相关划分。

1)基于词为粒度的语义分析

国外和中国的语言环境体系不同,在不同的自然语言环境下,研究者们都对自然语言中的词的情感倾向分析做了深入的研究。Sista 等尝试以词典 General Inquirer(GI)中现有的褒贬词汇作为基准种子,通过技术手段对基准词进行扩展,最终形成特征集合用来实现机器自动地识别词汇的褒贬倾向。Dave 等(2003)依靠计算机提取信息技术,从各种语料库中获取词汇特征,利用贝耶斯分类技术来计算目标词汇与基准词汇之间的关系,并且最终给出目标词汇的语义褒贬程度。朱嫣见等(2006)为了判断中文的褒贬倾向,在前人的基础上提出了一种全新的词汇褒贬性度量方法,这种方法主要是基于词汇的相似度,建立具体的语义相关场,从而通过计算目标词汇基准比较词汇的近似程度,最终判断目标词汇的褒贬性。王素格等(2009)给出的情感褒贬性判断方法主要是根据中文的同义词,进行比较情感褒贬性计算来度量。

2)基于句粒度的褒贬语义分析

对以句为粒度的褒贬语义分析中,句子所表达的主客观性是一项重要的内容。在进行句子的主客观判断的时候,形容词在其中扮演着关键的作用。研究者 Yu 等(2003)在研究中给出了自动问答系统的意见提取算法,并且对提取的文档进行了褒贬性的分析。Wang 等(2005)对句子进行褒贬性分析的算法主要是利用启发式算法以及贝耶斯分类技术,其基准比较特征词主要由副词和形容词构成。王根等(2007)为了提高句子情感判断的准确度,设计了一种 CRF 句子情感程度判断算法,这种算法可以进行标记式分类,同时能够计算情感的强烈程度,在具体计算过程中,可以把一个任务分成若干个子任务,实现多重冗余标记来减少多步传播过程中的误差放大现象。

3)基于文档粒度的褒贬性分析

以文档为粒度的语义褒贬性分析,研究者 Pang 等(2002)在研究中采用了三种不同的算法对网上获取的电影评论文档进行了语义褒贬性分析,来确定电影的受欢迎程度；研究者 Na 等（2005）以动词、形容词和副词为特征向量，把具体目标文档中的这些特征向量输入支持向量机，对文档的褒贬性进行判断，准确率达到 76%。在支持向量机中加入否定词向量，准确率则可以上升到 79.33% 左右。研究者 Yi 等（2003）在文档褒贬性分析过程中采用了语法分析，通过对句子的褒贬性判断最终扩展到对文档的语义分析。研究者 Ye 等（2006）利用中文的情感分析技术，进行了汉语电影影评的褒贬情况分析，在处理过程中，没有对研究中的各种特征影响因素进行足够的探讨。

2.1.3.3 大数据与全息画像在财经经济方面的应用

大数据在财经领域的应用早有雏形，目前主要活跃在股票市场的分析上。就经济学角度而言，挖掘和分析大量的经济数据势必会带来全新的视角。大数据的一个重要特点是相互关联性，所以，这种关联性思维同样也要运用到经济学以及其他学科的研究中，逐渐摒弃传统的那种不同学科之间、不同部门之间相互独立、相互分离的思维模式，开展交叉性研究，注重分享与合作。李国杰（2012）认为，如今包括科学研究、经济、医疗、农业、政府管理等各个领域都进入了应用大数据的时代，与此同时所带来的挑战也是巨大的，对于大数据的特点以及其所带来的机遇和挑战，各个领域均应有清醒的认识。陈明奇（2013）、邬贺铨（2013）指出，我国目前还停留在学者研究大数据的时期，整体而言尚未能充分运用好大数据，还没有全面实施大数据战略。

大数据具有对已发生的数据进行分析处理，将隐含在其中的规律找出来，进而对未来进行预测的功能。徐子沛（2013）指出，通过深入分析所研究对象的各种关系，大数据可以帮助实现更好地认识现在，并对未来做出预测的目标。巴拉巴西（2017）认为，运用相关的科学技术，深入挖掘和分析大数据，可以预测大部分人类的行为。不过大数据尽管为人们开辟了一种全新的研究和预测未来的方式，但其预测结果的准确性并不是 100% 的，仍然存在概率性，毕竟大数据分析所依赖的样本并不是整体，只是无限接近。综上所述，借助海量的数据资源以及对数据的挖掘和分析处理技术，大数据不仅可以总结过往的事情并将其中的规律提取出来，而且还能在此基础上，利用 AI、建立数据算法模型等，对未来的行为做出预测（黄欣荣，2014）。

学者们尚未系统研究针对大数据时代的经济学方法论，不过已有部分学者开始尝试研究大数据时代经济学、科学的研究对象、方法、范式等。在经济学领域，借助数据挖掘技术，能够找到大数据中蕴含的规律，与传统的假设、验证的研究方式不同，其对事物变动趋势的研究是通过挖掘分析来实现的。对于经济领域的大数据，在研究的过程中，需要借助特定的方法和技术进行分析，将这些数据的价值深入挖掘出来。概言之，就是利用高质量的分析找出经济变化的内在规律，从而更科学、准确地预测未来的经济行为和走势等（赵玉晗，2013）。

学界对于大数据时代经济学的研究对象尚未形成统一的认知。徐晋提出大数据经济学是以某种特定的社会现象作为主要的研究内容，利用相关的大数据技术，在离散化经济基础上，重组信息，使社会现象具备数据化特征。大数据经济学具体而言，首先，要掌握数据化的手段、表现方式，数据间的关系等；其次，要掌握信息化重组后会以怎样的规律发展；再者，在传统经济学理论基础上进行理论创新（徐晋，2014）。俞立平指出，对数据进行经济化处理是大数据时代经济学的研究对象，形成相应的方法论，推动经济学创新发展，更好地应对大数据时代带来的机遇和挑战（俞立平，2013）。Alvin重点研究了大数据时代经济学的预测问题，认为其承担着以下三项任务：第一，预测那些相当成熟了的经济学理论，进一步完善这些理论；第二，努力提升经济学预测的准确性，不断找寻更佳的检验方式；第三，利用经济学预测的相关结论更加科学地制定经济政策（Alvin，2010）。通过比较经济学预测在小数据时代和大数据时代的不同发现，提出假设是小数据时代进行经济学预测时的第一步，之后借助逻辑推理、演绎、实验等方式展开，对假设与结果之间的关系进行检验，看因果关系是否存在，并得出最终的经济学预测结论；而在大数据时代，数据是经济学预测的基础，第一步是关键词的确定，进而收集相关数据，分析处理数据，并利用数据间的相互关系来预测未来的经济行为和趋势（汪毅霖，2016）。

在现实中，可以建立一个新的通用框架，以中小企业的动态行为来描述中小企业的演化机制。在大数据环境下，通过金融技术融合由给定实体建立的业务行为网络提供的结构或非结构数据，以解决与银行生态系统中系统性风险相关的网络结构的复杂性，这是一种通过企业（商业）行为的网络结构中的信息来审视中小企业演化机制的新方法。

随着互联网时代的深入发展，催生出了"共享经济"形态，具体来讲就是借助大数据技术、互联网技术等，对闲置资源创造出新的市场价值，以实现重新再利用。不过随着越来越多的领域开始涉足共享经济，逐渐出现了数据安全、隐私保护等方面的问题，目前共享经济想获得更大发展所面临的一个最大障碍就是全息画像。近年来新兴的区块链技术恰好可以弥补大数据技术的缺陷，作为一种全新的互联网架构，区块链技术中包含了各种通信协议,这样,数据共享和流通可以采用分布式账本、加密分享等新方式来实现。刘海英(2018)指出,大数据技术和区块链技术的强强联合,能够使共享经济的传统模式彻底得到改变,提供全新机遇推动共享经济的发展创新。

2.1.3.4 大数据在商业方面的应用

市场信息、消费者信息这些对企业而言就意味着商业价值。进入大数据时代,相关产业技术的迅猛进步,必然会推动经济的快速发展。近年来,大批国外学者开始研究大数据给企业的管理与发展能够带来怎样的影响。在 2012 年达沃斯全球经济峰会上,有学者认为,有无穷无尽的能量潜藏在数据之中,与黄金、货币一样,经济性的特征已在数据中显现出来;这无疑是一场技术革命,甚至将其视为一场社会革命也不为过。政府的管理方式、企业的战略计划乃至普通大众的生活模式等都会因此而出现颠覆性的改变。Mc Afee & Bryn jolfsson(2015)认为,企业的界限、消费者和网民之间的界限在大数据时代都慢慢消失了,数据成为一种资产,而且对企业的业务机制具有深层次的影响,企业的组织机构以及所秉承的企业文化甚至会因此而发生颠覆性的改变;毫不夸张地说,在这场运动中,一切商业活动的变化都将是革命性的。Bughin(2014)等指出,通过信息公开,蕴藏在大数据中巨大的潜能将会显现出来,企业的管理规律将会在大数据时代发生改变,Data-Driven Competitive Edge(数据导向竞争优势)也会被定性。Mc Guire(2012)等说明了"大数据"获得竞争优势的具体路径,如交易信息数字化、公开信息、精准分析、提供针对性更强的产品或服务以满足越来越精细化的市场、研发服务预见性等。Brown(2015)指出,传统的游戏规则(The Game-Changing)会因为大数据时代的到来而发生巨大改变,除了努力研发新技术以外,企业要想取得成功,必须顺应大数据时代思维模式的改变,经受得住大数据给商业运行机制以及企业管理实践等带来的巨大影响力。此外,还给出了在大数据时代,判断企业具备较强竞争力与否的几个指标,如 novel business models(商业模式的新颖度)、constant experimentation(实验的持续性)等。

冯芷艳(2013)研究了大数据时代给商务管理带来的挑战,提出了三条重要途径,即企业运作网络化、实时洞察市场、创造社会化的价值等。此外还指出了一系列新的研究方向,如大数据背景下如何创新商业模式、如何洞察消费者进而制定更合适的营销策略、企业的网络生态系统、社会化网络环境中的社会资本结构和行为机理等。

企业在竞争环境及技术发生改变的大背景下,在产业链以及价值系统中发现、创造并实现价值,创新企业组织和产业链,充分挖掘企业的价值潜力,这样一套核心逻辑即所谓的商业模式。企业由内到外的所有行为几乎全都会受到大数据的影响,如对内,可以促进基础研究、提升公司的内部治理、更好地监视和检测产品功能,对外有助于提高服务水平,拓展客户范围等,并且还能帮助实现自动化决策。因此,刘丹、曹建彤、王璐(2014)认为大数据能够对价值发现、价值实现、价值创造三个阶段产生直接的影响,从而引发商业模式创新。

企业的商业生态受到了大数据全方位的影响,企业需以此为背景创新商业模式。李文莲、夏健明(2013)阐释"大数据"之大变革性的基础上,研究了在创新商业模式方面,大数据作为一种重要资源所起到的作用,一是促进运用新的技术工具,二是促进形成"大数据"产业链,三是行业融合与跨界现象的出现等;在商业模式创新的企业层面,分析了在企业创新价值主张、收益模式、业务流程,重新建构价值网络和外部关系网络等方面运用大数据发挥的作用;在行业层面,提出基于"连接"与"融合"的两种新兴商业模式——平台式商业模式和数据驱动跨界模式,并从资源基础论、创新理论、价值链理论、交易成本理论等角度剖析不同层面创新的不同驱动原理。余义勇、段云龙(2016)分析大数据所带来的思维变革,然后在比较大数据创新与传统创新不同点的基础上,构建基于大数据的企业管理创新模型,并据此提出大数据下的企业管理变革模式;同时认为有利于企业持续进步的稳定大数据环境,与政府的支持和引导是息息相关的。

2.2 研究方法

对国有基金支持企业创新的研究通常面临两种共生的极端情况:一方面是国有基金保值增值的内在需求;另一方面是从事新技术投资的国有基金投资存在风险化倾向。为了更好地进行研究,必须找到将二者之间的冲突降到最小的方法,后者对创业企业的管理有很大的影响,这就需要进行组织和管理层面的分析。简而言之,研究面临的是一个横跨数个传统学科的全新学术领域。

深入的研究可以采用几种方法。最普遍的研究方法是用定量分析来进行假设检验。然而,由于本书的研究都针对最近现象,因此,尚没有这一领域的详细、完整数据。

考虑到这一点,本书认为,采用定量分析和定性研究相结合的方法更加合适,即不但通过对现象的观察来归纳出理论观点,也通过上市公司的公开数据进行数理建模。国有基金投资是一个新兴行业,其中只有部分企业或部分投资专门从事创新业务。本书将研究这些企业的行为,选择一种人类学的研究方法,即与该行业中从业两年的高级管理人员进行交流,以此为基础,将该行业中的观察总结、归纳为不同模式,并分别讨论其影响。

2.2.1　研究构思

国有基金投资可以从各种互补又相互联系的观点来进行理解。所有的研究都关注"创新 & 管理"领域,并把分析集中于国有基金投资人,认为他们是建立企业并将企业及其产品推向全球的催化剂。其他领域如"金融战略"及"市场战略"等仅仅是分析的一小部分,因为它们会同"创新 & 管理"这一领域冲突或产生重叠。

因此,定量和探索性研究并不基于任何假设基础,也不求对结果进行公式表达,而是通过对一个主要问题及相关的关键课题进行研究,以深入了解国有基金投资市场。

在缺少具有策略性和操作性的深度理论的情况下,本书研究目标是形成一些指导方针、模式及进行比较,并以此来指导国有基金投资人的行为。这将有助于该行业的专业化,并对以后的研究打下坚实的基础。

本书整个研究设计是一个从理论和实践中系统地获取信息的知识的过程(见图 2-1)。在对所有对象进行个人采访前首先要通过不断的试错过程来精心设计一张调查问卷。这种设计的目的是在被调查者看法和实践的基础上,并结合它们所处的不同外部环境,寻找出全球不同地区的各种模式。

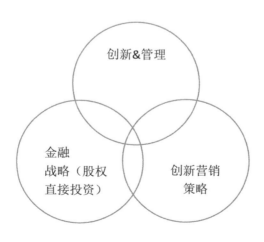

图 2-1　研究设计

本书研究过程始于作者参加的国务院国资委基金年鉴组委会主办的一些学术会议,在苏州大学、上海交通大学、清华大学五道口金融学院开设的高级员工培训的课程,以及对大量的国有基金投资人的一些采访。在这个过程中产生了一些理论上的探讨问题,后来在华东师范大学主持的新华社股权投资指数研讨中得到了启发。在理论和实践的基础上,设计了第一份问卷,并在对来自省级、市级和区县级的 200 个国有基金投资公司及 200 位律师事务所执业律师和会计师事务所审计师的采访中,对问卷进行了不断的检验。

本书对从各方面获得的信息进行了区分和提炼,这些都会引起观点的深化。在同国有基金投资管理人及与该行业相关的专家,包括律师、审计师、学者、服务商及国有基金投资协会管理人员的交流过程中,进一步加深了对理论的理解。

整个研究方案还包含了综合的文献研究、研究报告、大数据全息画像等支撑材料。它们分为以下几类:

(1)创新和商业化。

(2)国有基金投资的筹资/投资。

(3)大公司内部基金投资(CVC)。

(4)国有基金投资合同。

(5)国有基金投资支持公司的控制权。

(6)培训。

(7)基金结构。

(8)创业精神。

(9)科技政策。

(10)国有基金投资/投资者的财务政策。

(11)国有基金投资公司/股权投资管理人/投资者的法律方针。

(12)竞争力。

方案包含对全国各地的图书馆的访问以查找相关资料。中国各地的国有基金投资协会也都为本书的研究提供了大量的年鉴、专项报告及网站链接。通过同尽可能多的国有基金投资协会管理人员的会谈,以了解本地的行业情况以及它们对国有基金投资公司的看法和经验。此外,为了能得到关于不同地区金融投资环境专业而一致的看法,也邀请了国有基金投资公司财务管理和税收管理方面的专家专门绘制了各地国有基金比较表,由于各地的财政和监管环境处于不断变化之中,因此将 2023 年 1 月 1 日作为考察截止日。一些大型审计企业(国际"四大"和中国前二十强)也都为本书的研究提供了有关国有基金投资的大量材料和报告帮助,包括翻阅其年度总结、会议记录和检索其内部数据库。最后,作者也与高校及研究所关注国有基金投资的学者维持交流与共享,不断检验研究方法和研究结论①。

2.2.2 研究样本

研究的样本由200个国有基金投资公司组成,其中49%是成熟公司而另外51%是建立时间较短、规模较小并/或发展迅速的国有基金投资公司,并且都有独特的业务模式。对于后一组对象的研究是非常重要的,因为这些在夹缝中发展或者别具一格的国有基金投资公司可能对将来的主流国有基金投资公司产生影响。

这些国有基金投资公司是根据精确体系事先筛选的,并经过了同领域国有基金投资管理人的推荐核实。后来也进行了适量的增补。样本筛选总体来自国有基金投资协会的年鉴和一些独立国有基金投资研究公司的数据检索系统。

2.2.2.1 选择标准

为了避免极端样本对实证分析造成的高杠杆影响,本书对研究样本选择进行约束。样本的选择标准见表2-1。

表 2 - 1 选择标准

项目	标准
投资阶段	种子期到扩张期(IPO之前),单期或多期投资
组织层次	总部(对一些外国分部也进行了零星的后续调查)
公司状况	1. 独立合伙人制(小于样本总量的56%,大于样本总量的50%) 2. 已经上市的国有基金投资公司 3. 5~6个大企业的国有基金投资部门 4. 5~10个金融企业创办的国有基金投资企业
地理分布	从事国有基金泛地区和业务
投资部门	70%~80%的公司专门从事科技投资和创新投资

---

① 值得一提的是,在过去的26年里,作者也曾作为管理合伙人或者特约顾问在16个被研究的国有基金工作了15年。除了在国有基金投资公司研讨会上演讲之外,还为苏州大学、上海交通大学、扬州大学、南京大学、东南大学、上海财经大学、清华大学五道口学院等的本科生和研究生讲授"国有基金投资"专题课程。同时该课程也是高级基金管理人的专题课程。

项目	标准
资本（管理）	至少包括每个省前五大国有基金投资公司中的三家
融资	有雄厚资金支持
资金来源	国有基金或本地金融机构类金融机构
被采访者	50%以上是高级管理层
投资项目	10%以上的投资属于新技术投资或以此为投资策略

2.2.2.2 样本界定

为了进一步排除极端样本影响，对分析样本按表 2-2 进行界定。

表 2-2　样本界定

项目	性质要求
投资阶段	投资项目未出售的公司
组织层次	人数不少于 10 人的代表处（只调查总部）
公司状况	1. 除了独立运作和/或早期投资者之外不应该是银行 2. 不调查天使投资人 3. 不调查纯金融导向的企业投资部门或机构
地理分布	调查在指定区域以内分支找构的业务
投资部门	不调查只投资于网络和服务业的投资者
资本	使用自己的资金或者是企业的资金，而非金融中介机构或者过桥机构
融资	不是纯粹的组合基金，只通过贷款和借款筹资（必须和股权融资结合）
资本来源	资金不完全来源于政府部门（政府只能是有限合伙人）
被采访者	非行政员工/分析员（可以采访副手）
投资项目	1. 不能以前从事国有基金投资而现在没有 2. 不能只有分支机构①

---

① 大型国有基金投资公司建立时间很短的情况下才允许国有基金投资比例小于 10%。

2.2.3　问卷设计

调查问卷的目的是收集和研究与课题有关的数据,主要调查内容是国有基金投资公司进行创新科技投资的动机、决策标准和最佳实践。问卷将对财政、法律/监管、经济、文化及中介机构等对本地区和业务决策都有影响的因素进行详细的调查,因为他们对真正的国有基金投资业有巨大的促进或阻碍作用。

每个问题都应设计得非常狭窄简练,从而可以得到最清晰的回答。笔者对于国有基金投资过程的深刻认识使得这一点成为一种可能。为了保证所有相关因素都包含在问卷中,在每小部分的结尾都有一个宽泛的开放性问题以对该问题进行深入讨论,这一方法非常有效。因为每个地区的国有基金都有移到两个其他地区的国有基金所没有的特点和义务。问卷由以下七个部分组成(见表2-3),总共有108个问题。

(1)公司信息。

(2)外部动力/阻力。

(3)进程。

(4)实践中的合作。

(5)组织和管理(国有基金投资公司)。

(6)国有基金投资的特色。

(7)从国有基金投资创新项目中获得的经验。

表2-3　问卷结构

方面	具体指标或问题
公司信息 (18个问题)	• 公司结构 • 投资比例 • 主要投资区域 • 投资阶段 • 行业偏好 • 投资方式 • 投资量 • 收益 • 管理费用和附带权益 • 资金来源 • 主要投资活动

方面	具体指标或问题
外部动力/阻力 （35 个问题）	• 财政环境 • 监督环境 • 经济环境 • 文化环境
从事业务的原因 （19 个问题）	• 战略性 VS 投机性 • 创新市场的吸引力 • 国有基金投资专业知识的引进或输出 • 新产品 VS 新商业理念的引进或输出 • 以"技术窗口"之名吸引投资者 • 以自己的资金来吸引投资者
实践中的合作 （4 个问题）	• 最成功的实践 • 业务升级
国有基金投资的未来 （13 个问题）	• 国有基金的作用（企业创新升级） • 同企业国有基金投资公司共事 • 将来国有基金投资公司理想的结构 • 国有基金投资公司合作的发展 • 国有基金投资创新项目失利所引致的重要教训
组织和管理 （14 个问题）	• 现有的组织结构 • 现有国有基金投资公司的公司所在地 • 新投资项目的决策过程 • 交流和管理 • 合伙人，投资经理、投后经理的雇佣和培训 • 投资创新企业对国有基金投资公司的影响
教训 （5 个问题）	• 现在国有基金投资相联系 • 影响国有基金投资公司 • 文化因素

2.2.4 采 访

作者在过去几年先后对 200 余位国有基金投资高级管理人展开面对面的采访，避免个体之间背景和理解的不同而对结果造成的扭曲，保证研究的一致性。调查问卷的第一部分"公司信息"在采访开始前发放并由被采访人完成。

2.2.5 数据分析

一些封闭式问题的答案或数据将被输入数据库并按特定标准进行分类及建立索引。对开放性问题将逐个分析,并按地区进行分组,最终综合成相对完整的数据库,包含了各种类型结构化数据。

第3章 国有基金行业现状

本章涉及和描述关于国有基金投资行业现状的诸多方面以及创新的外部环境,通过它们可以了解到国有基金投资管理层是在何种框架下帮助并引导所投企业的创新和成长。

本章概述了国有基金投资在全球范围内的各种定义,它的经济影响以及发展历史;描述了在"创新创业五角形"的框架下使国有基金投资行业茁壮成长的推动因素,继而对一些与创新商业化的融资机制以及影响国有基金投资的推动力有关话题的深入分析。

本书的主题,即国有基金支持企业创新的效率测度、全息模型及路径优化研究,描述了这些专业化的、但是仍在成长中的企业在考虑创新成长与扩张时所面临的选择与决定的困境,包括当前的经济法律法规以及财政环境,强调了这些地理区域内的主要参与者及其活动,随后是其他组成部分,以及面临着创新成长问题的企业家们及其创新企业。

最后在经过大范围内的调查之后,得出对这个行业成熟度以及对国有基金投资的发展趋势的思考。由于国有基金投资行业历史短暂,因此这部分少为人们所理解,也是最难理解的部分。本书的这部分为在 200 家国有基金投资公司所做的详细研究做了铺垫。

3.1 国有基金

3.1.1 基本定义与分类

国有基金是国家授权经营国有资本的公司制企业和合伙制基金组织形式企业,其通过设立项目及投融资等方式来经营,向实业投资并获得相应的股权,管理和经营相应的资产,确保国有资本实现保值增值,作为出资人还要承担监管的责任。

国有资本运营公司、国有资本投资公司是国有基金投资公司所包含的两种类型。其中国有资本运营公司的主要目标是资本运营,并不进行相关的实业投资,除了国企产权以外,国有资本还包括公司制企业的国有股权,在资本市场进行运作,可采用发行股票的方式进行融资,也可以股权的交易来使得国有资本拥有更加良好的结构和更为优质的质量。使得资金能够流动起来,保证其流动性以及提高资本的价值,促进其不断增长是企业运营必然要追求的目标,采用多种形式运营所持资本,确保国有资本实现保值增值的目标。而国有资本投资公司则需要向实业投资、建设项目、实行投融资等,掌握所投资实业的股权,管理经营所持资产。通过融合金融资本和产业资本,国有资本投资公司可使国有资本的流动性增强,收购、兼并、重组企业,进行资本运作等。

国有基金投资公司这个概念其实并非首次出现。国资委在 2014 年启动的"四项改革"试点中,就有国有基金投资公司,不过尚未披露实施细节;山东省 2015 年试点组建国有基金投资,试点向投资运营公司改建的首批企业有山东省国有资产投资控股公司、鲁信集团等。

国有基金投资公司可以是新设,可由国有大型金融投资公司转变而来,也可通过剥离经营性业务的方式对国有大型企业进行重组。国有基金投资公司不能进行除投资管理业务之外的其他经营活动,对所投资企业仅作为股东参与经营管理。国有基金投资公司可在不同行业的企业持股。

3.1.2　国有投资的典范

新加坡淡马锡控股公司是由私人名义注册,受国家财政部监管的企业,自 1974 年成立以来,其年均净资产收益率始终远高于同期其他私有企业,达到 18%。该公司的运营模式也因此被当作国有投资领域的典范。

新加坡政府在 20 世纪 70 年代决定成立一家国家资产经营管理企业,专门对国家向政联企业投入的资本进行管理和经营,由财政部负责,淡马锡公司由此成立,新加坡政府委托淡马锡公司经营和管理 36 家政联企业(包括新加坡开发银行等)的股权,资产总额达 3.45 亿新元。利用商业性战略投资以及各种监督策略打造世界级企业,推动本国经济的发展,这是淡马锡公司成立之初新加坡政府赋予它的使命。

20 世纪 70 至 80 年代,新加坡为了发展规模庞大的工业项目,对资金的需求十分强烈,但当时的市场背景是新加坡本土的小公司,没有提供资金的能力,在此背景下淡马锡公司开始对此类项目进行操作。初生阶段的淡马锡较为稚嫩,并未形成完整的治理结构和路径,而是在 80 年代到 90 年代的时候,趁着当时国内经济的腾飞,逐渐形成了完善的模式,即"淡马锡模式",并且也成为享誉亚洲的规模庞大的主权财富基金。

新加坡于 20 世纪 80 年代中期完成了制造业产业升级,借助"私营化""私有化"的方式,淡马锡向海外资本以及私人资本退让了一些原本占据的领域,推动私企更好发展。淡马锡自 2002 年起,又进一步将"战略撤资"的规模扩大,并向国外投资其撤资的资本。淡马锡目前仅有三成的资本仍然在本地,其余七成主要向中国、印度等海外地区投资。

3.1.3 中国国有基金公司主导者

国有资本运营公司在新加坡成为典范,在中国却面临一个难题:主导权之争。《华夏时报》曾报道,在 2014 年中央国有资本经营支出预算中,财政部为组建国有资本运营公司而单列出一个其他支出 70 亿元。财政部正要联合其他部门共同出台《国有资本运营投资公司试点方案》《完善企业国有资产管理体制的意见》等。

另一方面,据与国资委接触的相关人士透露,在 2014 年国资委全面深化改革领导小组制定的当年的工作要点中加入了打造一个"汇金"的内容,这是国资委主任主抓的重点工程。"汇金"即是中央汇金公司,负责管理四大行的股权,这个"汇金二号"运营的是经营性中央企业的股权。

由谁来设立"汇金二号",是国资委还是财政部,官方仍尚未给出明确定论。这关系到这家新公司持有何种资本的问题。区别在于,财政部履行的是金融国有资本出资人的职责,而国资委履行的是非金融国有资本出资人的职责,"汇金二号"由谁来设立,意味着它将来运营的资本有金融和非金融之别。

按照彭博社披露的消息,此次国企改革计划将国有企业按照功能划分,实行国有企业分类监管。在经营性国企和国家资本监管机构间成立国有资本运营公司。

3.1.4 国有资本的两类公司的区分

3.1.4.1 根据不同对象进行划分

国有资本运营和投资这两类公司的对象不同,前者的主要任务是对国有资本进行运作管理,国企产权以及公司制企业中的国有股权都属于国有资本;后者的主要任务是产业资本投资,向实业投资,承担投融资、项目建设等工作。

3.1.4.2 根据不同目标进行划分

优化国有资本的结构、提升国有资本的质量效益等是国有资本运营公司的宗旨,确保资金正常循环周转和资本增值。运营国有资本,对企业运营架构乃至行业结构进行调整,使之更加科学合理,资源配置效率得到提升。

调整国民经济布局结构、推动产业竞争力提升是国有资本投资公司的宗旨,不依靠行政权力,而是采用资本投资的方式控制企业和产业,使政府的目标得以实现。

3.1.4.3 根据不同运营方式进行划分

国有资本运营公司可通过兼并、分立、成立合资公司、进行公司制改造、培育相关上市公司、产权转让与置换等方式进行经营。国有资本运营公司并不从事具体的产品经营,是一个纯粹的控股企业,主要通过开展股权运营从而行使股权管理的权利,以资本运作的方式对国有资本进行更合理的配置。

国有资本投资公司进行实业投资,掌握相应的股权,进而经营管理所持资产,其融合了金融资本和产业资本,使国有资本更好地流动起来,进而收购、兼并、重组企业,进行资本运作等。

国有资本运营公司将企业即实物形态的资本借助市场机制转变为诸如证券等价值形态的资本。这使得国有资本能够真正进入资本市场,发挥自己的优势,对中国的国有经济起到一个调节的作用,对整体的经济结构有一个优化的效果,同时市场的调节机制发挥作用,使得资本能够流向最迫切需要且效率最高的地方,让国有资本有限的资金创造最大的效用。与此同时,国资运营企业的成立之初,就是为了降低市场的交易费用,并且健全中国的国有资本市场体系。一切实物形态的国有资产均可通过运营公司转化为可进入资本市场流通的价值形态的国有资本,要具备良好的流动性,且能借助财务指标进行计量和界定,改变国有企业一半是市场主体、一半是政府工具的传统状态,能够平等地进入市场、融入市场。

国有资本投资公司着重于保持市场的有效和维护市场的完整性。国有资本的投入在以下几类领域中非常重要:一是涉及国民经济命脉和国家安全的领域;二是对国民经济非常重要但存在市场无力或缺乏投资意愿的领域;三是存在自然垄断现象及信息不对称问题的领域。国家利用国有资本投资公司更好地引导经济,达到诸如推动区域协调发展、防止社会不公现象产生等政府的工作目标。为完成某些政策性目标,国有资本投资公司开展产业投资,使国有经济保持应有的影响力及控制力,这一过程不是依靠行政权力而是利用资本投资来实现的。2019年《政府工作报告》明确提出,在加快国资国企改革方面,"加强和完善国有资产监管,试点国有资本运营公司和国有资本投资公司的改革,使有资产实现保值增值的目标"。

按照《国务院关于推进国有资本投资、运营公司改革试点的实施意见》（国发〔2018〕23号）有关要求，深化国企改革的一个重点工作就是试点组建国有运营公司和国有资本投资公司，以此来调整现有的国有经济布局，加强对国有资产的监管，形成"管资本"的局面。

3.1.5　国有基金试点与发展

这几年来，央企和地方国企分别试点设立国有资本运营公司和国有资本投资公司。国资委2018年12月28日明确了作为第二批试点国有资本运营公司和国有资本投资公司的11家央企。全国已有30多家省级国资委陆续试点，改组组建了近140余家国有资本投资、运营公司。在创新体制、机制、模式等方面，这些企业做了大量的实践探索工作，在党的建设、授权放权、组织架构、运营模式、经营机制等方面取得了成效和积累了经验。在地方国企层面，推行试点以来，试点企业的规模、效益、质量实现了同步提升，具体表现在：

（1）在投资决策、产权管理、财务管理、企业改革、人事薪酬等多个方面推行授权经营管理，确立了试点企业市场经营主体地位。

（2）试点企业治理结构进一步优化，明确了在企业治理中党组织的法定地位。

（3）"小总部，大产业"格局初步显现，管控模式更适应市场化需求。

（4）试点企业围绕供给侧结构性改革，优化产业布局，调整业务范围，创新商业模式，稳步实施转型升级战略。

不过，地方国企改革试点企业在不同的层面仍然存在一些问题：

（1）试点企业与监管机构的职责边界没有完全理清，权力责任清单有待进一步合理化完善。

（2）试点企业的法人治理结构仍不完善，比如在外部董事引入方面推进较为缓慢。

（3）试点企业在进一步优化产业结构布局、新兴产业培育、转型升级和高质量发展等方面引领带动作用不强，试点企业的市场主体地位尚未充分释放。

（4）试点企业的市场化运作能力、资本运作能力、服务实体经济能力尚显不足，尚未充分实现国有资本的规范有效运行。

3.1.6　国有基金发展思路

结合上述的成效、经验和不足，地方国企试点企业需要进一步加强总结提炼,为第二批试点做好总结借鉴和经验传承。根据作者近年持续在多个省地市监管机构和试点企业走访调研,通过一些实际的案例和亲身参与改组组建的成效,给地方国企试点企业提供以下几点思路和观点以供参考。

1)选定试点国有基金的"五看"

多数省地市级国企,经过几轮的连续重组整合以后,已经形成了市场竞争一类、市场竞争二类、公益类等为主线的多家集团企业。有不少的地方国企初步形成了具有当地特色的支柱产业或新兴产业。在第二批试点中,建议要设定一定的入门条件来遴选试点企业。

一看企业资产,优质资产要达到一定规模且经营性资产占比较高,主业聚焦、业务板块互补、全资或控股一级企业多。

二看企业法人治理结构,组织结构基本健全,运作较为规范。

三看企业是否具有一批专业化的资产经营和资本运作团队,其战略管理能力、投资决策能力、资产管理能力、风险防控能力强。

四看企业是否具有较好的投资、资本运营的基础,经济效益和社会效益在当地比较突出。

五看企业的制度流程、财务风控等体系是否健全、完善。

2)认知试点国有基金的目标

试点是改革的先遣兵团和试验田,试点首先是革新企业家的思想观念和领导意识。试点企业的领导班子要充分认识到,试点的主要目标是确保实现国有资本的增值和资本价值最大化,这需要改组组建成一批具有较强投融资、资本运作、产业整合能力的国有基金投资公司,培育主业聚焦、治理完善、市场主体地位强的国企,结合各地国企进行企业内部与外部多方面多维度的综合改革。

3)看懂试点国有基金的三原则

一是改组组建为主,将具备条件的地方国企改组或按需组建国有基金投资公司。

二是依法规范,试点企业应按照现代企业制度要求建立法人治理结构,明确权责、有效制衡、协调运转。依照法律法规和公司章程规范国资监管机构、国有基金投资公司之间的关系,建立以产权关系为纽带的管理体制。

三是坚持市场导向,推动试点企业的市场化开放式重组整合,激活市场化经营机制,激发企业的积极性和创造力。

4) 明确试点国有基金的主要任务

确定试点以后,地方国企的领导班子要明确试点企业的主要任务。无论是改组还是组建,国有基金投资公司的主要任务有四点:

一是要把过去"管资产"的模式朝着"管资本"的方向去转变,在全公司上下需要完善国有资产经营管理体制。

二是以董事会建设为核心,提升试点企业公司治理水平。要着手对法人治理结构进行完善,引入外部董事机制,提高领导班子决策"三重一大"的效率和透明度。

三是要积极与监管机构协商,建立权力、责任、负面等清单,在公司内部成立"试点办公室",牵头完成完善授权机制,扩大试点企业的自主经营权。

四是以产权为纽带,增强试点企业的市场化运营能力。

5) 升级试点国有基金的战略定位

战略规划升级。根据改革的相关政策要求,国有基金投资公司的功能定位,其一是作为投融资主体,借助市场手段实现对党委和政府战略意图的重大产业转型项目、公共服务项目等进行投资,对资本进行投融资运作;其二是产业整个主体,使国有资本做到进退有序,促进国企合理改革和重组;其三是创业投资主体,推动科技创新和大力发展战略性新兴产业。因此,本着市场化运作的目标,试点企业要对战略规划升级,对公司的发展战略进行重新定位,将原有的业务板块整合重组,突出和聚焦发展优势主业,通过投融资、资产经营管理、资本运作等方式,结合现有主业,产业与产业结合、产业与金融结合、金融与金融结合、城市建设运营与产业、金融等结合,形成多种结合模式,逐步打造"产融投"多元一体化。

6) 优化试点国有基金的组织架构

优化组织架构。根据上述国有基金投资公司战略和职责定位,试点企业需要调整优化组织设计的架构,科学设计与战略规划相适应的组织体系,着力加强党建管理、战略管理、投资管理、资本运作、股权管理、董监事管理、审计法律、企业文化等职能部门的建设,为国有基金投资公司战略落地提供强力支持。对地方国企而言,过去比较不太关注或执行较弱的领域,比如战略后管理、投融资、企业文化等,需要增减、合并一些部门设置,赋予这些部门新的职能职责。建立权责清单,逐步将集团总部职责和权力下放到下属一级企业,尽量优化和减少总部部门数量和人员配置,形成总部的高效决策协调机制。

7) 强化试点国有基金的业务运营

强化业务运营。坚持市场导向,除党委和政府确定的战略性产业、安排的重大战略任务和项目外,国有基金投资公司应在授权机制下自主决策进退的产业和领域。

其中,国有资本投资公司应以资本为纽带,调整结构、进行投资导向和资本经营,逐步退出不符合战略规划和难以保持竞争优势的项目或一级企业,向自身资源配置能力、价值创造能力、市场竞争能力强的行业和领域聚集,形成产业投资与资本经营相结合的业务运营模式。

国有资本运营公司通过资本进退,构建股权投资、管理、经营的业务运营模式,不断强化资本运营能力。积极引入混合所有制改革,通过与优秀的民营企业在某些领域的合作,借助民营企业的灵活主动、市场敏感、积极性高等优势,结合自身在政策、民生等领域的优势,共同谋求更好的发展。

8)构架试点国有基金的管控模式

构架集团管控模式。按照现代企业制度完善董事会、经理层、监事会相应的职责,按出资比例行使股东权利,使出资企业成为依据法律法规和公司章程自主经营、自负盈亏的市场主体。实现股权流转与企业、职工分离。

大多数地方国企对管控的理解还停留在调整组织架构和职责分配上面。试点企业应结合战略型管控、操作型管控、财务型管控等集团管控模式,对一级企业实施分类管理。一是要厘清集团各部门与一级企业之间的管控关系,形成上下左右贯通的权限体系;二是针对不同的业务板块和一级企业,采取不同的管控模式,简政放权给一级企业,充分发挥一级企业的自主性和能动性。还可以适时考虑推行职业经理人制度,通过强化财务、审计、法律等手段,实现对重大风险的管控。

9)总结试点国有基金的经验推广

地方国企试点国有基金投资公司的过程,实质上是不断尝试和调整的过程。建议试点企业成立"改革试点小组",由主要领导担任组长,学习和领会国家相关政策,在试点过程中与监管机构、外部专业机构充分沟通和讨论。适时组织对试点成效较好的央企、其他地方国企的对标考察学习,综合企业内外部的其他改革措施,逐步形成可复制和可推广的经验,在地方国企逐步予以推广。

3.2 国有引导基金

3.2.1 国有投资引导基金的概念

国有投资引导基金属于一种政策性基金,其出资方是政府,投资运作则采用市场化方式,具体来讲就是采用股权方式向企业投资。本质上讲,国有投资引导基金就是由财政安排的为了扶持某类产业发展而设立的专项资金的分配方式,以市场化的投资运作取代之前的行政主导地位,以股权投资取代无偿投资。

可从以下三个方面加强对国有投资引导基金的理解:第一,政府出资,即资金依靠政府财政安排;第二,完全以市场化原则进行投资运作;第三,投资方式不是风险补偿、贴息等,而是采用股权投资的方式。

一般来说,国有投资引导基金来自两个方面,其一是政府财政,其二是由社会募集而来,这种政策性基金先由政府出资组建,而后以市场化方式进一步募集资金运作,对国有投资引导基金的这种界定方式,其实是将母基金——政府引导基金和子基金——与社会资本合作成立这二者相混淆了。政府引导基金和募集社会资本成立的基金这两个概念分属不同的层次,前者由政府出资设立,属于母基金,对社会资本起到引导作用,用以撬动包括银行资金在内的更多社会资本为经济发展提供支持,后者是将社会资本募集起来共同成立的基金,是子基金,位于引导基金之下,不是政府引导基金,而要定性为私募投资基金。

3.2.2 国有投资引导基金的作用

国有投资引导基金,开始时是政府单独安排资金设立的一种引导基金,旨在对社会资本进行引导,以推动积极发展,可以总结为了"推基金"而"设基金"。十八届三中全会作出全面深化改革的决定以及《国务院关于深化预算管理制度的决定》、国务院《关于印发推进财政资金统筹使用方案的通知》(国发〔2015〕35号)等印发后,引发各级政府进一步拓宽思路,把目光投向财政专项资金,沿着经济体制改革的主导线路——"将政府和市场关系理顺",先是探索实施基金化改革,充分发挥市场机制的作用,调整财政扶持产业发展专项资金分配方式,进行市场化投资运作,最大化财政资金使用绩效,提升政府调控能力等。

(1)引导社会资本和银行资本的投入,以缓解政府资金缺口。政府对经济发展的调控离不开资金,但资金的需求与财政资金供给这二者之间始终存在矛盾。中国经济目前迎来了新常态,更凸显出因由经济中低速增长带来的财政收入增速回落带来的财政投入不足的问题。国有投资引导基金,在资本市场和实体经济之间构建了一座桥梁,设立国有投资引导基金,由政府财政投入专项资金,引导社会资本募集起来设立子基金,从而形成倍数效应,使政府指向的产业领域能够吸引更多的社会资本投入,弥补政府资金缺口,注入更多资金。此外,借助市场化手段精准化扶持那些发展方向正确、发展价值和潜力巨大的产业、企业和项目等,同时辅之以必要的增值服务,发挥市场机制的优选效应,推进优胜劣汰,调整和优化产业、行业结构,并进一步推动经济结构的调整。

(2)将新的投资渠道提供给社会资本。我国经济长期处于高速发展的快车道,积累了大批社会资本,社会上存在一大批富裕阶层。但社会资本拥有者作为个体受信息不对称等问题的影响,多数只知道将闲置的资金用来炒股、炒楼等,并不了解其他渠道,或存在渠道不畅的问题。而国有投资引导基金的设立,可发挥导向作用,形成相应的子基金,募集更多的社会资本,并委托专业的投资管理机构进行资本运作,为社会资本提供了更多的投资渠道,同时也使这部分资本更加活跃,发挥更大效用。

(3)可使循环使用财政资金,提供滚动支持,使资本实现保值增值,政府财政对经济发展的调控能力得到提升。财政资金在股权投资模式下只是给企业一定期限的使用权,到期后收回并进入下一轮投资,这样资金不仅能实现保值,还能在一定程度上达到增值的目的,财政资金因此能够进一步发展壮大,做到滚动支持,形成良性循环的局面,不仅实现政策性目标,还能做到效益最大化。此外,还能对包括银行资金等在内的各种社会资本起到引导作用,形成倍数效应,使国家财政对经济发展的调控能力不断增强。

(4)规范资金投放,提高科学化、专业化水平。与原来的行政分配相比,由专业团队运营的子基金,能更加专业地调查所投资的项目,获得更精准的结果,且更严格地进行审核和监管,从而提升了资金的安全性,确保资金绩效,提升资金使用效益,使财政扶持资金做到物尽其用。

(5)引导带动区域基金行业发展壮大。母基金作为引导基金的一种形式,其对于社会资金的吸引能力很强,可以借此让母基金投入资金和人力进入区域,从而起到一个引导作用,经过此类操作后,该区域内的股权投资基金的发展得到促进,同时也为地方经济的发展、产业的优化升级提供了足够的资本,一定程度上解决了融资困难的问题。

3.2.3　国有投资引导基金的发展现状

母基金作为股权投资的"源头活水",在助推科技创新、支持实体经济发展方面发挥的重要作用正在深入人心。因此,越来越多的地方政府宣告设立母基金,意在吸引风险投资机构到当地,推动地方产业的集群式发展,以此推动地方经济转型升级。

2021 年,是母基金的爆发之年,设立政府引导母基金进行招商引资逐渐成为主流。无论是 GDP 破万亿的城市,还是 GDP 达百亿的县城,各级政府都在争先恐后地设立母基金。

母基金之所以成为各地政府眼中的"香饽饽",深层次的原因在于以下两点。

第一,人民币基金募集难度大。政府项目的投资期限一般都非常长,传统的私募 PE 融资往往无法接受这样漫长的退出期。如果几百万级别的 LP 可能有资金周转的需求,那肯定不会投相关项目。所以适配的 LP 一般是千万、上亿级别的,而且最好是集团资本或者产业资本。与此同时,各类基金对 LP 的需求也不相同,比如创投子基金、不动产基金、专项投资基金等等。因此,母基金就顺理成章地成为众多 VC 追逐的目标。

第二,母基金实力雄厚。正如某些投资人说的那样,细数当今市场上的大钱,第一名当属政府引导基金。还有投资人直言:"现在地级市都能管理百亿级的基金,以前根本不敢想,也就是这两年发生的事,现在政府出资如果不到 100 亿都不好意思宣传。"

实际上,政府母基金同时扮演了 GP 和 LP 的双重角色。面对出资人时,母基金是 GP,面对创投基金、成长基金、并购基金等时,母基金成了 LP,是各个基金的出资人。在实际投资的过程中,母基金非常重要。一方面,母基金作为大型 LP 的资金"分发渠道",承担着将资金输送到不同策略、不同领域基金当中的任务;另一方面,作为资产配置的工具,母基金也承担着管理、配置不同属性资本,调节风险、保值增值的任务。

总的来说,目前作为国有投资引导基金的政府母基金热有两大趋势。

第一,规模越来越大,容错机制逐步建立。对于国有基金,尤其是引导基金而言,容错机制的设置至关重要。政府引导基金正进入存量优化阶段,对基金精细化管理、运营效率提升做出更高要求,而以市场化倒逼政府引导基金变革是未来趋势,同时也能提高政府引导基金带动当地经济发展的效率。对此,多地的母基金在容错机制方面做出先进的探索。

2021 年 7 月,浙江省财政厅印发《浙江省产业基金管理办法》(以下简称《办法》),将原省转型升级产业基金、省乡村振兴投资基金、省农产品流通基金等整合组建成省产业基金。这有利于提升政府投资基金使用效能,减少资金闲置,形成财政出资合力。《办法》提出了相当市场化的改革举措,规范基金管理,将政策性项目与效益类项目区分开来,管理费与基金整体运作考核绩效挂钩,给予一定投资风险容忍度,并健全尽职免责机制。

为进一步加快浙江省产业基金投资运作,提高省产业基金投资运作效率,经省政府同意,浙江省财政厅出台《浙江省产业基金投资运作尽职免责工作指引(试行)》,保护相关工作人员敢于担当、积极履职,营造改革创新、支持实干的良好氛围,着力破解"不敢投""不想投"等问题。这是中国股权投资行业的里程碑事件,近两年,引导基金的容错免责机制受到越来越多的重视,而浙江省产业基金是第一个出台并公布详细工作指引的引导基金。

浙江省产业基金对尽职免责机制的建立健全,无疑在母基金行业中具有示范性意义,有利于带动更多引导基金完善容错免责机制,推动引导基金迈向规范化、市场化管理。

除浙江省之外,其他各地的政府都积极探索并落实母基金的容错机制。例如深圳天使母基金表示为助力种子期、初创期企业跨越"死亡谷",创业投资引导基金对子基金在项目投资过程中的超额收益全部让渡,同时最高承担子基金在一个具体项目上40%的投资风险。深圳市委书记王伟中曾表示,"当时我们研究的时候,就是讲,规则、规矩定好之后,所有的政府官员不再参与,交给市场去运作,由母基金和子基金去运作。我们要宽容,要包容。只要没有道德风险,没有营私舞弊,没有贪污,我们都是免责的。"

《无锡市天使投资引导基金管理暂行办法》规定,容亏机制上,整体容亏最高40%,亏损超过40%的部分,先由天使基金风险准备金弥补,不足部分以原天使管理人的收益奖励为限进行弥补。

南通天使母基金:据南通市财政局官网此前表示,天使母基金设置容错和尽职免责机制。基金运作坚持保护改革、鼓励创新、宽容失误,遵循市场运作规律,合理容忍正常的投资风险,不将正常投资风险作为追责依据。

广东省人民政府发布《关于印发广东省深入推进资本要素市场化配置改革行动方案的通知》,提出支持国有创投机构依法合规实施股权激励和跟投,建立容错免责机制。

随着全国各地产业基金尽职免责机制的健全,可以预见的是,中国的母基金将迎来更加规范化、市场化、专业化的发展,也期待着业内更多引导基金建立健全容错免责机制。伴随越来越多政府母基金容错机制的建立,可预见的是更规范、更专业的方向发展。

第二,母基金在向区县不断下沉。从时间上看,2021年4月开始,大规模区县级引导基金纷纷设立,主要集中于江苏、山东、浙江等省份的城市。比如,萧山、溧阳、青岛、江阴等。

浙江省省会杭州在2021年出台《关于金融支持服务实体经济高质量

发展的若干措施》，释放了对股权投资行业的重磅支持政策：设立总规模1 000亿元的杭州市创新引领母基金；针对募资难，提出做大做强创业投资引导基金，支持央企资金、保险资金等在杭州设立创业投资基金和股权投资基金；针对行业热点S基金，提出推动建立创投股权和私募基金份额报价转让平台，引导设立私募股权投资接力基金。

杭州的各个区也在2021年纷纷发力母基金：萧山区提出设立总规模100亿元政府产业基金，并且萧山金控目前拥有政府性产业基金达到了7支，其中有四支具有母基金功能，由萧山金控集团管理运营和出资参与的政府性基金，通过母子基金实现投资规模已经达到246亿元。此外，桐庐经济开发区在2021年上半年设了10亿母基金助力县域经济发展。

《温州市科技创新创业投资基金管理办法》颁发，扩大母基金规模，从10亿元增加到50亿元，母基金最高出资比例从30%提高到40%，子基金最低设立规模从1亿元调整为5 000万元，延长子基金存续期限，从"5＋2"7年调整为"4＋4＋2"10年，并且放宽子基金返投要求，返投比例从按母基金出资额的1.67倍放宽到1.5倍，其中返投种子期、初创期科技企业的比例从0.83倍放宽到0.5倍。同时，加大政府让利力度。

温州市代管的县级市瑞安也在发力母基金：2021年7月9日，瑞安市召开政府产业基金高质量发展论坛。会上宣布，2021年瑞安新增合作基金5家、合作规模超50亿元，以及投资项目2个。近年来，瑞安市委、市政府高度重视传统产业转型升级和新兴产业培育壮大，始终将产业基金作为推动创业创新和产业转型升级的重要抓手。为进一步在"十四五"期间发挥产业基金的有力作用，该市2020年起谋划产业基金转型，设立了高质量发展政府产业基金，母基金目标规模100亿元，计划5年内资金到位，参股运营子基金4支、规模45亿元，政府承诺出资3.2亿元，资金杠杆放大14倍，累计投资项目46个，重点支持数字经济、凤凰行动、融入长三角发展、"三位一体"等行业方向。

2021年5月，瑞安发布《瑞安市产业基金发展引导政策》，推出奖补政策"加强版"，实现优惠力度与资本让利最大化、基金运作灵活化，大大增加了政府产业基金投资收益让渡力度，给予被投资的本地企业或项目最高可获超额收益的100%奖励，同时为鼓励基金返投本地企业，给予私募投资基金团队总额最高100万或50万元奖励。

2021年5月20日，湖北科技创新发展基金举行签约仪式。该基金规模达100亿元，是湖北省科技金融服务"滴灌行动"的重要组成部分。湖北科技创新发展基金由湖北省创投引导基金管理中心、省高投、长江基金联合各市州出资平台和社会资本共同发起设立,首期到资 20 亿元,后期根据项目投资进度分 4 期到资。该基金采取"直投＋母基金"方式,将通过引导和撬动社会资本放大资金总规模至 500 亿元。

2021 年 7 月 7 日,总规模 100 亿元的义乌半导体产业母基金宣布成立。该母基金期限为 8＋2＋2,由上海韦豪创芯投资管理公司将协调半导体产业链优质上市公司与义乌产业投资发展集团有限公司共同出资,通过设立半导体产业母基金为义乌打造特色的半导体产业集群。

2021 年 10 月 8 日,由天津泰达投资控股有限公司(简称泰达控股)和中国科学院控股有限公司(简称国科控股)作为主发起人,联合天津市滨海产业基金管理有限公司(简称滨海产业基金)共同出资设立的国科泰达滨海科创投资基金(天津)合伙企业(有限合伙)在天津滨海高新区注册成立。该基金将紧紧围绕天津"制造业立市"目标,聚焦科创属性,通过母子基金模式发挥杠杆撬动作用,首期规模 38.16 亿元,目标实现母子基金总规模不低于 100 亿元,全部基金均注册在天津。

总体来看,2021 年各地级市出现设立母基金的高潮,而新增规模主要集中在地级市政府出资的政府引导基金。

2022 年年初至 2022 年三月已经设立了至少 15 家百亿母基金。而且,母基金的新增规模主要集中在地级政府出资的政府引导基金。不难发现,基金招商正在成为各地政府招商引资的新抓手,也将逐渐成为国内母基金行业的重要力量。可以看到的是,母基金不仅能为当地产业发展注入新动能,还可以牵手社会资本,成为当地经济发展的资金中枢。

尽管如此,对于很多地方来说,设立母基金只是一个开始,如何实现更加规范化、市场化、专业化的发展,如何落实更多的引导基金建立健全容错免责机制,从而吸引更多优质的 GP 在当地落地扎根、实现产业和资本的良好联动,才是真正的挑战。

3.3　国有 CVC

3.3.1　CVC 的概率与发展

近年来,全球 CVC（Corporate Venture Capital）(本书所指 CVC 是指非金融企业直接或通过其控股、参股主体间接对创业企业的少数股权投资)参与投资的案例数量及金额大体呈稳定上升趋势,目前全球约 1/4 的 VC 交易有 CVC 参与投资。图 3-1 反映了近年来全球 CVC 参与数量及金额走势。可以看到,2019 年全球 CVC 参与的融资金额高达 571 亿美元,是 2014 年投资金额的三倍。在智能科技领域例如人工智能等的投资是 CVC 重点关注的,其对应的投资数目和金额也在不断增加,CVC 对其投资的重视程度逐步提高。观察图 3-2 可以发现,在 2019 年人工智能和金融科技这两大领域的投资案例累计约占 28%,投资金额合计约占 39%。全球 CVC 投资热门领域案例占比情况如图 3-2 所示。

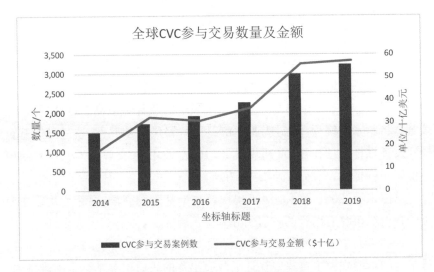

图 3-1　全球 CVC 交易数量及金额

数据来源:CB Insights、国际创投整理

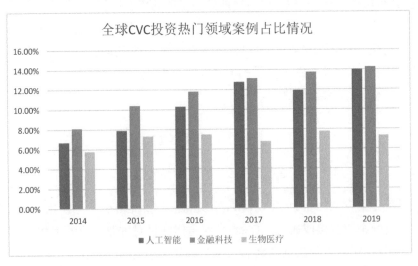

图 3-2　全球 CVC 投资热门领域案例占比情况

数据来源:CB Insights、国际创投整理

2013年以来,我国CVC投资也快速发展,投资频率在2015—2016年达到最高点,随着资本寒冬的到来,2018年有所回落。2010年,中国CVC投资金额约占中国股权投资市场5.3%,2015年达到最高点23%,此后维持在15%～17%。随着现代经济从消费互联网向产业互联网转型,一个明显的趋势是产业背景公司加强了对与人工智能、大数据等高度相关的底层IT技术的关注,2019年IT领域投资占比超过互联网领域。2010—2019年中国市场CVC参与投资金额如图3-3所示。

图3-3 2010—2019年中国市场CVC参与投资金额

数据来源:CB Insights、国际创投整理

整体而言,在创业和股权投资越来越繁荣的背景下,我国CVC投资频次近年来呈现出持续增长的趋势,产业集团通过投资活动丰富自身创新形式的同时,也加速了自身产业升级发展的速度和运作效率,在整个VC行业中,CVC发挥着越来越重要的作用。

CVC投资区别于传统VC的显著特征是其资金一般由母公司直接提供,同时兼顾战略目标和财务目标。对于被投企业而言,接受CVC投资可获得:①更耐心的长期资金;②母公司的资源支持;③母公司自身的品牌效应和信用背书。但被投企业同样也可能承担双方发展方向不一致、核心技术流失、被限制可用市场资源等风险。研究显示,VC的注资总体有利于企业创新,而CVC相较于传统VC,其母公司提供的研发设施、研究人员、销售渠道等业务协助,更有利于促进被投企业的创新。

3.3.2　CVC投资模式与创新案例

CVC投资案例各有特色,但从投资布局来说,都是围绕核心业务,沿横向进行生态扩张,或者沿纵向进行产业链深耕,或者同时进行横向和纵向的布局(该分类参考了清华大学国家金融研究院创业金融与经济增长研究中心关于CVC外部生态型、技术垂直型的分类方法)。

横向生态扩张型是指围绕母公司核心业务横向生态扩张进行CVC投资的公司/部门。首先其核心业务较为成熟完整且已实现商业化落地,在后续发展中,因为核心业务增长放缓,因而需要补充其他相关业务线,拓宽已有业务边界,在利用自身核心优势基础上,整合现有资源,快速抢占相邻赛道,以实现业务版图的扩张。滴滴出行和红星美凯龙是横向生态扩张型的代表性企业。

纵向产业链深耕型是指围绕母公司核心业务、沿着产业链纵向深耕进行CVC投资的公司/部门。可以分为两类:第一类通常是大型公司,母公司本身已扎根行业,但为提升核心技术能力,选择投资或者直接收购技术研发型的创业企业,直接提升研发实力,但这不具备典型性,因为资金充足的企业也会考虑自建研发团队,在开源技术的基础上进行二次开发,使技术革新与实业结合得更紧密;第二类是核心业务落地较慢的企业通过CVC资本赋能至各行各业,以AI公司为典型代表,这类技术型公司对行业落地的理解不够深刻,因而会选择资本撬动行业的下游应用。上汽集团和商汤科技是其典型代表。

双向并进型是指企业达到一定规模后,在横向扩展生态的同时兼具前沿技术的挖掘。该类型对企业的规模、业务、资金及成长性均提出较高要求,大型互联网公司通常会选择该发展路径,腾讯、百度以及英特尔是典型代表。

3.3.2.1　CVC投资对母公司的创新价值

从大量的CVC投资案例及实践操作来看,对母公司而言,CVC投资可以提供如下帮助。

1)服务于母公司主营业务

大型企业内部决策机制相对冗长,灵活度远不如创业企业,缺少创新所需的快速响应和及时调整,越来越多的大型企业如IBM和惠普等都意识到这一点,倾向于到公司外部寻找创新,并将创新带回公司内部。CVC作为母公司的"探照灯",可以及时探寻市场上的新科技、新商业模式,尤其是对母公司的核心业务有威胁或帮助的,从而及时在战略上做布局与规划。这也是前述腾讯控股、百度公司等 CVC 围绕主营业务进行横向和纵向布局的重要原因之一。

再比如，谷歌成立风投机构的起因也是为了完善其在非美国地区的业务布局。谷歌当时约 50% 的客户来自欧洲，但大部分产品开发工作是在美国加州进行的，不同地区存在消费习惯的差异，因此谷歌希望通过投资和并购的方式，加强其在欧洲、中东和非洲地区的产品开发布局。目前谷歌 CVC 可以称得上最为活跃的 CVC 投资主体之一，谷歌母公司 Alphabet 控股三个投资主体，Capital G（中后期），Google Ventures（中早期）以及 Gradient Ventures（专注人工智能领域）。

沃尔沃集团旗下的沃尔沃风险投资，专注于卡车、巴士、建筑设备、发动机等，成立之初就明确"只有沃尔沃母公司与被投企业之间有明确合作愿景时，才会考虑投资"，母公司为被投企业带来短期业务增值，被投企业为母公司带来长期战略价值。其投资阶段主要聚焦于种子期至成长期，每笔投资金额在 100 万～1 000 万美元，且会尽可能地获得至少一个董事会观察员席位。

2）战略性压制竞争对手

母公司与其竞争对手博弈时，基于自身或者竞争对手的战略规划，时常会以直接投资为武器提前下手，一方面使得自身业务保持强劲增速，另一方面也能拖慢竞争对手的步伐，起到压制竞争对手的作用。

2017 年 11 月，字节跳动（"今日头条""抖音"等知名应用的母公司）以 10 亿美元的高估值收购北美音乐短视频平台 musical.ly。为了赢得此次收购，字节跳动还被迫额外收购了另外两款产品，作为成功完成此次收购的前置条件。据悉，中国互联网短视频另一巨头——快手当时也参与了竞购 musical.ly。由于这场投资的失利，快手不得不花费更多精力和成本去拓展海外市场，寻找新的机会。而字节跳动的此次收购，不仅结束了抖音和 musical.ly 之间的对立竞争关系，也成功在短视频内容领域加速了自身的国际化进程。

3）为母公司赚取财务收益

CVC 可以利用母公司的闲余资金，基于自身的战略规划对外投资，由于母公司在自身所处行业里有足够的经验、技术和资源，其往往能获得比 IVC 更出色的投资回报。前述英特尔资本在成立之初就明确了战略回报和财务回报的双重需求，并且取得了不错的投资业绩。

成立于 1997 年的摩托罗拉风险投资部与英特尔资本类似，其投资目标必须财务投资和战略投资各一半（据《摩托罗拉的"中国耐心"——专访摩托罗拉风险投资部创始人 Matthew》），战略上获得创新性的新技术、新服务或进入新的市场，节约内部研发成本投入；财务上，即使摩托罗拉公司以后不采用所投技术，仍然能够从 IPO 和并购中获益。

4）提升生态圈及平台能力

此类价值对于平台型母公司具有特殊意义，平台类产品具备高延展性，通过 CVC 模式可以深度绑定在平台上进行二次开发的创业企业，帮助平台逐步打造一个稳固而多样的巨大生态圈。大型互联网公司、科技公司的 CVC 投资大多具有这样的功能。

如全球领先的 CRM 解决方案提供商赛福时（Salesforce），其 CVC——Salesforce Ventures 投资于围绕 force.com PaaS 平台进行二次开发、参与生态的创业企业，并不一定需要有明确的财务回报，但投资标的必须是符合自身战略的优质企业。此举既有助于扩大公司的销售客户群，又能进一步巩固壮大平台的市场认可度。Salesforce 更关注处于早期阶段的企业，每笔投资金额较小。Salesforce 风险投资负责人 Somorjai 在接受媒体采访时表示，从 2009 年到 2019 年，Salesforce Ventures 已累计在 20 个国家、投资超 300 家企业，其中 15 家已完成 IPO。

类似的还有苹果公司，其于 2008 年发起设立 iFund VC 基金，由硅谷知名风投公司凯鹏华盈（KPCB）担任 GP，其投资理念是投向技术进步的创业企业，且该类创新技术需要依赖苹果的平台，为 iPhone、iPod 等产品开发创新的程序、服务、组件等，以增加客户对苹果产品的需求和忠诚度。被投企业为 iOS AppStore 开发了大量创新性应用程序，帮助苹果成为所有上市公司中增长最快、资本价值最大化的公司之一。

5）储备战略投资及并购标的

CVC 会倾向于投资一些与其母公司关联性很强的企业，将自身的分销渠道、技术，甚至是品牌与被投企业共享，以此来帮助被投资企业快速发展。而当被投资企业在母公司的培育下发展成与母公司业务协同效应很高的企业时，对于母公司而言将会是比较合适的收购标的。

IBM 在风险投资方面主要扮演 LP 的角色，与 VC 机构合作（与 iFund VC 基金类似），并提出"产业生态体系"理念，即以 IBM 现有产业布局为主轴，当公司内部发展资源缺乏时，在外寻找可投资的公司，以弥补公司发展需求，扩展经营生态体系[据《VC 中的 VC——专访 IBM（中国）风险投资商务总监黎世彤》]。在投资目标上，IBM 以战略投资为主，对财务回报可降低至拿回本金，但要求被投企业以及 VC 机构能够提供额外的战略合作与协同。完成投资后，将由 CVC 作为牵头部门，协助被投企业和母公司内部业务部门建立合作关系,同时开放 IBM 市场渠道,帮助其快速市场化。若被投企业产品符合 IBM 战略发展需求,将由 CVC 出面开展对被投企业的收购。

联想控股旗下有三支比较知名的基金:联想之星专注天使投资,覆盖生物医疗、先进制造、互联网等领域;君联资本专注初创期和成长期;弘毅投资则是中后期 PE 投资基金。联想乐基金专注 TMT 行业,投资定位与联想之星类似。联想控股发现优质标的时,倾向采用"财务投资＋战略投资"的模式,即专注早期的基金先进行财务投资,对项目持续跟踪、孵化,若项目表现出良好的商业化发展前景,专注中后期的基金再进行配套投资,推动被投企业与联想集团之间的业务互动及战略合作。例如联想系在投资第三方影像中心同心医联时,天使轮即由联想之星投资,A 轮和 B 轮由君联资本持续加码。

3.3.2.2　CVC 投资中的挑战

CVC 投资在接受母公司注资的同时,需要贯彻执行母公司的战略,接受母公司的战略考核,在投资及投后管理中既需要直面 VC/PE 行业的残酷竞争,也需要在母公司和被投企业之间充分协调,催生"化学反应"。因此,在实践操作中,CVC 投资仍然面临一些挑战。

1)兼顾双重目标

IVC 一般只关注投资项目的财务回报,但大多数 CVC 的投资需要平衡母公司的战略目标和投资本身的财务目标,且这两个目标原本就可能是不一致的,并随之导致其他的利益冲突和代理问题。

2)保证决策效率

CVC 肩负着母公司的战略目标,母公司可能会更多地参与其投资决策以及投后管理过程。CVC 的母公司大部分为大公司,普遍存在决策机制冗长的短板,尤其是那些大型国有企业,如何设置 CVC 的权责范围和决策机制是难题之一。由此导致的最典型问题是决策流程拉长,譬如在 CVC 投委会之前需要取得母公司相关技术或业务部门的背书文件,在投委会决策时有较多非投资专业人士参与,或者人数较多,协调一次会议就得花费较长时间,或者在投委会之后仍有某种审核机构。极端情况下,若由母公司对 CVC 的投资进行决策,则不仅决策效率低下,决策结果的科学性也可能受到影响;若由 CVC 自行决策,容易导致母公司对其投资策略是否符合母公司整体战略目标的失控。

3)发挥协同效应

CVC 投资逻辑的重点在于促进被投企业与母公司在业务和战略层面

有着更为紧密的联系和更强的协同,理想状态是所投的创业企业为母公司增值提供服务。

瑞士电信风投公司是一家采用永续基金结构模式的 CVC,其创始人之一兰格(Pär Lange)曾在采访中分析了创立 CVC 的困境:母公司中层产品经理在采购过程中,更倾向与 IBM、惠普等国际知名企业(尤其是已在母公司白名单中的合作伙伴/供应商)合作,因为即使合作项目失败,或产品效果不尽如人意,企业中层也不会受到过多指责。中层管理者如果押注技术相对更前沿、价格相对更便宜的创业企业,项目一旦失败,他们更容易受到指责并被要求承担责任。

4)平衡被投企业

CVC 在为母公司实施战略投资时,有时为了在早期占领赛道,会同时投资多家经营业务交叉甚至有竞争关系的创业企业。如何处理平衡好这些被投企业之间、CVC 及母公司与不同被投企业之间的利益冲突,也是 CVC 需要妥善解决的问题。

3.3.3 国有 CVC 投资的独特之处

除了上文讨论的 CVC 普遍存在的优劣势共性问题,若 CVC 投资机构的母公司为国有企业(下称"国企 CVC",指国企内部投资部门,或旗下持股比例达到"国有控股"标准的企业),一般还会具备下述特殊之处。

国企 CVC 能获得国企母公司的信用背书,这是相对于其他非国企 CVC 投资机构的优势,使其资金更容易进入强政府监管的领域,例如军工、公共事业等。对于被投企业而言,获得国企的入股背书,有助于提升信誉,开拓强政府监管的下游客户,对其下一轮融资亦有帮助。同时,国企的加持也可能使得被投企业更容易优先获取国家政策优惠,资源的倾斜能帮助被投企业在市场经济的发展中赢得优势。

但国企 CVC 的投资也存在自身局限性。首当其冲的是国资监管的复杂流程。对于其他非国企 CVC 机构,被投企业股权在转让时一般只需企业内部决策文件及股权转让协议,而国有股权的转让则需要在产交所以"公开转让"方式进行,即周知的"招拍挂"流程,对转让底价、转让时间均有限制,会在一定程度影响交易效率和交易时机。另外,在国资体系通行的考核模式下,净资产收益率 ROE 是重要的指标,国企 CVC 作为子公司纳入合并报表考核范围之内,其 ROE 水平对国企母公司的影响也是一个问题。

3.3.4　国有CVC投资创新效率的提高建议

CVC投资面临的挑战大多是VC运作管理中经常碰到的问题,而在叠加母公司战略目标后这些问题将变得更为复杂。所以,从改善CVC投资管理效率的角度出发,以下措施可供参考。

1)提高CVC战略地位

如前所述,在英特尔公司内部,CVC一直是公司的战略性支柱,受到高管和董事会的支持。航天科工等大型企业充分意识到光靠内部创新不能满足时代发展与产业竞争的要求,认可通过CVC等方式从外部寻找创新并带回公司。部分互联网公司、科技公司将CVC作为主营业务拓展、流量变现、技术变现的重要渠道。

因此,在CVC母公司内部给予CVC更高的战略地位,有助于提高CVC的发展起点,有助于CVC获得母公司各部门的业务支持,有助于母公司对CVC在创新方面的容错。CVC投资需要保持十年以上的长期存续框架,并着眼于更长时间,才能发挥被投企业更大的价值。

2)保持战略统一和独立运作

CVC承担的使命和功能都决定了在战略上应绝对服从于母公司的整体战略目标,而其作为VC的本质属性也要求其运作的机制和效率必须符合行业规律和市场惯例。

因此,CVC应是独立的运作实体,并在顶层架构设计中予以落实。CVC应当在母公司明确的权限边界内,保持独立运作,自主把握投资节奏,以获得创业企业更多的尊重与信赖。与此同时,母公司又可通过董事会席位和重大事项决策机制设置等公司治理手段,确保CVC与母公司的战略统一,与前者相得益彰。

3)拥有能力全面的投资团队

CVC虽然有母公司的产业背景作为支持,但本质上还是一种创业投资活动,需要参与市场竞争,尊重行业规律,因此需要拥有经验丰富的投资团队。同时,CVC投资需要母公司与创业企业之间有较强的业务沟通,传统创业投资领域的专业技能,可以帮助相关方建立和谐的合作关系。

对于已经拥有专业团队的CVC来说,除了让团队的产业背景与母公司战略方向更加匹配外,还要加强全体员工对母公司战略的理解,特别是一定层级以上的投资人员,要具备推动母公司和被投企业充分合作的能力。

4)优化国有 CVC 的组织形式

在现行国资监管体系下,并未对主营业务为股权投资的国有创投企业另行出台更为适用的相关规定,而仅仅以对一般国有企业股权投资的监管规定来规范和约束。尽管近年来行业呼声日高,但至今尚未出现成体系的监管变化。目前较具参考意义且相对较为灵活适用的,是国资监管部门对参与设立有限合伙企业的国有资本的相关意见。

因此,国企 CVC 除直投之外,适当地以有限合伙制基金方式运作,可使 CVC 兼具产业化投资和基金化运作的双重优势,兼顾母公司的长期布局与战略贯彻,以及投资管理的高效运作与资源撬动。

一是适当引入政府引导基金、地方国企、社会资本等,提高母公司内部资本杠杆外部资本的能力,且客观上资本结构的多元化可保证 CVC 运作的相对独立。前述多家公司 CVC 均采用了有限合伙制基金模式,如上汽集团、百度公司等。百度风投二期基金中,由百度风投担任 GP,百度母公司为单一最大 LP,其余由地方政府相关主体出资,实现双方的资源共享、共同发展。当然,社会资本的出资比例与母公司战略的贯彻力度之间可能会存在一定的此消彼长关系。

二是从法律法规及实务操作案例来看,有限合伙企业的普通合伙人/GP 一般被认定为实际控制人,如果 GP 在股权结构安排上属于非国有控股,且该基金所有 LP 不是受同一国有控制,则该基金可以被认定为非国有控制,从而在流程上提高投资运作的效率,减少与市场化机构之间的差异。

三是在近期有一些企业在 IPO 申报过程中,直接引用《上市公司国有股权监督管理办法》("36 号令")第 78 条的规定——"(上市公司股东中)国有出资的有限合伙企业不作国有股东认定",没有涉及国有出资有限合伙制基金的国有身份问题,如科创板上市公司洁特生物(688026.SH)。

3.4 当前国有基金的环境

国有基金投资公司的建立需要政府进行授权,其主要的经营业务对象为各类资产,其按照参股、控股等资本投入方式,形成资本经营体系的特殊企业法人。近年来,国有基金投资公司成为香饽饽,在陆续成立之后都有着良好的发展表现,同时也充分表现了其对于资本运营的能力。

3.4.1 不断深化的渐进过程

国有资产管理委员会于 1992 年正式建立,产生了三层次管理体制,即国有基金投资公司、国有资产管理委员会以及参控股企业。这三个层次没有上下级关系，相互之间的沟通交流是产权管理：在政府和企业之间的隔离带的扮演对象就是国有资产管理委员会，分离了社会管理职能以及政府国有资产所有者职能；创建国有基金投资公司，能够实现对国有资产的运营和监督的分离，从而避免一些风险。国有基金投资公司的业务范围变成了国有资本运作，而不再参与生产运营，即其行政职能失效，它的权利转变为出资人权利，而出资人则是政府，权利对手方是投资的企业。

国有基金投资公司成为国有资产管理部门和国家出资企业之间沟通的平台，首先接受国有资产管理部门的安排，保证国有资产的保值增值；其次当作地方国企的参股企业，行使股东的权利，参与国企管理。据统计，在国有基金投资公司诞生、发展的几十年里，经营的路径主要是两种：一是在原则上保持国有独资形态，扮演股东的酵素来运营国有资本，不参与具体的产品运营；二是通过控股的方式，只参与产权运营活动，自身并不直接参与劳务运营活动，本身不参与具体经营。

在具体运行中，国资经营公司反映出了微观、宏观和对地方经济发展的特殊作用。在宏观方面，首先成为培育主业的投资中心。对大型企业航母以及主业进行培育是国有基金投资公司增量调整投资的核心方向，提出了新的构想，即培养多个具有全球竞争优势的特大型企业集团。其次，变成辅业资产的转化中心。现阶段，中央企业的辅业资产非常多，对主业在竞争不断加剧的市场环境中的发展产生了很大影响，急需剥离。现在所拥有的这些辅业基本都是不良资产，借助于国有基金投资公司的平台，重新组合这些辅业资产，从而更好地进行操作，让辅业资产尽快向主业资产进行转变，同时向实际的优良资产进行转变。再次，变成进出企业的缓冲中心。现阶段，企业没有流畅的退出通道是完善和创新国有经济布局以及结构所碰到的主要问题，通过国有基金投资公司的平台，当做缓冲区以及过渡区，首先能帮助成长性好的优良资产更好地发展，其次能降低退出企业所产生的各种损失，相对集中对妥善处理退出问题也有一定帮助。最后，变成参股企业、中小企业以及特殊企业的管理中心。

从微观角度来讲，国有基金投资公司主要采取以下方式推动产业企业发展，并进一步推动地方实体经济以及社会的进步。第一，筛选投资项目的机器。指导国有基金投资公司发展的是地方政府产业战略发展意图，筛选全部的投资机会，对能够支持和帮助地方产业结构创新和优化的项目进行扶助。第二，融资资金的放大器。作为地方产业发展的主要融资平台，国有基金投资公司采取不同的市场方式对融资途径进行丰富，改革融资方式,帮助政府推动地方产业发展和进步。第三,培育产业的加速器。国有基金投资公司的重要使命之一就是推动地方产业发展,对地方支柱产业的结构升级进行着重扶持,为核心产业的发展创造良好环境,对新兴产业的发展提供动力。第四,上市企业的孵化器。作为国有资产经营的主要力量,国有基金投资公司在重组、改制等运营期间,逐渐地对实力强大的地方企业上市进行引导以及培养,提供一定的支持为产业和企业的发展,同时为打造地方品牌贡献力量。第五,引入资本的起搏器。国有基金投资公司作为国有资产出资人代表,和各国大型企业以及产业资本进行相应地互动,通过对各方资源进行协调,促成其与地方产业的合作,实现推动地方产业结构创新和优化的目标。第六,民营经济发展的助推器。国有基金投资公司以促进地方产业发展为使命,扶持民营经济、企业发展也是其责无旁贷的任务。

3.4.2　国有基金投资的"五个防止"

国有基金投资、运营公司承担着很多改革任务,比如弱化政府对企业的行政干预、完成以管资本为核心、实现国有资产的流动性,其创建以及运转都获得了高度重视。该项改革要做到"五个防止"。

(1)避免将现有集团公司向投资运营公司进行简单翻牌,需要进一步优化以及创新集团公司的业务结构。

(2)避免虚化国有资本运营公司,必须对两类公司和国资委的权责边界进行明确定义,还需要充分授权这两类公司。

(3)避免两类公司再次回到行政化,保障主体就是现代公司。

(4)避免产生更大的垄断,不可以在同领域建立一个投资公司,要对多种投资公司分散持有单一国有企业的股份给予支持。

(5)避免和资本市场相矛盾,要公开运转,其创建时就根据上市公司标准展开信息披露。

国有基金投资公司以及运营公司都是新一轮国资国企改革的重点,需要完成很多改革任务,比如弱化政府对企业的行政干预、实现国有资本的流动性,无论是其创建还是运转都获得了高度重视。通过调查和研究多家央企以及地方国企得知,关于国有基金投资运营公司,各方的疑惑很多,害怕倘若没有设计好,一方面无法完成以上改革任务,另一方面还容易导致新的扭曲,引发更多问题。

通过之前创建的国有控股公司以及国有投资公司的运行情况可知,这些担心的确有发生的可能性。所以,在设立国有基金投资运营公司时,要尤其关注以上问题,尽量做到五个防止。

1)避免让现有集团公司向投资运营公司进行翻牌

根据相应的标准,可将国有基金投资运营公司分成3类,分别是着重经过资本运转、想要获得资本回报的运营公司以及有确切产业控制目标的投资公司。双方的建立主要有两种方式,即改组以及新设。投资公司的创建基本都是通过改组的方式完成,运营公司的创建可以是改组,也可以是新设。很多企业在调研过程中指出,因其自身有一定的实体产业,集团不仅有投资功能,而且还有产业功能,所以能够变成国有基金投资公司。然而这种意见并不妥,理由如下。

首先,和总部定位相矛盾。一些企业集团依然属于产业公司,其核心是生产和管理控制,在管理实体产业上实施的是直接管理方式,集团层面一般对多个负责运营产业的职能部门进行了设置。在这种组织制度下,投资功能难以体现出来。倘若要改组变成投资公司,就必须调整总部的功能定位,其总部不再干预产业的运作,尽快产生强大的投资功能。

其次,业务结构的固定化会对资本流动以及产业投资产生一定的影响。创建国有基金投资公司主要是为了借助于产业投资来创新企业业务结构,让企业可以在第一时间退出产能低效的领域,从而在竞争优势明显、价值更高的业务领域以及运营环节中转移资源。目前,集团公司还无法完成这一点,所观察到的基本是地方国有企业和央企拓展业务,退出的并不多。要变成国有基金投资公司,就需要确保业务结构的弹性化,不可以将企业长时间在低水平的业务上进行固化。

最后,一些集团并没有展开长久性战略性投资的外部激励以及内在动力,这并不符合国有基金投资公司所明确的产业控制目标和战略性投资目标。考虑到现有国资委的考核方式基本都是财务指标,大部分国企都更加看重短期业绩,很少考虑长期投资业绩战略性布局,特别是在面临较大运营压力以及盈利考核指标过多的时候,大部分国企会实施降低研发成本、对好资产进行优先卖掉的方式来达成当年业绩考核要求。在很多战略性产业中,一般需要企业将大部分资金都投入到研发上,或展开逆周期投资,如在别人面临损失时,抓住机会展开收购,在周期转好前掌握主导权。不过,这样做一方面会造成企业当期收入降低,倘若缺少制度保障,那么选择这么做的企业会很少。

所以,要改组变成货真价实的国有基金投资公司,集团公司需要尽快完成转型,有一定的取舍。

首先,公司总部功能从实业管理向投资管理进行转变,无论是在配置人力资源上,还是在组织设计上,都需要和其相适应。

其次,构建完整有效的业务结构。

最后,构建适应于战略性投资的外部管理制度以及内部动力制度。

2)防止国有资本运营公司被虚化

前几年,很多地方都创建了平台性公司,最开始的目标是让其变成市场化的出资人,对国有资本进行专门运营,能够这样讲,其是国有资本运营公司的雏形。不过通过实际运行情况可知,这些平台公司尚未体现出最开始设计的国有资本运营功能,基本都是虚化的平台。在名义上,很多公司在平台公司的范围内划入了部分国有企业的股权,不过国资部门依然跨过平台公司,对这些国有企业进行直接管理,而平台公司作为股东,仅仅是名义上的持股机构,无法展开股权管理,并且所掌握的股东权利也不多,其他国有企业也不会将其看成货真价实的股东;一些平台公司被划入的资产基本都是公益性资产,最常见的就是档案馆,从根本上来讲,其属于一个非运营性的资产管理平台,和投资运营公司还有很大差异。不过,运转较好的平台公司并不多,一些是由于其运营的资产规模不是很大,一些是由于得到了当地组织部门以及国资委的充分授权。

国资委这类行政化的出资人机构由市场化的出资人机构所替代就是创建国有资本运营公司的考量,以此建立以市场化原则为基础的委托代理关系。达成该目标的重点就是要设立国有资本运营公司。倘若流于形式,一方面会放大之前体制所导致的行政化干预的不足,另一方面还会使得国资管理层级进一步增多,造成管理成本提高。在改革过程中,必须杜绝这种情况的出现。

确定其职责是创办国有资本运营公司的重中之重。首先,是对运营公司和国资委之间的权责边界进行明确。通过将国有银行出资人确定为汇金公司的改革实际情况可知,充分授权运营公司对体现企业和政府的隔离层作用有很大帮助,以此降低行政干预,同时对在其所持股的国有企业构建完整有效的公司治理系统也有一定帮助。作为新加坡的国有资本运营机构,淡马锡并没有明确地划分和财政部之间所要承担的职责,财政部不仅没有将董事派到淡马锡,也没要求淡马锡报告各类事项,这属于一种极具代表性的充分授权模式。其次,通过法规方式明确权责。采取这种方式能够很好地杜绝隐患,倘若只采取通知等方式对双方权责加以明确,那么在运转过程中,政府就会违规干预。再次,要避免旋转门。在之前,发达国家就已经意识到监管者和被监管人员互换产生的问题,同时出台了一系列法律加以制止。倘若国资委和运营公司之间有大量的干部交流,即使对双方了解情况有一定帮助,也会由于人员的双向流动使得权责边界不再清晰,应对双方人员的相对独立提供保障。

3)防止两类公司回归行政化

国有基金投资运营公司的创建还有一个不能忽视的改革目的,是在其基础上让国有企业和国资委之间形成一个隔离层,从而避免行政干预。在这种情况下,投资运营公司也需要坚持市场化运转,不允许行政职能再出现,不可以通过发文件的方式对所投资企业的生产运营活动进行干预以及管理,不能拥有不在公司法范围内的任何特权,要对所投资企业的独立法人地位表示尊重,同时要对其市场主体地位表示尊重。如果所投资企业业绩没有获得投资运营公司的认同,那么可实施用脚投票,在投资中退出一部分;也能够按照相关法律实施大股东权利,采取优化公司资本结构或者对董事会进行调整的方式达成自身目的。倘若这两类公司有着非常鲜明的行政化色差,那么就会变成第二个国资委,这时改革就没有了任何意义。

通过实际情况可知,如果国有基金投资运营公司的存在方式是国有独资公司,公司的领导层依然设置了行政级别,那么要实现去行政化,的确会面临很多压力,有来自外部的,也有来自内部的。最重要的是由党政机构能不能树立新理念以及调整职能所决定,并提供一个完整、有效的公司治理结构为国有基金投资运营公司,这也决定了国有基金投资运营公司能否实现市场化。首先,要对构建公司党委和董事会的工作制度进行摸索,一方面充分体现党组织的政治核心作用,另一方面还要根据公司法办事。其次要增强董事会建设,外部董事在董事会中所占人数最多,政府不应该直接选派外部董事,而应由企业按照自身发展需求采取自主选聘的方式完成。

4)避免产生更大的垄断

建立投资公司需要紧跟核心行业的改革。从支持竞争、放开准入层面来讲,不能按照行业原则对国有企业进行简单重组,让其再次变成投资运营公司。尤其是在垄断性行业中,会使得垄断格局变得更加严重,加剧市场竞争。比如石油化工行业,通过这些年的改革已形成了相应的竞争格局,比如以某家公司为核心,对其他几家资产进行整合,创建一家国家能源投资公司,这种改革就好比回到了之前的石油工业部,没有任何的进步。

如果某个战略性行业有着较大的市场规模,同时现阶段已形成一定的竞争格局,那么最好的方法就是建立多个投资公司。如石油化工领域可组建的投资公司不少于2个,不过各个投资公司都不可以对一家国有企业进行绝对控股,国有企业的股东能够是几家不一样的持股机构,最常见的是社保几家。这时,无论哪家国有企业,都是由多个国有机构交叉分散持有股份,这样做的好处有很多,一方面能对国有成分总体控制地位提供保证,另一方面还能产生股东间的制衡,避免一家国有股独大所引发的各种问题。

对一些充分竞争性行业,比如房地产和钢铁行业而言,国有资本运营公司最想要获得的是丰厚的回报,并不是产业控制。其中一些领域在重组时可依靠国有资本运营公司来完成,从而使得产业集中度进一步提高,不过依然是为了通过该方式获得更多的回报,其目的不是市场垄断;还有一些领域,比如钢铁领域存在严重的产能过剩时,国有资本就能选择退出,重新投向国家时,退出的国有资本对发展领域的需求则更大。

5)避免和资本市场相矛盾

为了进一步加强资本的流动性,使得资产证券化水平进一步提升,无论是投资运营公司所参股的企业,还是其所控股的企业,都必须以上市公司为核心。不过也会产生一定的问题,倘若一家投资运营公司对多家上市公司股份都持有,掌握着多家上市公司的股份,那么就容易导致同业竞争风险的发生。

首先,要更加认真地整理上市公司业务,在对资产进行划拨时,尽可能让同个控股股东下面各个上市公司的主体业务有所区别。这时,关于"同业",也需要监管部门对其定义,最好是在更深的层次上加以定义,就好比是石油开采业,海上石油和陆上石油就属于不一样的业务,不可以根据传统的定义将其看成是同业,或者将其看成是石油开采,在地区上倘若有明显差异,也不应该定义成同业。

其次,在创办投资运营公司时,也能采取合并以及退市的方式降低上市公司数量。就好比在机车领域,原来北车以及南车都属于上市公司,在对一家公司进行重组合并后,就妥善处理了同业竞争问题。不过,南车、北车的合并方法也有很大差异,实施起来需要对其行业特性进行充分考虑,不可以放大垄断。现阶段,我国高铁市场,仅有一家卖方,那就是中车公司,也仅有一家买方,即铁路总公司,在这种情况下,怎样使得企业运营效率提高是一个非常重要的问题。

最后,对某些的确无法避免的情况进行豁免。原来我国电信以及石油企业在其他国家上市都会面临这种问题,虽然都获得了当地监管部门相应的豁免,不过倘若经常发生这类情况,那么就容易让海外投资者更加反感国有企业,严重的话,还会产生海外诉讼。整体而言,获得豁免的情况并不多。

多家上市公司都由一个股东控制也会导致关联交易风险。避免关联交易风险的主要方法就是加强信息披露。对投资运营公司而言,最好在其创建时就根据上市公司标准展开信息披露,这一方面对控制交易风险有很大帮助,另一方面对增强监管投资运营公司的力度也有很大帮助。也就是说,坚持公正,保证企业运行的透明性,是降低国企腐败的最佳方式。

3.4.3 国有资本参与私募股权基金

从国有出资来源看,近年来国有资本作为私募股权投资基金出资人一般可以分为以下三类:一是政府投资基金,即由财政部门通过一般公共预算、政府性基金预算、国有资本经营预算等安排的资金;二是地方政府通过政府融资平台筹集资金,主要用作设立政府投资母基金、引导基金等;三是国有企业经营利润结余,直接作为私募股权投资基金出资人。尽管上述资金都强调与社会资本结合,但第一类受制于政府预算要求和投资方向限制,主要由《政府投资基金暂行管理办法》《政府出资产业投资基金管理办法》管辖,归发改委管理,相对独立;第二类和第三类较少受预算内约束,资金灵活,市场化程度更高,主要受私募基金相关法律规范约束。

3.4.3.1 募集环节的出资问题

1)围绕资产保值增值的设计

国有资产管理的核心要求确保资产的安全,防范资产的流失。基于此,国有资本作为私募股权投资基金的有限合伙人,为保证国有资产安全通常需要作出以下特殊安排:

(1)优先劣后的结构化设计。从私募基金备案指引角度来看,协会更强调"利益共享、风险共担"的精神,但是,在国有出资安全的硬约束下,特别是拟引入地方政府投资基金设立私募积极情况下,通常都会采取"优先＋劣后"或者"优先＋基石＋劣后"的结构化设计,国有资本通常作为优先级出资,享有本金安全和门槛收益,但是《资管新规》明确对杠杆比例予以限制,在结构化设计中,优先级与劣后级的比例不得超过1:1的标准,基金实际募集规模将受到劣后级资金规模的限制,对放大资金杠杆的作用很小,尽管目前基金备案没有完全参照该杠杆比例约束,但是随着《资管新规》过渡期结束,未来收紧趋势将会明显。

另一方面,对地方政府融资平台希望引入社会资本扩大地方产业投资基金而言,在财政部《关于进一步规范地方政府举债融资行为的通知》(财预〔2017〕50号)(简称50号文)以前,地方政府或政府融资平台会作出各种回购承诺或政府担保,承担实际的劣后级出资人义务,但50号文出台后严禁地方政府提供隐性担保或回购承诺,该类资金或投资项目较低的收益率将难以维持社会化私募基金的运营成本,吸引力大幅下降,持续影响地方政府产业基金的实际募集与投资规模。

(2)股+债形式及隐性回购需求。在基金结构化设计下,为进一步保证国有资本安全,国有出资机构往往要求"股+债"模式,约定部分或全部国有资本为债务性出资,要求社会资本或者社会资本代表的基金发起人/管理人的大股东/实际控制人作出回购担保或者差额补足承诺,或者明面约定为股权出资,但要求固定年度收益回报。从法律角度看,该类规定明显违背《基金法》不得承诺收益的规定,也违背了股权投资基金"利益共享、风险共担"的原则,所以,该类约定常常通过补充协议或者抽屉协议的形式出现,不包含在基金备案文件中。在房地产委贷基金受到规范约束之后,这种"股+债"的基金设立模式受到严格限制,在纯粹的股权投资中,作出该种设定事实上存在合规障碍。区别于房地产委贷基金,传统房地产委贷基金多数为通道业务,实际债务关系发生在银行或非银机构与借款人之间,基金管理人承担与通道费用不相匹配的无限连带责任,该类传统业务基本禁止。在纯正的股权基金中,基金管理人往往不具有较大规模的实物资产,而管理公司的股权价值相对难以评估,因此往往衍生再担保、差额补足等私下增信措施,或者管理费、收益二次分配等私下约定,从而严重危害基金管理安全。

(3)有限合伙企业的份额担保。为进一步保证国有出资安全,通常会在合作协议层面作出禁止基金管理人将合伙企业用作份额担保的限制。《合伙企业法》允许有限合伙人将其持有的份额用作担保或为他人提供担保,对普通话合伙人的份额担保却有明确限制,对于基金管理人能否将基金份额用作对外担保没有明确限制,实践中存在部分基金管理人将合伙企业份额用作对外担保的情形,但该类业务存在较大的风险,其一是工商变更登记的障碍,其二是合伙期限的障碍,其三是基金管理人对基金财产权非法处置的障碍,因此,尽可能从基金设立之初就明确限制基金管理人将合伙企业份额用作担保或者为第三人提供担保以确保基金存续期内基金财产独立。

(4)出资先后及出资比例。按照一般政府母基金或者引导基金通行规则,母基金对单只子基金或者子基金对单个项目的投资不超过基金规模的20%到25%,在这种情况下,国有出资在基金中的比例相对较低,对基金投资决策、投资管理及退出不能形成良好的约束,因此会在投决会上要求一票否决权等特殊安排,对基金稳定运营带来影响。

此外,地方政府母基金或引导基金出资过程中,由于年度预算安排,往往要求社会资本先行完成资金实缴,而其本身由于面临内部决策、部门协调、上报审批等程序影响,不能按约定实缴出资,对合伙协议关于出资实缴、出资违约的实际履行带来障碍,为国资与社会资本的合作带来隐患。

基于以上原因,在合伙协议拟定中可以约定同期实缴出资的大原则,而在出资违约及违约后出资等情形下设定合理的宽限期,而对出资违约形成的延期利息(如执行)通常作为合伙企业的收入,通过约定的收益分配原则进行处理。与之相对应,赋予政府母基金或引导基金在发生基金成立后的一定期限内基金未能完成实缴出资或未实际投资的情形下要求终止出资或基金解散、撤资不构成违约的条款。

2)《资管新规》下的资金来源问题

(1)《资管新规》下的穿透要求与通道业务限制。穿透管理是《资管新规》的核心之一,既是明确真实出资人,打击规避投资范围、杠杆约束等监管套利行为的重要手段,也是进行合格投资人管理的前提。根据《资管新规》第二十二条规定:"金融机构不得为其他金融机构的资产管理产品提供规避投资范围、杠杆约束等监管要求的通道服务。资产管理产品可以再投资一层资产管理产品,但所投资的资产管理产品不得再投资公募证券投资基金以外的资产管理产品",即通常所说的资产管理产品不得进行两层以上的嵌套。在私募基金纳入资管产品管辖范围后,通过私募基金开展通道业务进行表外投资的模式将受到监管制约。

《关于进一步明确规范金融机构资产管理产品投资创业基金和政府出资产业投资基金有关事项的通知》(发改财金规〔2019〕1638号)(简称"两类基金通知")对《资管新规》第二条"创业投资基金、政府出资产业投资基金的相关规定另行制定"进行了制度层面的完善和补充。《两类基金通知》第六条明确:"符合本通知规定要求的两类基金接受资产管理产品及其他私募投资基金投资时,该两类基金不视为一层资产管理产品。"从形式上看,该规定似乎突破《资管新规》对多层嵌套的限制,采用"资管产品(私募基金)→创业投资基金/政府出资产业投资基金→资管产品(私募基金)"的多层结构能从形式上成立,但是,从两类基金双层备案流程、投资范围严格限制等特点来看,其向下再投资一层资管产品或作为私募基金出资人的通用性极低,基本难以成为突破双层嵌套的新产品结构,也违背资管产品管控风险的要义。

与资管产品作为私募基金出资人事项紧密关联的是"三类股东"的处理问题,即契约式基金、资产管理计划、信托计划的处理。"三类股东"通过合法备案,即可认为是一个专业投资者,免于再次穿透;"三类股东"的问题主要在于项目退出的特别程序。尽管证监会监管问答、交易所规则对"三类股东"上市中的限制已经逐步放开,从必须提前清理到作出限期清理承诺,甚至开通部分绿色通道,但依然面临较多的监管审核,国有资金,特别是国有非银机构在选择以"三类股东"的形式进行出资时,除受到通道限制外,还应慎重考虑退出问题。

(2)政府投资基金出资难问题。2017年财政部50号文颁布以来,地方政府违规举债行为得到清理,地方政府发行债券融资与融资平台公司的社会化融资行为相互分离,担保责任明确区分。地方政府不得以借贷资金出资设立各类投资基金,严禁地方政府利用PPP、政府出资的各类投资基金等方式违法违规变相举债,除国务院另有规定外,地方政府及其所属部门参与PPP项目、设立政府出资的各类投资基金时,不得以任何方式承诺回购、承担亏损或承诺最低收益,不得对有限合伙制基金等任何股权投资方式额外附加条款变相举债。在此要求下,政府投资基金出资来源受到制约,在其预期收益不高且不能提供有效增信的措施下,其吸纳社会资本的效率显著降低,叠加《资管新规》后对杠杆比例的严格限制,政府投资基金一定程度陷入发展困境。尽管近年在权益债方面有过部分尝试,但是权益债本身是针对重大项目发行专项债用作资本金注入,期限较长,能否用作资本金需要进行收益评估,并且直接投资项目,不用作资金池,对缓解政府投资基金困境作用较小。

3.4.3.2 合伙企业的类型及相关规定

1)返投比例与单项目/子基金投资比例限制

对于投资比例,一般政府投资基金或引导基金要求在60%到70%以上,从地方政府投资基金设立目的来说,约定更高的本地投资比例无可厚非,因为支持本地产业发展才是政府投资的首要任务,但是,实践中往往面临本地适合投资标的不足、与社会资本自身投资策略不一致的问题,为此,对返投比例往往衍生出许多变通规定,常规的有:①直接投资本地企业;②在外地投资项目迁入本地或在本地设立分支机构或其他经营实体;③基金在本地设立并向外地投资等。对资金更为灵活的国有企业出资,往往采取更为宽松的本地投资比例限制,甚至放弃本地投资的限制。事实上,无论采取何种约定或变通方法,基金完成资金募集并实现保值增值才是根本目的,地域限制不应成为程序审批的重大障碍,程序限制也不构成基金投资的重要风险,在城市群、经济带等规划理念发展起来的今天,适当突破地域限制也是一种有益尝试。

对于单项目投资限额一般约定不超过基金总规模的 20%，母基金对子基金的出资一般不超过母基金总规模的 30%。《政府出资产业投资基金管理暂行办法》却使用"基金资产总值"的概念，存在理解上的疑惑。从证券投资基金角度看，基金资产总值是指一个基金所拥有的资产(包括现金、股票、债券和其他有价证券及其他资产)于计量日收盘价格计算出来的总资产价值，包括基金购买的各类证券价值、银行存款本息以及其他投资所形成的价值总和。对基金资产总值的计算，一般遵循以下原则：已上市的股票和债券按照计算日的收盘价计算，该日无交易的，按照最近一个交易日收盘价计算；未上市的股票以其成本价计算；未上市债券及未到期定期存款，以本金加上计至估值日的应计利息额计算；如遇特殊情况而无法或不宜以上述规定确定资产价值时，基金管理人依照国家有关规定办理。参考证券投资基金的相关规定，私募股权基金将基金总规模或者基金资产总值理解为基金实缴规模更具实操意义，理由如下：首先，基金采用封闭式管理，基金设立初期基金规模即已确定，相应的资金使用计划基本按照设立规模制定；其次，证券投资基金对非上市公司股票价值的计算采取历史成本法，防止人为操纵估值，私募股权基金理应同样适用；最后，如果认为是按照基金估值日的审计/评估价值作为基金资产总值，如果基金处于投资中期，部分资金已经实际投资的情况下，对长期股权投资无论将公允价值计入损益还是其他综合收益，都会形成较大规模的账面资产变动，如果以此为基数确定投资限额，很容易造成投资额上限较高，但实际可用的投资款不足的矛盾，不利于资金管理。

2)投资形式的选择

基金投资环节，无论是否涉及国资成分，其风险控制基本共通，在尽职调查的充分性、财务估值的审慎性、投资协议条款拟定的完备性上都需要严格把控，其中涉及的典型问题主要包含以下几点。

(1)交易结构设计下的节税问题。交易结构设计与税收政策是所有投资行为必须考虑的问题，合理的税务架构设计能够起到降低交易成本的目的，但是其中的误区也十分突出，例如：①有限合伙的先分后税原则及合伙企业层面不缴纳所得税不意味着少缴税，公司型 LP 的股息红利免交所得税实则是避免双重征税，自然人 LP 缴纳所得税按照超额累进并不实际减轻税负，创投基金曾经享受的 20% 认定税率与是否比照个体工商户累进征收在当前税制改革下仅是暂按不表；②特殊地区注册基金享受的财力返还不等于税收抵减，且在跨地域税收互认上存在障碍；③具体的项目投资中，真正能够实现节税的不是单纯的增加交易层级，而是利用特殊主体或特殊业务中的免税政策搭建交易结构,例如债务性资本的税盾效应、房地产项目并购中选择股权收购还是资产收购的税负衡量、非房开企业在企业改制中将土地、房屋权属转移,变更到被投资企业暂不征收土增税、利用香港BVI享受10%的预征所得税政策等,但所有的税务架构设计都应在税法框架下进行,否则存在偷税漏税风险。随着税收政策的变化,特别是BEPS计划成员国的规模扩大面临补缴,甚至违法犯罪的风险。以香港BVI的10%预征所得税政策为例,与大陆25%所得税率相比的确大幅降低,但是BVI作为上市主体突然大幅分红必然受到监管机构关注,从BVI到开曼股东大幅分红被追收所得税可能性极大。

(2)股权投资债务化的问题。同样,在涉及具体项目投资中,出于资金安全、付款节奏、工期匹配等考虑,存在将股权投资以债务形式,或者约定债转股形式处理,在基金及其关联方、投资项目、施工单位、LP之间形成多重债务,增加了资金管理和投资业绩考核的难度,造成了财务管理的障碍。尽管在完成基金备案后,协会的管理更多集中在信息披露层面,但是私募基金信息披露的规范性和充分性依然需要提升,一旦涉及项目非正常退出,该类投资项目的清算除面临合规风险外,还存在投资收益重新计算的诉讼风险。

(3)腾挪资金超投资范围的问题。该类情形主要集中在基金不能如期退出从而通过平行基金等形式人为延长基金投资期,或者操纵关联基金份额转让,拖延基金清算,增大投资风险。虽然在合伙协议层面可以约定单独项目退出后收回的资金不再进行长期投资,且约定基金最长延期,但真正面临基金不能如期退出清算时,各方很难决心承受本金亏损,在国资方面尤为明显。

(4)对赌与业绩承诺的履行问题。对赌条款或者业绩承诺条款是上市公司并购环节必须条款,但是引入到私募股权投资基金中却因投资项目、承诺对象的不同产生很多执行障碍,典型案件即为硅谷天堂与大康牧业对赌执行案件,形成较著名裁判结论,即标的公司一般不应作为承诺对赌方,因为在债务执行过程中可能存在侵犯其他股东利益的情形,一般认为标的公司大股东/实际控制人作为承诺对赌方法律有效。近年来,存在通过恶意对赌侵夺标的公司财产,进而损害"资本维持"原则的情形,也有尝试以标的公司本身作为对赌承诺方的尝试,但总体而言,不以标的公司作为承诺方相对稳妥。而且,从风控角度,基金更不能简单接受一赌了事,或者作出名为对赌,实则担保的机制,更应防范被投资标的借恶意对赌掏空基金财产造成基金严重损失的行为;在VC基金领域,还应防范通行的"优先清算权"或者创始人连带责任在执行过程因可能的违法约定被认定为条款无效的情形。

3）提前退出问题

政府产业投资基金或引导基金作为出资人时，通常会约定提前退出的情形，与之相匹配的，引导基金通常给予管理人或其他出资人较大幅度的出资让利，通常表现为：①在满足引导基金本金及门槛收益的前提下，原归属于与引导基金的超额收益部分让与管理人和其他出资人；②允许其他出资人或基金管理人促成对引导基金所持股份的提前购回，期限越近，越接近投资成本。

私募基金一般采用封闭式运作，出现投资人提前退出的情况时，通常面临当期基金价值评估和工商变更登记问题，以及是否直接减资以缩减基金规模还是引入新的投资人的策略选择，需要根据不同退出阶段的审批程序、税负分担等事项选择适合方案，无论何种方案都会一定程度增大基金管理人的管理难度，显著增加短期流动性风险。

4）部分项目不参与投资涉及的表决权问题

如果涉及组合投资，对于部分项目，如果国资 LP 经内部评估认为不符合投资条件，决定放弃该项目的投资，其是否同时放弃在该项目的投资表决权，以及如果投资收益最终合并计算，单个项目的失败是否会波及整体收益，甚至影响本金？以上情况下，国有出资机构的权利边界需要提前明确约定。此外，该种情况是否触及不得设置投资单元的限制，个人认为，私募股权投资单个项目相互独立，不同于证券类产品的组合属性，而且该类情况属于排除性约定，与设立投资单元进行不公平投资相互区别，综合而言不违背设置投资单元的规定。

尽管一般约定基金按单个项目退出偿付本金、分配收益，但通常会同时约定 LP 出资的本金和基准收益在基金清算阶段进行补足，如果单个项目的较大亏损影响到已获得的退出项目投资收益的回填，甚至出现不足以回填本金的极端情形，此时，国有出资机构放弃单个项目的投资并不意味着完全放弃该部分资金的投资决策权，除非约定该项目的投资金额按照参与该项目投资的投资人实际出资比例重新确定，国有出资机构在该项目上完全风险隔离。

5）选择基金会计准则

按照金融工具准则，金融资产划为摊余成本计量、公允价值计量且其变动计入其他综合收益以及公允价值计量且其变动计入当期损益三类，第三类成为兜底性规定，新准则下确认基金会计准则更需慎重。

以金字火腿收购中钰资本为例,中钰资本声称其对赌失败的原因为较大规模的投资收益直接确定为所有者权益,不计入损益,无法贡献利润。以此为鉴,国有出资机构涉及年度资产考核和利润考核,必须提前确定好金融工具确认标准,否则在收入确认上产生障碍,除参考基金业协会的《私募投资基金非上市股权估值指引》外,还需进一步根据项目实质选择合适的公允价值确认方法。

3.4.3.3 管理问题

1)管理形式与基金管理人

国资背景私募基金,特别是各类政府投资基金、引导基金受限于国有机构身份或者专业性要求,无法直接由国资机构担任基金管理人,很多时候需要委托外部管理机构进行基金管理。在委托管理模式下,引导基金往往通过社会公开选聘投资机构,引导基金管理机构本身不参与到私募基金管理人的日常管理事务,通过监督管理方式监督基金投资行为,在部分重大事项上保留决策权。

对更为市场化的国资背景基金,选择双 GP 模式能够一定程度实现国资机构实质上参与基金管理,形式上满足基金业协会备案要求,但需要在结构设计和合伙协议条款拟定上注意合规问题。通常来说,双 GP 模式下,国有出资企业共同成立投资管理公司,在基金层面担任普通合伙人,由合伙协议委托担任执行事务合伙人,负责基金实际投资活动,在规避《合伙企业法》禁止国有企业担任普通合伙人的问题上,一般会引入部分民营股东,降低国有股份比例;选聘普通社会化 GP 备案为基金管理人,负责对接基金业协会的合规事务。由于出资机构和非管理人 GP 股东身份高度重叠,存在被认为 LP 参与基金管理事务的风险。

2)受托管理人与出资机构的博弈

政府引导基金通常从社会选聘基金管理人,受托基金管理人与引导基金管理机构(公司)之间构成委托关系,双方关系的维持多数通过委托管理协议。通常,受托基金管理人取得固定比例的管理费收入,并根据管理绩效获得一定比例的绩效奖励,其最终收入与管理绩效挂钩,在基金财产独立与委托管理合同框架下,其承担的损失风险相对较小;而引导基金或其他国有出资机构承担出资义务但又难以参与基金管理,风险负担相对更高,因此,国有出资机构保证资金安全与受托管理人追求利益最大化是委托管理模式下的主要矛盾,受托管理人享有更自由的管理权限和信息获取优先权,其突破委托管理权限,追求短期考核指标,偏离管理组合或者投资标准的可能性一直存在,为此,需要制定更为详细的绩效考核指标、信息披露规范、审计制度和个人增信要求。在管理人聘任过程中，需要开展更为详细的调查工作，突出对管理团队、业务能力、投资业绩、个人诚信等方面的考察。

双 GP 的模式下，在选聘基金管理人或者聘任基金经理层面可能出现委托代理情形，除对基金管理人开展上述调查外，聘任制下的基金经理或委派事务代表一般属于企业内部员工，可以从公司治理结构或者公司章程授予的权限范围上予以约束。

针对存在外部委托代理的情形，合伙协议条款制定上应明确委托管理权限范围和防御性权利行使条件和追责机制，在管理人和委派事务代表的更换上国有出资机构在合理范围应有更多的主动性权利。在合伙人会议制度上，应对会议召开、表决比例等方面设立更符合出资人实缴规模的标准；对合伙人会议无法召开或者无法形成有效表决的情况下，应提前制定好替代措施。

3）投资决策机构权限

除合伙人会议外，投资机构决策委员会是合伙型基金正常运转的另一重要机构，在国资 LP 有限参与基金管理事务的情况下，投决会决策机制的制定和席位分配成为出资人博弈重点。投决会委员的委派主要来自执行事务合伙人和各出资人，LP 出资人席位数通常参考各自实缴规模，兼顾关联方关系，以直接委派为主，尽量避免表决权代持，以普通投票权为主，兼顾一票否决权等防御性权利的合理使用。

3.4.3.4　退出环节

1）基于控制权的程序性要求

按照《企业国有资产交易监督管理办法》（第 32 号令）的规定，凡是符合企业国有资产限定范围的资产交易必须履行资产评估、产权交易所公开转让等特别程序。对于国有资本参与设立有限合伙基金是否适用 32 号令存在诸多实务难题。

依据 32 号令第三条规定，凡符合企业国有资产交易范围的应为国有及国有控股企业、国有实际控制企业的资产交易行为，该类主体具体包括：①政府部门、机构、实业单位出资设立的国有独资企业（公司）；②前述第①条单位、企业直接或间接合计持股为 100% 的国有全资企业；③前述第①和第②条所列单位、企业单独或共同出资，合计拥有产（股）权比例超过50%，且其中之一为最大股东；④上述①到③所列企业对外出资，拥有股权比例超过 50% 的各级子企业，以及虽直接或间接持股比例未超过 50%，但为第一大股东，且通过股东协议、公司章程、董事会决议或其他协议安排行程实际支配地位的企业。

究竟国有出资合伙型基金是否属于 32 号令的管辖范围,国资委网站一份非正式问答认为 32 号令主要适用范围为《公司法》下的企业主体,合伙企业不属于该类范围,但从效力解释及立法渊源考虑,从国有控制/控股企业的控制性上理解 32 号令的适用范围更为恰当。

第一,从基金管理角度,国有控制/控股企业担任基金管理人不意味着其管理的基金属于国有控制/控股企业。在该类主体符合合格基金管理人资质的前提下,就基金管理本身来看,尽管基金管理人承担着基金管理的日常事务,但是不意味着基金管理人对基金具有控制性的决策地位。

第二,如果国有资本在合伙型基金中的份额比例单独或合计超过50%,是否认定为该基金属于国有控制企业也不确定,该种情况下,国有出资机构为基金的 LP,按照合伙企业法的规定不应参与基金管理实务,所以该份额比例代表的更多的是收益权比例,不应简单地理解为股权。但从另一个角度来看,如果涉及境外上市搭建 VIE 结构,在基金结构被解散的情况下,不存在 GP 和 LP 的区分,出资份额即等同于股权比例,此种情况下,更注重实质解释。

第三,从投资性主体控制理论角度看,存在控制关系的企业最显性地表现为是否进行合并报表,在国有控制企业担任基金管理人的情况下,其属于典型的投资性主体,其所管理的基金显然不应纳入合并报表,围绕该基金的管理人账务处理主要包含其自身持股比例下的投资收益或长期股权投资。

综上,国有出资有限合伙型基金不适用 32 号令的规定。

2)评估及交易所场内交易

在上述认识基础上,该类基金份额转让,尤其涉及提前退出的情况下究竟选择何种交易方式?从确保国有资产安全,保证份额转让程序公平公正,以及保护交易双方来考虑,选择资产评估和产权交易所公开转让更符合交易习惯。此外,实践中,存在按照协议约定方式进行转让的情形,涉及转让方式的提前约定,甚或转让定价的提前约定,一般认为,合法合理的转让方式和转让定价不违背定价公允、损害其他投资人利益的原则,但从具体执行角度,在涉及国资审批等环节,由于地方管理的不同存在不同的交易障碍。

3)上市公司国有股权监督管理

根据三部委《上市公司国有股权监督管理办法》(36 号文)的规定,合伙企业持有上市公司股权不认定为上市公司国有股东。所以,对于合伙企业所持上市公司股权的处置无须完全比照 36 号令的要求履行国有股权转让审批程序，但也不应违背公开、公平、公正原则，履行较普通股东更严格的风控策略。

4）国有股转持问题

根据 2017 年国务院《关于印发划转部分国有资本充实社保基金实施方案的通知》，将划转范围调整为"中央和地方国有控股大中型企业、金融机构"，而不再专门针对 IPO 公司，划转对象也限定为中央和地方企业集团股权以及未完成公司改制的企业集团所属一级公司股权；划转比例为企业国有股权的 10%。以上规定从法律层面明确国有资本参与设立合伙型私募股投资基金不适用转持规定。

5）红筹结构问题

1997 年国务院颁布了《关于进一步加强在境外发行股票和上市管理的通知》，红筹指引规定："凡将境内企业资产通过收购、换股、划转以及其他任何形式转移到境外中资非上市公司或者境外中资控股上市公司在境外上市，以及将境内资产通过先转移到境外中资非上市公司再注入境外中资控股上市公司在境外上市，境内企业或者中资控股股东的境内股权持有单位应按照隶属关系事先经省级人民政府或者国务院有关主管部门同意，并报中国证监会审核后，由国务院证券委按国家产业政策，国务院有关规定和年度总规模审批。"事实上，所谓"境内股权持有单位"实际专指国有企业，此即大红筹结构。2006 年，商务部、证监会、外管局等 6 部门联合发布了《关于外国投资者并购境内企业的规定》（简称 10 号文），根据 10 号文要求，境内公司、企业或自然人以其在境外合法设立或控制的公司名义并购与其有关联关系的境内的公司，应报商务部审批，设立特殊目的公司经商务部初审同意后，境内公司凭商务部批复函向证监会报送申请上市的文件，特殊目的公司必须在一年之内实现境外上市，如果一年之内不能上市，商务部的批准自动失效，境内企业股权结构需要恢复至并购前的状态。10 号文的规定实际封死了直接以海外主体跨境换股并购境内关联实体实现上市的路径，在此基础上，逐步形成了现在主流的 VIE 结构，即民营企业主导的小红筹模式。小红筹模式包含的几层结构分别为：自然人实际控制人设立开曼公司、旗下控制香港 BVI 为境外上市主体、中间用作股东分红的夹层 BVI、境内 WOFE，通过一系列协议安排达到满足可变利益实体的会计准则，实现利润并表，最终境外上市，该模式以新浪上市为典型，经不断完善直至现在。

与国资成分合伙型基金相关的部分主要涉及部分许可受限的外资业

务(例如增值电信服务)上市和部分 A 股上市受限的业务(民非性质企业上市),也包括难以通过 A 股关键指标发审的拟上市公司。以上类型企业主要集中在科技类公司、创新型业务公司,如果基金参与了该类企业的投资,有必要提前规划好 VIE 上市路径以及其他备选方案,其应主要考虑的问题包括:

(1)在搭建 VIE 结构过程中,基金结构将被拆散,合伙型基金的出资人将平行映射为境外开曼股东,所以国资 LP 应有海外主体承接境内股份。

(2)境内合伙型基金基本不涉及合伙企业性质讨论,但是在搭建境外结构时会面临国资性质股东的股份合并计算,有可能产生实际控制人转移的后果,甚至出现国资控股的极端情况,由此面临大红筹局面,必须首先通过中国证监会审批。

(3)为维持拟上市企业实控人稳定,或者规避国资出海的风险与障碍,必要的时候需要考虑国资份额上市前提前转让的必要性,必须考虑好承接人、转让定价等问题,其直接影响到综合退出收益和业绩评估。

3.4.4　国有资本投资的关键趋势

2022 年,受地缘政治带来的复杂性、疫情反复带来的不确定性等多重因素影响,资本活跃度受到了短期的压抑,但市场整体向好的逻辑未变,危机之下亦酝酿着新的机会。与此同时,全球投资基金加大了对中国市场的关注力度,以及低融资利率环境都有望推动中国国有资本投资在未来的蓬勃发展。

1)控股并购常态化:政策和产业阶段催生新关注

以国有资本投资为主导的控股型并购正在成为许多企业及机构投资者优选的退出途径,并购控股加速发展的机会窗口正逐步打开。

从政策来说,回顾 2021 年,受到 A 股退市新规、美股监管收紧等因素影响,上市企业出现破发、估值倒挂的情况不在少数,而上市公司退市数量更是创下新高。私有化对这类企业来说成了越来越普遍接受的选项。

企业私有化通常出于以下几个原因:第一,公司价值长期被市场低估;第二,私有化后进行业务重组实现协同效应;第三,通过对现有股权结构及公司架构进行调整赋权管理团队,实现跨越式战略转型;第四,在行业及资本市场监管日趋严格的环境下,规避合规成本,聚焦长期价值。

在私有化案例中,国有资本投资扮演了极为重要的角色。一方面,退市企业拥有成熟规范的业务模式及经营管理制度,便于未来出售或进行二次上市,是控股基金的优质标的;另一方面,国有资本投资能够在资金、产业协同等方面为退市企业提供支持而更备受标公司管理层青睐。目前,不少行业头部公司正处于私有化进程中,预计此后资本市场私有化退市潮还将继续。

从行业发展来说,国内市场各行业并购整合的机会也在不断涌现:第一,一些本土企业面临行业转型、增长停滞、竞争加剧、管理层更替等长期挑战,需要资产处置、引入投资者的战略选项;第二,在贸易战及疫情的影响下,不少跨国公司在重新思考全球供应链以及中国市场的布局,主动调整或分拆非核心业务;第三,疫情加速了产能过剩行业的调整,催生出许多行业整合的需求,尤其在大消费、企业服务、医疗等领域较为突出。

在综上趋势下,很多国有资本投资企业也相继成立控股并购团队,通过杠杆收购、管理层收购、股权融资等资本运作手段,拿下企业控股权或有战略价值的少数股份后,全面实施专业化投后管理,以实现持续高效的价值创造。

根据数据统计,2021 年亚太地区 Buyout 交易额相比 2020 年全年交易额增长了 164%,达到了 3525 亿美元。控股并购将加快成为未来常态化的私募基金投资和退出机制。

2)投资领域科技化:热点行业"脱虚向实"

宏观环境上,国家政策鼓励不断出台,同时贸易战背景下关键科技领域"卡脖子"的担忧和疫情下供应链的不确定性逐渐升温。产业发展上,由聚焦于互联网经济带来的增长红利驱动逐步向实体产业融合和存量产业数字升级的多引擎转型。国内投资关注也正进行着结构化调整:以高端制造、工业互联、半导体和生物医药等为核心的硬科技风口持续升温,国产替代和国内产业链构建也将提速。

投资热点赛道"脱虚向实"的形势转换对投资者提出了新的要求:优秀标的竞争更激烈:宏观经济已进入稳定增长"新常态",高爆发性成长的公司逐渐稀少,资本市场的投资关注点从增量增长过渡到存量增长。在市场集中度提升、盈利扁平化的过程中,明星公司的融资项目往往竞争激烈,溢价更高。

投资考量因素更复杂:硬科技领域投入更高、专业性更强,需要对标的商业模式、核心竞争力、价值链覆盖和生态、可达市场规模及趋势进行更细致专业的判断以做出正确的投资决策。

整体交易节奏更紧凑:由专业财务顾问公司组织的交易流程,整体节奏也呈加速趋势,迫使投资者需要在有限的尽调期间内做出决策。

3) 投资标准绿色化:ESG 纳入投资雷达

ESG 理念与我国"双碳"目标相一致,对于国有资本投资而言,提升投资组合的 ESG 水平不仅只是政策的要求,同时也是着眼未来的战略布局。如何构建具有 ESG 考量的投资策略,提升投资组合的"绿色"指数,将成为"低碳时代"下的重要课题。疫情的暴发进一步凸显了环境保护、社会问题、公司治理等 ESG 议题的复杂性及重要性,并在后疫情时代成为可持续发展的关注焦点。

ESG 投资受到主管部门和金融监管部门高度重视,从政策上不断推出顶层设计,中国证券投资基金业协会在 2021 年 11 月成立了绿色与可持续投资委员会,旨在帮助基金行业把握绿色与可持续发展规律,优化投研方法,创新投资工具,从而进一步推动 ESG 投资成为主流。

基于中国证券投资基金业协会发布的《中国私募股权投资基金行业发展报告(2021)》及罗兰贝格每年发布的《欧洲私募市场洞察及中国启示》,近年受访的欧美及中国私募股权基金管理人关注 ESG 的比例持续上升。同时也看到越来越多的投资者近年来已经布局了 ESG 专项基金,积极发力包括社会文化、绿色低碳等细分领域的专项投资。

在此趋势下,除了传统商业尽职调查之外,对目标公司 ESG 领域的评价,正广泛纳入国有投资的决策雷达,ESG 评估也开始出现在中国国有资本投资的并购交易工作中,甚至有投委会将 ESG 作为批准投资的必要前提事项之一。

资本市场也表现出支付 ESG 溢价的意愿:投资者认为公司的 ESG 表现与整体管理质量相关,良好的 ESG 管理有助于降低未来持有期间的相关投资风险,也更易实现高额的商业回报。相反,企业如果在 ESG 问题上表现不佳,则可能对其交易价格造成负面影响。

4) 投管团队本地化:中国市场关注提升

2022 年一季度,受俄乌冲突影响,全球私募股权市场出现了情绪性的动荡,但放眼长期,随着时间推移,市场会对俄乌冲突的影响逐渐脱敏,并回归理性。中国整体外部关系较为平衡,相关产业链基本稳定,此类冲突难以实质性地影响经济基本面。同时,伴随着中国在全球经济地位日益凸显,中国市场的投资布局已愈发成为全球私募基金首选的加注方向。在募资端,包含中国资产的投资组合也受到亚洲投资者的青睐。

由于资本市场投资对象往往覆盖不同行业、不同地区,投资管理流程复杂、专业化程度高,以往的通过中国本地合作方进行受托投资管理,抑或是通过股份跟投、不动产投资等方式来降低决策风险的方式已经不适应日益崛起的中国市场的投资要求。

通过观察发现,包括主权基金、家族办公室、对冲基金、保险资管、不良资产投资机构等在内的各类资本方纷纷成立本地直接投资团队并进行主动投资的积极尝试,以丰富中国资产配置策略,多元化投资行业赛道,覆盖多个阶段交易类型。围绕中国及亚太市场的本地投后管理能力建设亦在提速,以更好实现本地投资管理组合的赋能增值。

5)国有投资竞争白热化——行业结构调整加速

鉴于以上四个趋势中描绘的经济环境、政策监管、估值波动、投资逻辑及结构调整等整体产业动态,中国国有资本投资的结构也将同样呈现调整洗牌之势。

从投前标的筛选和评估的角度,互联网和移动互联网的发展成就了一批中国优秀的机构,也吸引了众多资金和投资人的积极参与,但大部分机构仍关注成长性投资模式。而在如今互联网风口渐熄、资本市场剧烈调整(估值逻辑和退出模式)、赛道向硬科技切换的背景下,对国有资本的投资策略、标的筛选和评估等均提出了更高的能力要求。

从投后赋能的角度,国有资本投资机构之间的竞争使得标的有更多主动选择投资者的机会,不同基金的差异化资源和团队的专业优势成为公司股东及管理者选择合作伙伴时的重要考量因素。同时,在市场集中度提升、盈利扁平化的大形势下,头部企业高涨的估值倒逼国有资本进一步提升自己的投后增值、实现产业协同的能力。

从融资端也可以看到,不确定性因素导致部分母基金和美元养老基金转变策略,逐步开始放缓对中国风险投资市场的资金供给,美元基金募资一定程度受阻。但与此同时也能发现,头部基金的步伐却并未因此而放缓,行业马太效应的加剧,中小机构的挑战加剧。不管是对于头部机构还是中小型基金而言,转型期的策略调整和能力强化势在必行。

3.5　国有基金的发展趋势

3.5.1　国资监管机构与国有基金投资公司的关系

若要对国有基金投资公司进行改革,首先需要做的是确定好改革方向的基础。而对该类公司的改革需要以资本作为关键平台,在这个基础上将国有资本监管机构依据国有基金投资公司的权利与责任都进行充分的明确,这是非常重要的前提条件。对上述改革进行更为深层的剖析,就是希望通过这种措施使得政府和企业能够形成一个有效的隔离带,通过这个隔离带让国资委能够以一个单纯的监管者的方式去执行自己的职能,而不是既监管又出资,这会对企业的正常经营都产生不利的影响。通过这样的改革,能够帮助企业在制度上、资产上都产生良性的反馈,当企业能够有自主发展的权利的时候,企业会具备更好的灵活性,去应对灵活多变的市场,提高自己在对于市场机会的捕获能力,也能够发掘出企业的内部活力。

从央企的角度看待这次改革。在改革试点的第一批企业中,两家央企都得到了很大的授权。在这些权力中,有很多对于企业经营有着重大影响的权利,其中就有对于企业的年度投资方案的决策依据,对于企业一些非常重要的职位的任免工作,这里包括了对于总经理的任免。

在这一轮的改革推进中,负责领头的是国务院国资委,而落实推进的是各地方的国资委,在这个落实之中,每个地方的国资委将采取不同的策略,有的较为激进,会进行很大程度的权力下放,这一方的省市主要有广东省和安徽省以及湖南省为代表。除此之外,很多的省市都选择了较为保守的策略,主要在国务院国资委的政策下进行一定的跟随,对于权利的授予也不够。不过这种情况,主要出现在改革初期,随着改革工作的推进,各地国资委对于改革的信心和力度也会逐步增加,企业也将得到更多的权力。

本书认为,要确保国有基金投资公司改革能够正常进行,助力国有基金投资并服务于企业创新,关键在于理顺六大关系,同时根据企业具体情况制定有关方案。

1) 国有资本监管机构与国有基金投资公司之间的授权关系

此轮改革的重点在于对国资委的职能进行一定程度的转变,国资委需要将自身的一些权力进行下放,使得其出资的国有基金投资公司有充足的自主权来对公司的各类事情进行管理,避免了臃肿的程序,提高治理效率。与此同时,国资委在发挥自己的管理职能时应当注重企业的商业性,而不能以行政的管理方式进行下达,国资委应以公司股东的参与者身份,通过董事会来进行相关治理工作的开展,在这个过程中,需要以《公司法》作为依据,只有如此,企业才能够发挥其商业性。

除管理方式外,管理深度也需要进行控制,国资委不应进行过度的延伸监管,作为国有基金投资公司的出资人和股东,国资委应当监管该级公司,而对该公司投资的其他企业,不应过分监管。对于这方面的监管规定与建议,在对中粮集团的相关文件中有明确讲述,即原则上对这种延伸监管的事项进行归位处理。

2) 加大国资监管机构对权力的下放程度

在改革中,国资监管机构的职能也出现了一些变化,整体的监管模式也不同以往。这个改变的过程中,有一个非常关键的因素就是选作改革试点单位的能力如何,改革的目的是下放权力,提高企业的自主权,但如果试点单位没有做好接受权力的准备,或者对权力赋予的挑战预期不足,那同样会出现很多不理想的局面。因此,在选择试点单位的时候,会对试点单位的一些制度和结构进行调整与优化,只有其做好了接受权力并稳住局面的准备之后,才能够保障改革可以顺利有效地推进。

对于如何授权的问题,国资监管机构可以选择的方案应包括分步授权。对于分布授权,本书认为,可以按如下顺序进行:首先是国资委应当做到对于企业的运营活动进行充分授权,对其的干预工作应该停止,让企业能够自行运营;在这个基础之上,企业能够适应自主运营的方式,再将其他的事情逐步放权,这里包括对于企业产权的相关事项,对于企业的战略规划等,这都会对企业的承接能力提出挑战,当企业能够适应这些事务的自主管理时,再选择挑选合适的公司赋予他们人事管理的权力。人事管理的权力十分重要,应该放在分布授权的最后一步。

3) 改革试点单位应培养能力,突破挑战,争取授权

作为改革的试点单位,国有基金投资公司需要对自己的管控能力进行加强,保证自主后企业的稳定经营,之后再与相关部门进行沟通,争取相关权力的下放。而对于企业而言,培养自己对于权力的承接能力,最需要做的就是对企业的法人治理结构有一个清晰的认识和梳理,并对结构进行适当的调整和创新。企业应当和国资委保持沟通,力求在规定的框架下制定出一个科学有效的改革方案。以授权投资为例,国资委可以对投资机会的额度进行相关的明确,然后给予董事会一定的权力管理,这样既能够做到放权,又不至于过于激进。

4) 企业方面董事会与经理层的关系

国有基金投资公司需要对自己的法人治理结构进行适当的梳理和改革,从而提高自己的承接能力。这种结构的优化与健全,能够极大地促进企业对自身生产经营的治理,同时也能优化企业的决策,提高决策的科学性。而结构的优化落在实处就是对于董事会与经理层的关系进行明晰和改革,且需要对二者的权力和责任进行明确,同时,董事会作为公司的最高管理组织,其必须建立在科学性的基础之上,同时还要保持其独立性和完整性。

(1)对董事会与经理层的权力与责任进行明确划分。

对于董事会与经理层之间的权力和责任的明确,能够帮助企业解决实际管理中的权责不清问题,同时能够帮助董事会真正实现自己的功能。在

常规的经营管理中,董事会以一个决策者的角色参与企业经营,董事会需要做的是在得到出资人的权限授予之后,对企业经营的一些重要事项进行相关的判断和决策。这些重大事项包括公司的年度发展计划,年度的预算与决算方案,还包括对外投资计划以及一些重要的投融资项目,这些事项对于企业而言十分重要,决策的正确与否往往会对企业的经营产生重大影响。而经理层则是以总经理作为领头人物,他们的决策权同样需要得到授权,并且会对其作出一定的限制,而经理层的主要任务就是将董事会决策后的方案进行落实推进,同时要保持企业的正常运转和稳定经营。经理层更多地需要作为一个决策的执行者去完成董事会的决策。

而对这二者的权利与责任的明确,最重要的点是对经理层的权限授予,在这个授予体系之下,经理层的权限都需要在董事会进行一定的备案,但在备案之后,董事会应该给予经理层充分的自主权,不再对经理层的决策进行干预。而具体到相关的优化方案,可以考虑从三个方面着手:第一是财务,第二是人事,第三是重要事项。对于这些事项,董事会和经理层应该有一定的沟通,包括对额度、审批流程等都应该做到分层管理与明确,对于各类计划的审批也要做到实现明晰的地步,这样才能够保证治理结构的有效。

(2)提高董事会决策质量,保证决策的科学有效。

在整体的政策框架要求下,结合外部较好的实践经验,对于董事会的人员结构,可以采取提高外部董事的比例进行调教,保证董事会中负责经营管理的董事与外部董事的比例都为50%,同时要提高董事在公司管理的范围。在此技术上,可以考虑设立一些负责专门事项的委员会,这包括薪酬、风控、财务等。通过上述优化,尽量保证董事会的决策能够做到公平与透明。但上述优化方案会出现其他的问题,主要是外部董事占的比例过高,这会使得董事会的召开有较多限制,容易出现董事会决策的不及时性。对于这种情况,可以采取的缓解方案是设立一些常设决策机构,这些机构经过董事会授权,有一定的决策能力和权限。在国投的改革中,就设立了董事长办公会,其参与人员主要有董事长和管理层,对于数额较小的投资或担保,直接进行决策而无须经过董事会。

5) 加强党的领导与企业法人治理结构的关系

《中央组织部、国务院国资委党委关于中央企业党委在现代企业制度下充分发挥政治核心作用的意见》指出:坚持党的领导、充分体现国有企业党组织的政治作用是一个必须坚持的原则,任何时候都不能动摇。要对企业党组织充分体现政治核心作用的制度进行完善和创新,对党和国家方针政策在中央企业中的落实进行监督。

如今,业界对上述政策有着各种角度的解读,这里包括怎样将党代会同企业中的法人治理结构完成融合,怎样保证在"三会一层"的制度下的决策做到高效,这些问题都是需要进一步研究解决的。如何在法人治理结构中结合党的领导,最重要的地方是需要对党组织的前置研究进行相应的设定,对其执行步骤与管理领域进行划分,同时对于整体的人员设置都要进行完善。

(1)明确执行步骤与管理领域。

2016年10月,习近平总书记在全国国有企业党建工作会议上作出指示:国企的党组织需要做好方向的把控和政策的落实,要发挥领导的带头作用。在实际的公司决策中,应当将党组织的讨论作为前置流程,当企业要进行董事会和管理层对重要的事项进行决策的时候,要先得到党组织的许可。

业界目前对于上述结构的落实还存在一定的问题,主要集中在对于党代会如何前置和党代会具体对哪些重要事项进行讨论,这些都没有一个明确的定义。单就党代会设置的位置主要有如下两种方式。

第一种模式:党委会设置在经理层之前,在这种结构之下,党委会需要讨论的事项包括经理层和董事会的有关决策。这种模式会导致党代会有很多事项都需要进行讨论,出现需要频繁召开党委会的情况。但这种结构能够充分了解与把控企业经营的全貌,可以做到降低风险的作用。降低风险的代价就是会出现一定程度的程序冗余,即同样的事项会经过多次讨论,并且由于人员的交叉重叠性,这些讨论会被同样的人讨论多次,这对于整体的决策效率是不利的。

第二种模式:党委会设置在董事会之前,在这种结构下,党委会需要讨论的事项就只包括董事会需要决策的事项了。这种模式避免了一些可以由经理层决定的非重大事项也需要提交党委会讨论的情况,整体而言对于决策的效率有较大的提升。因此这种模式可以将党委会与公司的治理体系很好地结合起来,以提高决策的正确性和效率。

除模式之外,党委会需要讨论审议的事项,以及对"三重一大"的解释,在实际的工作推进中都有需要明确的问题。对于"三重一大"中的重大问题和决策以及大额资金这三点,它应当具有和党委会模式相符的范畴。在不同的党委会模式之下,对于公司的相关事项讨论与审议,需要和董事会以及经理层的决策事项挂钩。党委会的模式一定程度上决定了审议的内容。

（2）科学合理的党委会成员安排，遵循"双向进入、交叉任职"。

在本轮改革中与党委会的成员安排紧密相关的主要有如下几点：推行党委书记、董事长由一人同时担任，总经理同时担任党委会的副书记职务，同时在党委会中设置专职副书记等位置。

对于成员任职的原则"双向进入、交叉认定"要有一个清晰的定义，即对于在国有企业中符合相关要求的党委会成员，可以遵循相应的流程，从而担任对应的职位。从相关规定中可以发现，在董事会、经理层和监事层这三个组织里面对于符合相关要求的党员，其可以成为党委会的成员并担任相应的职务，这样做能够极大地帮助党委会实现对企业的经营领导，能够对相关的决策和经营更加了解。在这里面涉及的问题就是具体哪些人员能够进入党委会，毕竟经理层和监事层都有很多人员，而党委会并不一定有足够的职务。对于这一点，可以从现实的运转中看到，有很多企业让一半以上的经理层人员进入了党委会，也有一些企业将全部的经理层人员都安排进了党委会。

通过对党委会成员的组成结构上进行优化与完善，再配合对成员职务的明确，让每一个成员都能真正地做好自己的工作，党委会对人员的确定与选择决定了自身能否发挥出实际作用，对公司各项决策与执行做到把控。

总结下来，对于将党委会融入公司的管理中，可以采取的架构应当为董事会到董事长办公会，然后是经理层。并且将党委会放在董事会之前，对董事会的相关决议进行提前研究讨论，让党委会能够把控公司的经营与管理，同时为了使得整个系统运转高效，应该严格贯彻"双向进入、交叉任职"的原则，让党委会能够发挥作用的同时不至于程序冗余。

6）总部与二级平台层面的资本与资产管理

此轮对国有基金投资公司的改革主要理念就是从对资本管理的角度入手，通过管资本将目前的国有基金产业进行组织结构优化。具体要实现这个理念，则需要从集团层面着手，在原有管控体系之上，落实将总部的职责划分为投融资平台从而对资本进行管控，而将二级平台作为实际的运作与经营，对具体资产进行管理。

（1）抓住"管资本"的关键是对股权与配置等进行管理。

改革的目标是为了更好地实现国有资产的保值与增值，而想要达到这个目标，国有基金投资公司应当有相应的对资产收益回报标准和要求。一般而言，商务性质的投资企业追求的是商业利润，通过投资来获取相应的回报，而政策性的投资公司主要是为了进行相关的引导，完成一些政策任务,但其也应当适当地考虑收益方面的问题。此外,对于资本的配置也需要进行管理。对于资本而言,其最大的特点就是流动性,"管资本"即是希望对资本的流动性进行优化,通过流动性使资本的配置高效。而资本配置领域,应当在一些国家经济命脉和主要发展道路上,对于这些领域的国有基金的配置,能够为国家实现相应的战略目标提供帮助。此外是对股权进行相应的管理。对于"管资本"而言,主要是通过资金的体量来进行相应的限制,这里需要遵循相关的法律法规以及企业的章程来实现股东权利,具体的实现需要通过董事会决议和股东会来完成,具体拥有的权利主要有决策权、收益权等,在享受权利的同时,也承担了相应的风险。

通过"管资本"来完成对总部地位与作用的明确,并在此基础上,使一些表现较好的国有基金投资公司的改革试点完成相应的三层架构,该架构可以表述为总部到二级平台再到三级子公司。在这个架构中,总部定位是资本层,在此层级中,总部需要完成的任务主要是通过股权关系来实现对二级平台的管理,股权则是整个管理关系的纽带,第二层是二级平台,这一层次主要是业务层,在这个平台中会根据不同的业务进行相应的划分,主要是完成一些业务的进度推动,第三层级则是三级子公司,这一层主要是具体需要去执行与经营的企业。从管理关系上梳理的话,总部对下属企业的管辖是通过层次划分的,不会出现越级管理的情况,即总部不会与三级子公司产生直接管理关系。

(2)对公司重要权限进行下放。

从目前的国有基金投资公司的经营现状进行分析,可以发现主要的问题在于总部在整个的管理中承担了过于细致的任务,对于下属的企业经常出现越级管理,同时管理的事项非常多,使得下属的管理部门在完成自身职责的时候受到很大的限制。因此作为总部,应当考虑将一些比较重要的权限也要进行下放,这里面包括人事、投资等,只有这样才能够发挥出二级平台的管理能力。对于投资类的时候,总部可以考虑制定相关的限额标准,在一定限额内给予二级平台决策的权利。

对于哪些重要权限可以下放,哪些权限需要严格掌控,这里面涉及两个重要标准。第一个标准就是授权的力度,这方面主要需要参考国资委的相关思想,在这个基础之上,将已授权和未授权的事项进行划分,对于没有授权的事务,集团总部还是需要担当其管理职责。此外,有的重要事项尽管目前国资委还没有授权,但考虑到改革的逐步推进,还是应该在设计权限下放的时候,要做好承接更多权限的准备,从而满足今后的改革要求。第二点就是要把控好风险,对于权限下放到二级平台,需要考虑的是二级平台的能力如何，二级平台能否担任起发展的重任，同时对于风险要有掌控。

(3)放权实行分类管理方案。

在改革进程向前的途中，集团总部也会遇到很多问题，其中就包括总部下的二级平台企业类型广泛，而对这些企业的授权并不适合采取统一的方式。而如果针对每个二级平台都设计一套放权方案，则会导致管理混乱、权限不清晰的情况。所以考虑到国有基金投资公司下属的企业有着不同的业务规模和特色，同时企业的所处阶段都不尽相同，不能武断地采取统一管理的方式，这样会使部分平台风险过大，而有的平台又管控过多。

因此，企业集团总部对于这种问题，主要采用的解决方法是差异化管理，即对于下属的企业进行两种管控方式，第一种是统一管控，第二种则是分类管控。从现实的情况来看，国有基金投资公司的下属平台基本上都是不同方面的投资集团，其差异性很强，所以对于国有基金投资公司的放权改革，应该采取分类管理的方法，分类的关键就是企业的发展规模和进程，最后形成一个相对合理的按二级平台进行分类的授权机制。

用实际的案例来进行说明：国投对于分类授权的主要划分方法是从两个大定位，四个小方面来进行的，两个大定位分别是战略地位和财务地位，四个小方面分别是公司的管理水准、企业的核心竞争、外部条件和人才的建设。基于这个划分方法，国投可以对自己的二级平台进行合理的划分，得到三类不同的二级平台，从而对这些平台进行充分、部分授权以及优化管理。在对二级平台进行了类别划分之后，对于权限的下放就有了更加明晰的标准。对于具体的子公司的权限下放，可以在这分类结果之后进行相应的参考，并且根据实际情况，对管控的力度和领域做出一定的调整。

因此，在现实执行中，上述案例中的国投采取的授权方法是值得借鉴参考的，可以考虑从多个维度包括行业环境、企业自身等对企业的承接能力和成长能力进行评估。在这个评价体系中，根据对二级平台的评估结果，进行权限授予的管理，与此同时，还应当根据平台的实际发展情况，进行相关的更新工作，从而能够满足平台的调整与发展。

除此之外，对于一些非全资的企业，这里包括两类，一类是绝对控股，一类是相对控股，对于这些企业的管理与控制需要遵循相应的规章制度，要在规范内行使职责。对于只是参股的企业而言，对其的管理大部分是为了获得投资回报，这种情况最好的管理方式一般是直接通过董事会来对企业的相关决策和计划进行审议，从而对企业的经营作出影响。

7) 国有基金投资公司总部的权限下放与管理的平衡

作为国有企业的总部,应当要明确自身的职责,构建一个完善的体系和清晰的组织架构。在实际的工作中,可以发现有很多国有基金投资公司的试点企业如中粮等,他们都选择了转型成为"小总部"。这种转型需要做到转小而不转弱,转型后的总部不仅需要做到权限的下放,通过对资本的管理来管控整个集团,还需要做好自己的职能,发挥出自己的总部优势,要确保自己下放的权利能够管得住,而不能因为转型导致总部对下属企业的管控能力弱化,出现管理风险等。

(1)明确总部职能。

国有基金投资公司要明确自己的核心职能,才能够完成转型的定位,才能够通过"管资本"来实现企业的管理。核心职能主要包括四个方面,分别对应着资本、服务、战略与监督。

战略:总部应当发挥战略引领的职能,这需要总部有一定的能力,做好对相关市场政策的研究,从而进行相应的战略计划制定,对于二级平台要有合理的战略引导,给与其适合的经营目标,并且对制定目标后的执行情况进行相应的追踪落实,从而真正实现战略引领的作用。

资本:在资本方面,总部需要完成资本运作方面的工作,这需要总部能够有专业的资本运作的能力,总部应当通过多种资本运作手段,包括股权投资等,并且合理地利用杠杆,来实现国有基金的最优化配置,并创造更大的价值。

监督:在监督方面,总部需要为企业构建一个完善的监督体系,主要涉及的方面应当有审计、内控、风控等多项职能,要对于企业有详尽的掌控能力,同时要打通各个监督部门之间的联系,使其能够协同工作,完善整体的监督体系,对风险进行全面把控。

服务:在服务方面,总部需要做好自己服务中心的职能,为下属的二级平台和三级子公司提供一个完善的服务,避免下属企业进行一些繁琐重复的工作,提高整个集团在此类事务中的工作效率。总部可以考虑从财务、采购等方面着手,为下属企业提供一个公共的服务平台,提高集团的运转效率,并且可以考虑进行系统方面的工作,使企业间的工作交流更加便捷。在内部服务积累一定的经验之后,总部也可以考虑是否对外提供相信的服务,从而开拓自己的业务范围。

(2)提高集团总部的核心能力。

作为国有企业总部,应当全面提高自己的能力,从而做好对下属平台的管理与支持职能。这包括战略、投资等多个领域。第一,在战略方面,集团要从前中后期全程做好相应的战略方案,对于规划、推进到最终的考核有一个科学合理的体系支持,为下属平台的发展做好引领工作。第二,在投资方面,集团总部应该构建一个完善成熟的投资管理体系,对于项目从投资前、投资中、投资后的规划都应当有一个风险评估体系,根据评估的结果,实时作出调整,从而避免造成更大的风险。第三个方面是总部要提高自身的并购与整合资源能力。总部应该培养专业的团队负责集团的并购工作,对于并购的各个环节包括目标选择、估值确定、调查分析、最终整合等,都应该进行针对性的能力培养。第四个方面就是要提高总部的财务能力,总部应该拥有为下属平台提供一个良好的财务平台,降低各类融资的难度,扩展融资的方式,做好下属平台的服务者。第五个方面是统筹能力,总部应该做到系统化的全方位立体监督,能够通过职能协作,构建合力最大化的监督体系。第六个方面是整体风险管控能力,总部作为对集团决策的制定和监督的引领者,对于集团的风险也应该有着最为全面的视角,总部应发挥自身的职能优势,构建相应的风控平台,从而建立全面的风控管理体制。第七个方面是信息化能力,总部应该为整个集团提供更加信息化的平台,培训信息化的人才,为整个集团提供便利的服务和信息支持,并且提高整个集团的运作效率。

(3)进行总部部门结构优化。

国有基金投资公司总部的定位是对资本进行管理,从而实现对整个集团的管理,并且给与下属公司一定的自由度,获得更好地发展。这样的定位就意味着总部需要做出一定的改变,要从过往的模型中转向"小总部"的模型,从而实现"管资本"的定位,并且转型后的总部应该保持专业性与协同性,同时还应当具有一定的集约性。

首先,总部对于专业化的要求在于其应当承担的职能都注重于战略意义,对于很多繁琐但常态化的工作应当有选择地取舍,让总部在最重要的位置发挥最大的作用。针对这一点,可以考虑参考国投对于总部改革的实践:其将原先的办公室部门进行了拆分,分化为管理和服务两个部分,同时,建立了自己的人才培养中心,培养优秀的服务人才,提高集团的服务质量。将服务和管理分开之后,总部将更多的资源和时间放置在管理上,使得管理更加高效。

其次,对于协同化,总部需要做的就是对每个部门之间工作进行深入的了解,对于一些在法律法规允许的情况下能够合并的部门实行合并,合并之后整个集团的协同性能够得到提升,避免了信息交流在部门之间的损耗以及资源的浪费。通过部门的精简,还能够让员工有更高效的产出,为集团带来更高的运作效率。从中粮集团对于总部的部门精简行动来看,其将部门进行压缩,减少了近一半的职能,对于整体的部门运作效率有很大的改善。

最后是建立集约化的总部结构。通过集约化的结构,能够使人员的管理更加高效,通过垂直管理所带来的统一安排,让总部的运作成本得到了极大的降低。以国投的改革为例,其通过在总部设置设计中心,为下属的二级平台和三级子公司提供审计工作,负责垂直管理,这样能够大大提高企业的运转效率,并且总部的人员水平更加专业,在相关事务的处理上更加可靠。

8)国有企业人才体系与职业经理人

在国有基金投资公司的此轮改革中,对于管理层人员的需求是非常大的,为了补充这部分人员,同时提高国有企业的活力,引进职业经理人作为企业的新鲜血液是十分必要的。职业经理人具有较为专业的职业素养和能力,能够满足国有企业对于经营管理上的需求,职业经理人作为人才引入国有企业,能够帮助国有企业在经营管理上有更加突出的成果。不过国有企业与职业经理人还有需要磨合的地方,例如对于人才的选用流程和规则,如何筛选适合国企的职业经理人,如何对职业经理人的薪酬进行与市场相符的定价这都是国有企业想要引入职业经理人需要解决的问题。此外,国企人员作为体制内人员,如何使职业经理人在这种身份上的转换做到融洽是需要慢慢研究的。职业经理人体系与国企人才体系的融入还有很多问题需要解决。这些问题主要在于岗位、薪酬、员工管理、身份等。

首先,从岗位上来看,对于职业经理人的岗位设定,国有企业应该根据自己的发展情况和战略规划以及实际的需求来进行设定,对于人才的岗位设定应该以具体负责的事务进行安排,而非通过个人来进行设定。并且,对于人员的招聘和选拔都需要制定一套与规定相符的标准,国企还应该施行竞争上岗的方法,让引进人才能够最大限度地发挥其能力,展现其才干。对于引进的人才,之后的考核体系也要建立完善,需要做到招人的时候严格考核,进入企业之后密切追踪,力求职业经理人能够在自身的岗位上发挥最大的作用,对整个集团作出最大贡献。

其次,对于人才引进较为关键的就是薪酬的管理问题。对于职业经理人的薪酬设定应当遵从绩效原则,通过人才的实际工作绩效,对其的薪酬进行发放,从而激励其工作的热情。除此之外,还可以考虑一些较为长期的激励手段,例如发放股权、给与分红权等,设定一定的条件,在达到条件后给与相应的奖励,同样能够调动员工的积极性。对于员工激励方面,可以考虑用现金或股权等方式进行激励,这里可以利用的工具很多,但国有企业的特殊性,导致这些工具的使用有一定的特殊性,因此需要更多考虑现金相关的激励方式。

再次,员工的进出企业问题。国有企业人才的进出应该有较好的流通,对于不符合岗位要求,无法完成规定任务的时候,应该有相应的措施对其进行惩罚,甚至将其辞退,只有这样才能够保证员工的积极性,不至于成为养老企业。因此引入绩效管理对于国企员工是十分重要的,通过全方面特别是业绩方面的考核,能够让职业经理人为了绩效奖励等不断地挖掘自身能力,为实现企业的目标而奋斗。因此对于员工的进出应该有一套完善的准则,从而保证人才引进后的高效运作。

最后,对于体制身份的转换。国企具有其体制的特殊性,从目前的实际看,职业经理人加入国有企业还没有办法从外聘转为体制内。因此,企业应该考虑从自己的内部员工中培养有管理能力的职业经理人,并构建一条晋升通道,为这类人才的发展提供方便。由于体制内外身份的转换困难问题,总部下属的二级平台和三级子公司可以考虑结合市场特点,物色市场化的人才,在经营管理职位上设定对应的市场人才和体制人才,从而实现企业对职业经理人的吸引力,国有企业要构建市场化与体制内的各岗位,为这类人才的身份转换提供通道。

对于国企的改革是一项艰巨的工作,改革的工作体量很大,设计到方方面面,包括企业层和政府层,国企的所有权的特殊性决定了其改革有很大的局限,因此如何在合理框架下进行最有效的改革创新,是需要不断的实践与尝试的,这些尝试能够为今后的国企改革提供思路和参考,有很重要的意义。

国有基金投资公司的改革建立一个现代化的法人结构,提高企业对于经营管理和战略管控以及组织精简的能力,能够提高企业的运作效率,降低经营成本与损耗,同时帮助企业提高竞争力。此外,国有基金投资公司的改革对于整体的产业有良性的作用,其改革之后对于整体的布局优化,能够提高资产的流动性,从而使国有资产完成保值增值的任务。并且,国有基金投资公司受到国有资本监管对于权限下放的影响,改革之后通过对于权利的下方和责任的划分,能够促进下属企业更好地完成企业经营的任务。通过这类改革,完成对于产业发展的布局,提高行业的竞争力,促进下属企业在监管体系下的稳步发展。除此之外,国有企业对于整个国家的金融体系有着重要的影响地位,国有企业拥有近70%的贷款体量,对于国有企业的改革能够帮助国有企业降低自身的资产负债率,降低杠杆风险,提高资产收益率。

国有基金投资公司改革发展和对创新企业的投资属于一项新的摸索，没有能够参考的例子，也尚未制定一个完整有效的方案，所以改革的重点就是不断摸索以及尝试，在最短时间内找到满足改革方向要求，同时满足企业自身发展需求的改革方案。本研究的出现就是可以为改革先行者们提供一些有价值的观点和思路。

3.5.2　国有基金的改革举措

3.5.2.1　相关政策演进

国有资本投资公司、运营公司改革的相关政策体系逐渐成熟完善。国企改革三年行动方案是三年的国企改革的施工图，总体要求包括"在以管资本为主的国资监管体制上取得明显成效，在推动国有经济布局优化和结构调整上取得明显成效，在提高国有企业活力和效率上取得明显成效"，这些都离不开有效发挥国有资本投资公司和运营公司（简称"两类公司"）的功能和作用。

国有基金资本投资、运营公司改革是有中国特色的一项制度创新，对推进国有经济布局优化和结构调整，激发出资企业的活力，加强国有经济竞争力、创新力、控制力、影响力、抗风险能力具有重要意义，也是国资监管向管资本转型的重要抓手。两类公司改革的政策体系已逐步完善，并日趋形成一个彼此关联的有机整体。

由以上演进可以看出，有关两类公司改革的政策已经体系化，操作性不断增强。《中共中央关于全面深化改革若干重大问题的决定》以及22号、63号文件的发布为两类公司提供了总体的改革方向与思路，2019年发布的9号文件、《国务院国资委授权放权清单》以及国资委114号文件又在授权放权、监管方式等层面进一步细化了国有资本投资公司以及国有资本运营公司的改革，各项政策设定越来越明确，政策实操性不断增强（见表3-1）。

政策完善的同时，相关的改革试点工作不断推进。2014年以来，国务院国资委分别选择了19家央企开展国有资本投资公司试点、2家央企开展国有资本运营公司试点（见表3-2）。地方国企层面，地方国资也在积极部署国有资本投资公司和运营公司试点。截至2021年8月，已公布的中央和地方国有资本投资公司和运营公司试点达到140多家。

表 3-1　两类公司相关政策和主要内容时间

时间	文件名	相关内容
2013 年 11 月	《中共中央关于全面深化改革若干重大问题的决定》①	首次提出改组/组建两类公司和两类公司的主要目的
2015 年 8 月	《关于深化国有企业改革的指导意见》②	明确了两类公司的改革目标、功能定位、运营模式等
2015 年 11 月	《关于改革和完善国有资产管理体制的若干意见》③	明确了改组/组建国有资本投资公司的具体路径，并为两类公司改革提供了授权经营体制支持
2018 年 7 月	《关于推进国有资本投资、运营公司改革试点的实施意见》④	明确两类公司改革的总体要求、试点内容、实施步骤、配套政策等，对国有资本投资、运营公司的功能定位、组建方式、授权机制、治理结构、运营模式等提出要求
2019 年 4 月	《关于印发改革国有资本授权经营体制方案的通知》⑤	加大对两类公司在战略规划和主业管理、选人用人和股权激励、工资总额和重大财务事项管理等的授权放权
2019 年 6 月	《国务院国资委授权放权清单》⑥	明确了对两类公司的具体授权放权事项
2019 年 11 月	《关于以管资本为主加快国有资产监管职能转变的实施意见》⑦	明确管资本的内容、方式手段以及支撑保障，为两类公司管控模式提供参考

---

① 以下简称《重大问题决定》。
② 中发〔2015〕22 号。
③ 国发〔2015〕63 号。
④ 国发〔2018〕23 号。
⑤ 国发〔2019〕9 号。
⑥ 国资发改革〔2019〕52 号。
⑦ 国资发法规〔2019〕114 号。

表 3-2 两批国有资本投资、运营公司名单(中央层面)

第一批 2014 年		第二批 2018 年
国有资本投资公司	国有资本运营公司	国有资本投资公司
国家开发投资公司	中国诚通控股集团	航空工业集团
中粮集团	中国国新控股有限责任公司	国家电力投资集团
神华集团		中国机械工业集团
宝钢集团		中铝集团
中国五矿集团		中国远洋海运集团
招商局集团		通用技术集团
中国交通建设集团		华润集团
中国保利集团		中国建材集团
		新兴际华集团
		中国广核集团
		中国南光集团

国有资本投资公司承担着推动产业集聚、化解过剩产能和转型升级,培育核心竞争力和创新能力的责任。国有资本运营公司则要盘活国有资产存量,引导和带动社会资本共同发展,实现国有资本合理流动和保值增值。而作为政企分开的隔离层,两类公司实现这些任务都要以市场化的方式进行。国资起到的是引领带动作用,带动民营等社会资本,一起实现产业培育、转型升级等目标。两类公司的出资企业是推进混合所有制改革的重点领域。19 家央企层面的国有资本投资公司试点企业实施混改项目数量在全部央企中占比近 50%,引入非国有资本金额占比近 70%,发挥了国有资本的杠杆作用,撬动社会资本一同实现国家战略目标。

在国有资产授权经营体制中,国有资本投资公司和运营公司被赋予了区别于其他国企的更大的权力,包括主业投资、核心团队持股和跟投、工资总额管理等方面更多的自主权。相对应的,在这样授权放权的背景下其实对两类公司承担的责任和各项管理能力提出了更高要求。

尤其是地方的国有资本投资公司和运营公司,许多在原有政府投融平台基础上转型而来,在严控地方隐形债务,加大市场化运作的背景下,从过往执行政府指令性的业务为主,转型到建立独立的市场化投资、经营能力,以市场化方式支撑地方政府的产业和经济发展战略,引导地方民营经济转型升级,面临很多方面的挑战,从意识到行动,从管理到能力各方面都亟待转型升级。

3.5.2.2 改革的定位与目标

与一般商业投资公司将投资者的钱集中起来管理,追求更低交易成本、更高收益不同,国有资本投资公司的定位,主要以服务国家战略、优化国有资本布局、提升产业竞争力为目标;国有资本运营公司主要以提升国有资本运营效率、提高国有资本回报为目标。定位不同决定根本目标不同,国有资本投资公司、运营公司的发展方向、运作模式也和一般商业投资公司必定不完全相同。

国有资本投资公司以对战略性核心业务控股为主,通过开展投资融资、产业培育和资本运作等,发挥投资引导和结构调整作用,推动产业集聚、化解过剩产能和转型升级,培育核心竞争力和创新能力,积极参与国际竞争,着力提升国有资本控制力、影响力。国有资本运营公司以财务性持股为主,通过股权运作、基金投资、培育孵化、价值管理、有序进退等方式,盘活国有资产存量,引导和带动社会资本共同发展,实现国有资本合理流动和保值增值。

国有资本投资公司、运营公司与传统企业集团的不同之处之一是价值创造方式更多元化,包括内生式发展和外延式发展。

内生式发展主要聚焦于企业自身,从内部挖掘增长潜力,具体包括:聚焦主业,做优做强做大;有序退出"非主业非优势";培育战略新兴产业,对冲主业风险;优化业务组合,增强产业协同,提升竞争力;研发关键领域核心技术;通过数字化推动转型升级。

外延式发展方式则通过资本运作,着眼于外部资源的整合和输入,具体包括:通过资本运作,实现产业重组和资源整合,优化产业布局;通过投资和并购,快速向产业链上下游延伸或进入新兴战略行业;通过引入战略投资者,获得资源输入,为国有资本放大提供支持。

国有资本投资公司、运营公司的定位和功能决定了和传统的企业集团相比,其总部职能和管控模式需优化调整,才能在授权经营、调整布局结构、资本运作等方面充分发挥功能和作用。

两类公司改革必须结合国家/地区的发展战略,按照政府确定的国有资本布局和结构调整要求,从明确自身的发展定位出发,开展产业培育、"双非"清退和资本运作。在产业布局和结构调整方面,《国企改革三年行动方案》明确要求推动国有资本向关乎国家安全、国计民生、战略新兴等重要行业和关键领域集中;围绕产业链、价值链、创新链推动战略性重组和专业化整合;清理退出不具备优势的非主营业务和低效、无效资产;剥离国有企业办社会;加大研发,协同创新,提升国有企业自主创新能力。国有资本投资公司、运营公司要在这个大方向上明确自身定位和对国家/地区的发展战略如何支撑,开展哪些产业的培育孵化和承担哪些产业的整合或退出,再结合资本运作的手段开展工作。

关于资本运作方式,不同业务结构和主业范围的试点公司依据自身情况采用不同模式。总结来看,可分为产业赋能型、产融并举型和整合孵化型。对于产业赋能型企业,如华润集团等,资本运作主要为内部产业提供资本支持,以资本为抓手,推动集团产业改革、转型、创新,集团孵化新产业;其投资对象重点关注与集团内部各实体产业板块形成战略协同的标的,资本退出方式通常以战略并购为主,优先考虑将与集团内部能够产生协同效应的优质项目整合进入业务单元。对于产融并举型企业,如招商局集团等,其金融与产业并举发展,金融业务作为独立板块开展经营;资本运作在关注内部产业协同的同时,也适当探索非主业的新兴产业领域投资机会,资本退出的方式通常以战略并购或股权转让给内部和外部产业基金为主。对于整合孵化型企业,通常为地方国有资本投资公司,如深圳市投资控股有限公司(深圳市国有资本投资公司试点),其资本运作主要服务于

当地国有资本布局方向和城市发展战略,担当政府与市场之间的桥梁,孵化培育支撑城市经济发展的战略新兴产业,其资本退出方式通常以推动投资企业公开上市为主。

除了在国资布局优化和结构调整中发挥作用外,两类公司也是国资监管向管资本转型的重要抓手,还要积极推动出资企业混改,提高国企活力和效率。在授权放权上,两类公司被赋予了更大的自主权,与传统企业集团相比,其法人治理、组织管控、选人用人、财务监管、风险管理、数字化等方面都要相应做出调整,以适应向管资本为主的转型。

3.5.2.3　改革落实中的方向选择

国有资本投资公司、运营公司改革,是有中国特色的一项商业模式和运营模式创新,是有为政府和有效市场的结合。两类公司在国家和地方经济发展的大目标下,以市场化的方式开展资本运作,推动产业转型升级,引导民营经济发展,落实国家和地方的经济发展战略。近年来两类公司相关的改革政策已经逐步完善,可操作性不断增强,下一阶段将聚焦在国企改革三年行动中更加有效发挥两类公司的作用,包括在构建新的发展格局、发挥产业引领作用、进一步深化市场化改革、提升管理效能等方面取得更大改革成效。当前,央企层面的国有资本投资公司改革逐步深入,已经积累了一部分可复制的经验可供学习参考。而地方的国有资本投资公司、运

营公司改革正在加速。尤其是从地方投融资平台改组而来的地方国有资本投资公司、运营公司,需从政府指令性业务为主加速转型为有独立的投资和运营能力,以市场化方式落实政府战略的企业主体。

央企层面的两类公司试点已经开始动态调整,地方层面的两类公司也要在优化管控模式、调整产业结构、提升投资运营水平、推进市场化改革等方面开展改革成效相关的评估,根据评估结果对试点进行动态调整。结合国企改革三年行动方案的要求和地方政府"十四五"规划,对两类公司的战略目标、发展路径、产业布局整理回顾,支撑当地经济高质量可持续发展目标的实现。结合自身不同业务结构和主业范围,两类公司采取不同的资本运作方式,整合与拓展产业链、价值链、创新链,发挥国有资本的引领带头作用,推动当地国有资本布局的优化和结构调整。两类公司作为市场主体,同时作为国资监管向管资本转型的抓手,其管控模式、风险管理、财务监管、选人用人、激励机制等方面都要相应做出转型,快速培育相应能力,以适应管资本的要求。在构建新发展格局的背景下,两类公司还应积极推动出资企业开展混合所有制改革,放大国有资本功能,构建国民共建生态圈,实现国有经济和民营经济优势互补,促进全民共同富裕。

1)建立资本运作平台助推实业发展

国家新的战略目标带来了积极的市场环境,结合"打造多能互补新格局"的战略转型目标,国有资本投资公司要借助资本运作助力实体产业发展。资本运作平台在成立初期,需要制定自身的业务规划,厘清资本运作思路,选择合适的投资方式和投资方向、配套的组织人才体系,进而实现投资业务的顺利起步。

对于许多地方两类公司来说,组建或升级资本运作的主体,培养和提高市场化投资、运作的能力,建立和管资本相适应的组织、人才体系和激励机制是首要任务。

新搭建的资本运作平台,能够充分借力集团所拥有的丰富的应用场景、市场空间和在能源行业深厚的影响力,但是股权投资的理念和相关能力较为薄弱,缺少配套市场化的体制机制,成为企业目前需要解决的核心难题,具体表现在:作为集团体系内的投资平台,如何将自身战略和集团战略结合,协助集团战略落地是重要诉求;股权投资市场的头部效应显著,优胜劣汰明显,如何培育显著区分于其他投资机构的核心竞争力,以求在股权投资市场激烈的竞争中取胜;受到传统央企体制的影响,面临灵活性不足、风险承受能力有限的问题,缺乏投资经验和人才团队,现有的薪酬体系和激励机制难以吸引市场上优秀的人才。

为解决上述问题,集团公司结合"十四五"战略规划,制定清晰的愿景、使命和价值观,明确资本平台与集团其他主体之间的投资职能边界,构建短、中、长期定性和定量的目标,明确业务指标。同时制定了围绕产融协同的投资逻辑,梳理细分投资方向,明确投资原则,明确直投和基金的业务规划,设计相应的投资主体,建立包括资本平台、基金管理公司和基金间的架构,并对募、投、管、退各环节的业务进行改良。最终形成了清晰的战略实施路径,明确了近期的重点工作事项。

在组织人才体系方面:参考其他股权投资公司,设计了组织架构、制定授权事项清单、岗位职级体系设计、薪酬体系设计、组织绩效设计等。

在激励机制设计方面:研究市场领先机构及同类企业的激励实践,结合公司业务特点及未来发展预期,分析及明确公司适用的激励模式和适用场景,健全激励约束配套制度;为了进一步约束及强化员工风险控制意识,达成各方"风险共担、利益共享",制定适用业务特色和投资逻辑的员工跟投计划,主要围绕跟投原则、跟投适用主体和人员范围、跟投规模、跟投形式、退出机制、计划管理及运作流程等进行设计;为了实现对核心团队人员的长期激励、吸引和保留,鼓励多劳多得、创造更高价值,配套设置超额收益分享计划,主要围绕计划实施条件、参与人员资格、奖金提取和分配规则、权益行使时间安排、变动情形处理、计划管理及运作流程等进行设计。

在基金设立方面:形成基金管理公司及基金设立的可行性研究报告,明确了当前环境下产业基金的可行性、紧迫性和必要性,明确基金业务实际落地的时间进程。结合集团发展方向,研判基金潜在的细分投资赛道,并制定LP招募方案,筛选符合"产融结合"理念的投资者。明确投后赋能策略和退出策略,评估基金相关的风险,并梳理形成未来应对风险的相关举措。

2)加强资本评价优化资源配置职能

两类公司总部与一般央企集团总部相比,面临更大的总部职能转型挑战,以适应管资本的要求。对两类公司总部在战略方向、资源配置、资本运作、风险管理等方面的要求更高了。

央企国有资本投资公司试点企业,需要加快推进"管企业"向"管资本"的转变,进一步夯实资本流动和收益收缴的理念,强化总部战略引领、资源配置、资本运作、风险防范的核心功能定位。在此背景下,企业亟须对现有的资本/资产管理模式、管理水平进行重新审视,并通过形成固定的评价管理机制、引入适当的评价管理模型提升相关管理能力。

在由传统产业集团向国有资本投资公司转型升级的过程中,企业的资本运作和业务模式呈现出了新的特点,原有的资本管理及资源配置模式难以支撑企业"十四五"期间战略目标达成,具体表现在:传统产业集团的经营模式专注于产业培育,资源配置以被动性投资(固定资产)为主,对自有资金依赖性强,业务发展依靠自主研发,业务模式呈现出长周期、高投入的特点,产业结构调整难度大;集团及下属子企业在资本、资产、资金管理关注重点不同,根据各层级发展重点设置相应的评价指标,难以对现有的资本、资产、资金等资源管理能力进行全面诊断;如何应用资本管理评价结果,优化资源配置导向,支撑公司发展战略,形成资源配置全生命周期的闭环管理机制。

针对问题,企业应构建以提升企业价值为目标的资本评价指标库,结合发展定位及能力要求设计评价模型及评分标准;以战略目标导向为原则,立足国有资本投资公司的"投、融、管、退",结合评价结果提出未来资源配置建议。

第一点是建立资本评价办法:构建针对集团、二级及三级重点单位、全级次企业建立评价指标库,依据各层级管理特点及集团引导方向有针对性地选取评价指标、确定评价工作打分规则,形成最终的评价模型。

第二点是资源配置改善:在评价工作的基础上,明确资源配置核心文化及基本原则,针对国有资本投资公司核心关注的"投、融、管、退"四个方面提出有针对性的资源配置建议;推动国有资本投资公司对于产业结构调整、新产业培育孵化以及实现对低价值、无价值资产的有序转型退出。

第三点是固化管理机制:企业应构建常态化的资源配置管理评价机制,形成"评价—改善—考核"的管理闭环,将资本管理及资源配置与战略规划、投资计划、预算、考核进行有机衔接。

3.5.3　国资监管问题

在实务中,基金管理人对于国资监管问题由募资阶段而起,贯穿基金投资与退出全流程。由于对公司制基金和合伙制基金的监管要求存在一定差异,而出于税收考虑、管理安排等原因,市场上股权投资基金的形式以有限合伙制为主。

3.5.3.1　基金募资过程中,普通合伙人和有限合伙人存在国资背景所涉及的国资监管问题

1)国资可否做 GP

根据《合伙企业法》,国有独资公司、国有企业不得成为 GP。根据《公司法》,"国有独资公司"指国家单独出资、由国务院或者地方人民政府授权

本级人民政府国有资产监督管理机构履行出资人职责的有限责任公司。但对于"国有企业"的定义,法律法规缺乏一个明确的定义,导致国有企业能否作为GP发起设立基金这个问题一度让人非常困惑。

《合伙企业法》和《公司法》都未定义什么是"国有企业"。《企业国有资产法》定义了"国家出资企业",涵盖了国家出资设立的第一层国有独资公司、国有控股公司和国有参股公司。如果以"国家出资企业"来定义"国有企业",任何有一丝国有成分的公司都无法担任GP。

在办理工商注册登记时,工商部门的认定标准是由国家统计局和原国家工商行政管理局共同发布的《关于划分企业登记注册类型的规定》,根据该规定,"国有企业"仅包括全民所有制企业,与《企业国有资产法》下"国家出资企业"的定义差异很大。

在实践操作中,国有独资公司、全民所有制企业不得成为GP,国有控股或参股企业可以成为GP,这样的理解已得到不少案例的支持。

2)募资涉及国资LP

如果LP的资金来源于政府财政性资金,基金属于政府出资产业投资基金,应由财政部门或财政部门会同有关行业主管部门报本级政府批准,募集后需要分别在基金业协会和发改部门进行双重备案/登记。并且,根据发改委和财政部的相关规定,对基金管理人、投资领域、投资规模、集中度要求、绩效评价等有特殊要求。

更多的情况下,LP的资金并非来源于政府财政性资金,而是LP为国有企业。如果LP为国有及国有控股企业、国有实际控制企业,以货币资产初始设立或后续加入基金,且与其他投资人相比不存在溢价出资,一般无需资产评估;转让合伙份额时,不排除需要资产评估,根据国务院国资委的最新监管意见,可以主张不需要进场转让。

3.5.3.2 基金投资过程中,认购增资和受让老股所涉及的国资监管问题

基金进行股权投资,主要有两种形式,一是认购标的公司的增资,二是受让标的公司现有股东的股权。

基金在认购增资或者受让老股时是否需要资产评估,主要取决于标的公司/转让方的性质,如果标的公司/转让方为国有及国有控股企业、国有实际控制企业,则标的公司的非同比例增资/转让方转让国有产权,原则上需要资产评估。

是否需要进场交易,主要取决于标的公司/转让方的性质,如果标的公司/转让方为国有及国有控股企业、国有实际控制企业,原则上需要进场增资/转让。

3.5.3.3 项目退出过程中,主要介绍转让股权和企业 IPO 所涉及的国资监管问题

基金退出所投项目,主要有两种形式,一是转让所持标的公司股权,二是通过标的公司 IPO。

基金以转让标的公司股权实现退出时,根据国务院国资委的最新监管意见,原则上可以主张不需要资产评估,但需要同时考虑受让方的性质,如果受让方为国有及国有控股企业、国有实际控制企业,则原则上需要资产评估。根据国务院国资委的最新监管意见,可以主张不需要进场交易。

随着国务院于 2017 年 11 月发布《划转部分国有资本充实社保基金实施方案》,基金的国有股转持义务已成历史,国资背景的基金无须履行国有股划转义务,投资积极性大大增加。

第 4 章　企业创新价值逻辑与策略

本书主要探究国有基金支持企业创新的相关内容。第 3 章系统地介绍了国有基金的定义和发展现状。本章将对企业创新进行详细阐述,并对企业创新所面临的一些抉择困境进行研讨,这也能引导出后续章节对于国有基金支持企业创新研究的切入点。另外,本章将提出影响企业创新的重要因素,这也是后续研究过程中选择数据变量的理论基础。

4.1　企业创新的基本逻辑

本书引言描述了当今时代的竞争激烈,无论是外部环境的压力,还是内部环境的改革升级,企业想要保持长期的竞争力,获得持续的盈利增长或稳固的优势地位,都需要不断进行创新。对于企业而言,创新是保持自身活力的重要途径甚至是唯一途径,对于大多数企业而言,无论企业的商业地位或社会地位达到哪一层次,都适用这一准则。

4.1.1　企业创新的四个价值层次

企业选择创新的原因有很多,但肯定包括提升自己的企业价值,即企业会更加关注企业创新所带来的价值。从创新价值的角度去对创新进行层次划分,有利于理解创新活动对于企业自身价值提升的逻辑,并通过这一逻辑,对企业执行创新决策时的行为有更加清晰的认识和理解。

从企业角度而言,创新价值的层次划分可以从对企业的贡献程度上着手,价值的高低可分为四个层次。

第一层,发明价值。发明价值是创新的基础,也是定义一个产品或技术是否能被称为创新的前提条件。所谓发明即创造不存在的事物。基于这个观点,企业创新的发明价值的存在前提是创新产物应当是新的,而非参考借鉴或者是抄袭。当然,这里对于企业创新的发明要求,并非是要求所有东西完全由自身研究产出,例如将一种技术用在一个曾经没有关联的领域中,并且能够获得较好的效果,这也可以理解为一种发明创新。

企业想要创造价值或者说提升企业价值,在实际运营中较为可靠的途径是通过研发新的产品去解决用户需求,从而为企业带来价值增长。而新的产品的研发经常是受到技术限制的,某种专利技术一旦被申请,企业就只能采取新的技术方案去获得属于自己的技术专利,这样才能够支撑起一个长久的产品开发线。若是企业只在开发产品的时候去进行技术研发,那整体的产品研发时间线将被延长很多。在如今快速开发产品模式盛行的商业竞争中,产品的推出速度往往决定了谁能占得市场先机,而失去市场先机则意味着后续打入市场要花费更多的成本去获取流量,而这有可能就是受到技术的限制。由此可见,企业的价值创造离不开产品,而产品的开发离不开技术,而技术则需要不断创新进行累积与储备。

现今很多企业都会设置自己专门的研发中心或实验室,而这些研究机构的成果都可以称之为具有发明价值,但这些具有发明价值的成果何时能够走出实验室,从而进入下一层次的创新价值就是一个未知数。这需要适合成果应用的诸多环节,包括应用场景,用户需求甚至是管理层决策等。从短期来看,大部分成果都只能停留在发明价值层面,但这并不意味着企业的诸多研发决策和巨额的研发投入是在做无用功,相反,大量的研究成果可以理解为一个企业的核心技术储备。当一个企业的储备充足到足以掀起一场产业变革的时候,就是企业收获胜利果实的阶段。当然,值得一提的是,这种创新技术的储备并不一定会带来革新,但它能大大提高企业的内涵与底蕴,从而提高企业整体的行业地位和价值潜力。

第二层,用户价值。所谓用户价值,就是能在某个场景下供用户使用,解决用户实际需求的价值。这既需要技术层面的支持,也需要从用户需求层面进行钻研。企业创新要达到这个价值层次,就需要真正地去理解用户、获取真实的用户需求,并对其应用场景有一定的理解,在发明价值层次的成果中有很大一部分都无法达到这一标准。

用户价值首先需要明确用户,这就意味着企业需要去寻找或明确自己的目标群体,从而针对性地获取需求,进而进行产品的开发。当整体的产品路线较为正确时,后续储备的技术创新路线也会更加有效。创新进入用户价值这一层面,至少可以说明创新对于客群是有效的,它能够满足用户的需求,从各个角度提高用户对企业和企业产品的使用率、依赖率和满意率。

创新从发明价值走到用户价值,这个过程是较为艰难的。大多数企业做出来的创新往往是以创新为目的,而非解决用户需求。这样的创新既耗费资源,又会影响企业对创新的积极性,毕竟当创新的投入产出比过小的时候,大多数企业继续加大创新投入的可能性较小。所以从这个角度来看,企业创新时候的方向就至关重要,好的方向会使得更多的产品和技术来到用户面前,被用户使用并为企业带来价值。

在实际运营中,有很多企业为了各种各样的指标考核,会大力鼓励员工进行创新,并且下拨资金用于创新奖励。必须承认的是,这样的举措对企业创新的积极性和氛围有明显的提升,但这同样会导致一个结果就是创新从发明价值走到用户价值的比例降低。毕竟在创新政策的鼓励下,员工是会去真正挖掘用户需求而进行各类创新还是迎合政策为了获取奖励进行一些无用户价值或者难以实现用户价值的创新,这是一个未知数。

第三层,商业价值。对大多数企业而言,创新的初衷就是为了创造商业价值,大量的资金与人力投入目的就是给企业带来盈利。企业会允许一部分创新停留在用户价值层面,但必须要有一部分能够实现商业盈利。从长远的角度来看,企业创新的投入不能一直依赖资金划拨,长期的输血对于企业的自身消耗过大,而某些重大创新有的时候所需要的周期较长。要想解决这个问题,就必须从创新活动本身着手。以创新哺育创新,即通过能够实现商业价值的创新带来的盈利去作为新一轮创新的投入。这能够让企业践行持续创新的发展决策,提高企业对创新的积极性。从某种意义上而言,创新的商业价值决定了创新的存在性和持续性。

只有实现了商业价值的创新,才能够持续独立生存,若是某项技术或产品只能够不断消耗企业的现金流,在企业的研发投入上占据重要地位,但对于营收等产出指标毫无贡献或是作用极小,那这项技术或产品就难以长期立足。当一个项目长期依赖外部的投入而无法给予超额的回报,那都难以持续经营下去,其价值就无从谈起。由此,商业价值是一项创新能够实现独立生存的判断准则之一。

创新走到商业价值不仅仅是为了自身的独立生存,还是创新项目能够持续运行的保障。从企业管理层的角度而言,若是创新的项目都无法为企业带来商业价值,一直依靠着上级资金或外来资金,这种创新也就难以持续下去,企业在决策的时候对是否要继续投入大量资金和人力去搞创新就要打一个问号了。

即使商业价值对创新而言如此重要,但能够从用户价值走到商业价值的创新就又要被筛去大部分了。用户价值是从用户需求来看的,但需求并不是一成不变的,企业对用户需求的挖掘也不能停于表面。某些服务当企业开始收费后,能够从用户价值转换到商业价值的比例就很小了,例如

QQ邮箱,若是将QQ邮箱进行收费化,那其他的诸如163邮箱将会迎来一波空前的注册热潮。那在这个过程中,用户对邮箱的需求没有变化,但是用户此时的需求应当明确为拥有一个免费邮箱用于基本的网络活动。当创新想要追求商业价值时,对自身建立起的用户价值也是一次挑战与检验。

第四层,社会价值。社会价值是指创新能够在商业价值之外,对外部环境或社会产生积极有利的影响。例如网购平台除了实现自身的商业价值之外,还为卖家提供了一份工作,为买家提供便捷的购物渠道。创新的社会价值会让创新在整个行业或社会中占据重要地位,对于企业形象和影响力也是极大的提升。企业往往在实现盈利之后就开始追求理想和社会责任,而如何实现便可以通过创新的社会价值来实现。能够盈利的企业有很多,但做到实现了社会价值的企业并不常见。

企业创新的社会价值体现在对社会的正向反馈上,用优质的产品和服务去改善社会福利,而非从各个角度汲取社会财富。企业创造财富的过程可以理解为对社会的索取,但一味地索取必将引起某种失衡。而企业对社会的反哺则是实现自身社会价值的路径,很多企业进行大额的公益捐赠也是为了践行自己的社会价值和责任。公益捐赠是承载企业社会价值的一种方式,但若能通过自身的产品给社会带来福利,那会产生比单纯的捐助更好的价值。

企业创新的社会价值带给企业的更多是社会地位上的优化和社会责任的肩负,这种价值输出对于企业自身也有着重要意义。当一个企业愿意肩负自己的社会责任的时候,它的社会评价也会提高。用户和消费者对其感观有所好转,避免产生企业只会圈钱的认知。可以说企业创新的社会价值是企业与社会的润滑剂,让企业这个组织在整个社会中的运转更加顺畅。

综合来看,企业的创新价值的逻辑可表示如下:企业通过研发投入实现大量具有发明价值的创新,而这些创新在对用户需求实现满足的情况下获得用户价值,当用户价值能够变现的时候,就为企业带来创新的商业价值,但真正优秀的创新还要能够对社会产生正面的影响,也就是社会价值的实现。从创新的基本逻辑中可以看到,整体是呈漏斗状的,即第一层大量的具有发明价值的创新是基础,在这个基础之上,如果创新能够满足用户需求,那它就能够创造出用户价值,当这种用户价值能够实现变现,用户价值就能够转换为商业价值,在可以实现商业价值的创新中,有一些创新的作用不仅仅为企业提供盈利,还可以践行企业的社会责任。

此外,企业创新价值的实现往往是逐级实现的,从发明价值到用户价值和商业价值,如果是靠抄袭直接实现用户价值和商业价值,那这就不属于创新价值的范畴了。而社会价值一般来说也必须建立在商业价值的基础上,如果创新都无法通过商业价值实现自给,去贸然地承受社会价值,这样的福利无法持续。

4.1.2 企业创新的三种理念

4.1.2.1 追随型创新

模仿指的就是追随型创新,我国一些科技企业以及网络公司在进行创新的过程中,都是进行的追随型创新,即使在当下,大量产品也依然是追随型创新。主要受我国文化的影响。

我国教育和美国教育的区别是,在孩子很小的时候,美国就非常重视他们视野的扩展,对他们的领袖精神进行培养。而我国主要是对孩子的工匠精神进行培养,模仿型思维就渗透在了工匠文化中。

受多种因素的影响,比如文化、制度以及历史,在模仿式创新上,东方民族的智慧是很大的。在这方面,做得比较好的是日本。不过,任何事情都有两面性。之前,两位美国专家就发表过一篇报告,这篇报告中的观点非常的公正,里面提到,从根本上来讲,中国人的创新不是为了实现突破,而是对已有突破的商业化运筹。换句话讲,在美国人看来,创新就是为了突破,而我国所进行的创新都是按部就班地展开。这里面涉及两层含义,首先,中国式的追随型创新,基本是基于商业而建立;其次,它属于增量式的突破,并不是爆炸式的突破。这篇报告高度赞扬了中国电信企业特别是华为企业所进行的创新。

4.1.2.2 连续型创新

爱因斯坦,牛顿,柏拉图,这些历史人物被人类所铭记,在历史的洪流中留下了自己的身影。他们来自的领域各不一样,有科技领域,有思想领域,他们所做出的成就都让他们的时代变得更加夺目,推动了时代的发展和进步。从短镜头来讲,历史是在一直断裂的,不过,从长镜头看,大量的断裂连接起了各种大事件,文明的常态呈连续性。换言之,那些在历史洪流中留下过身影的人,比如科学家们,他们在某个期间带来了突破式的创新,也可以说是颠覆,不过,一种观念,一个技术,最后要真正影响人类历史进程的时候,需要大量的普通人降低细化和逻辑化。在刚开始时,颠覆性创新通常都是小众的和粗糙的,离市场化还有很远的距离。当颠覆性创新足够推动历史发展时,就需要大量的普通人将其细化以及商业化。因此,科技进步的逻辑有哪些？要想更加深远的影响影响人类发展，需要对市场应用进一步拓展。换言之，不仅需要颠覆性创新，而且还需要应用化和市场化颠覆性创新，另外还涉及完善化。两者都非常重要。

这些年，我国很多企业都是进行的连续型创新和追随式创新。WX 累计获得授权的中国专利和外国专利在 2019 年分别是 21 000 多件和 8 000 多件，2013 年好像更多。不过在操作系统、核心芯片以及核心元器件上，WX 对美国的依赖程度依然很高。

4.1.2.3 颠覆型创新

颠覆性创新主要涉及商业模式创新以及技术创新。经过锻炼肌肉，有些人甚至可以举起汽车，不过都是有一定上限的，这是由于骨骼的支撑是有上限的。因此，需要找到其他突破路径，不仅是技术，商业模式也是这样。在之前 30 年的时间内，信息产业领域中的颠覆性技术有多少呢？多数看法认为，光的传输、Windows 当之无愧。欧洲以及高通分别发明的 GSM、CDMA 以及谷歌所发明的安卓系统都归属此类，主要是由于他们使得行业标准发生了很大变化，同时设置了新的标准。另外，能被叫做颠覆性的技术有哪些呢？这些都不确定。

4.2　企业创新的困境与策略

对于创新，华为创始人任正非曾强调产品创新的速度和企业投入产出环境之间的均衡。

领先行业的大企业经常因为保守经营策略而错过破坏性创新，例如：IBM 主导了大型计算机市场，错过了微型计算机；通用数据公司、BEC、WANG、HP 主导微型计算机，错过了台式个人电脑；NOKIA、摩托罗拉主导传统手机，错过了智能手机。柯达引领传统胶卷行业多年，却错过了数码相机领域。为何更具实力和人才储备的大企业反而频频错过这些关键创新呢？诺基亚 CEO 奥利拉："我们并没有做错什么？但不知为什么，我们输了。"这就是创新的窘境。

任何一个企业都处在价值网络中，客户需求决定了企业成本和结构。最小竞争规模，最小增长率决定了商业模式。客户影响是至关重要的。毋庸置疑，若一个企业不为客户创造价值，不去提升产品优化的运营方式是注定会失败的。

客户价值永远第一位。客户价值的创新是什么？本质是现在技术发展的速度远大于市场需求与消化速度，这是一个基本情况。破坏性创新往往有很大不确定性，过去技术不断迭代更新、新陈代谢，但如果市场需求还不足以填补技术开发成本，即便能够准确洞察市场未来的走向，"先知"也会成为"先烈"，这些不确定性导致企业家对技术创新与技术应用总体较为审慎。

此外，在智慧网联时代的大系统里，一个优秀产品的价值可能需要整个系统、环境或生态来进行配合才能充分体现它的价值，如果大系统标准不一致，它的价值就难以获得认可，这也导致尽管目前新技术的产生越来越多也越来越快，但企业的价值并没有快速增长。

由此在这里对破坏性创新策略进行相关介绍。

策略一：围绕客户渐进创新需求，企业按此配置流程、人员、激励。一个企业要服务客户需求，而客户需求变化太快，常超越了企业当前消化的能力，或者由于转轨成本过高，导致在技术选择时过于保守，承担当前技术储备被新兴技术颠覆的风险。

此时，企业应该如何决策呢？企业的资金主要来源于三个渠道：其一是银行等债务融资；其二是来自股东的股权融资，股东的投资是为了获取未来收益；其三是客户购买，但对于过于超前的技术难以获得充足的客户量，使得技术的"市场变现"困难，导致企业更愿意做渐进式的改变。

那么企业往往也只愿意做一些渐进式改变来做技术创新。要发展渐进式技术创新，整个公司的管理流程，基本上也是围绕渐进式创新发展设计。所以，渐进式创新需要流程，人员、激励上就按这个方式配置。破坏性创新在这里面往往会被过滤掉。

策略二："技术狂人"在细分市场发展稳定后，回归主流市场。现在大企业选择是一步一步推进，并不是一大步跨越。但破坏性创新在渐进式创新流程里面很容易被过滤掉。众所周知，破坏性创新往往源于一些技术专家，一旦苦心孤诣开发的技术不被采用，那么这些技术专家就容易去辞职创业，到市场中去谋求更宽阔的发展空间。当其创业站稳脚跟、逐渐成长后，就会从细分市场回归主流市场，竞争更大的市场份额和利润，此时通常会对原所在大企业带来措手不及的冲击。

策略三：新产品首推的优势。通过营销的方式，把信息市场的增长率提高，加大促销的力度，但目前这一策略的成功率已然"式微"。现在的商业模式基本采用免费策略，但如果不是针对现有需求，长期的免费也会产生需求疲劳，或者遭受新产品的冲击。

策略四：小企业独立成立一个创业公司，相对自由中创业发展。把破坏性创新交给小机构经营，新兴市场虽小，但小机构精耕细算，创造利润，目前来看成功率最高。小企业不放在大企业主体里,独立成立一个创业公司,相对自由中创业发展。大公司把小项目放在创业子公司去开展,成功率相对较高。甚至有大公司设立专门的创新机构,发展破坏性创新。

另外,一些更具抱负的公司甚至成立创新中心,并在一定程度上保持与母公司的独立性,让其充分发展,沉浸于进行破坏性创新。现在,越来越多的大公司开始采取这种策略,例如施乐成功培育出了享有盛名的子公司帕克,通过给其提供50%的经费,剩下让其自由发展并接受市场检验,最终成长为一家实力雄厚的创新公司。

策略五:技术专家进行上层决策,避免错过颠覆式创新机会。让技术专家参与上层决策,避免颠覆式创新导致错失重要的创新机会。这也可以避免已有技术人才外流到竞争企业并完成技术创新,最终对原企业带来毁灭性冲击,因此,这一策略也是非常重要的"人才孵化机制"。

4.3 企业创新的影响因素

企业创新在实际操作中受到多种因素的影响,并且影响机制较为复杂,比较笼统地去考虑的话,既有管理层的决策问题,也有企业的发展阶段影响。除此之外,还有企业的资金情况,历史创新的投入产出比,国家政策鼓励,行业竞争促进等多个维度多个因素的影响。为了研究国有基金对企业创新的促进作用,因此在本节中,需要对企业创新的影响因素进行一个较为系统的归纳。需要说明的是,由于现实生活中企业创新的情况复杂多样,此处归纳的影响因素只能尽可能地涵盖对企业创新有较大影响的方面。

在分析对企业创新有哪些影响因素的时候,考虑采用从宏观到微观的演进方式,即先从大的层次考虑,再深入小的层次。当然这种路径也会导致在寻找到的因素之间可能会存在一定的相关性。

宏观角度首当其冲的就是政府的激励创新政策,在国家大力推广创新,鼓励企业发展创新经济的时候,企业创新积极性和投入自然而然地会随之提高,而在全民创新的政策下,企业创新的产出可能也会有所提高。由此可见,政府的激励政策势必会对企业创新起到促进作用。而对政府激励作用的衡量一方面是税收减免,政府对创新投入的花费进行所得税方面的抵扣,对某些企业给与更高的抵扣优惠,另一方面就是政府补贴,企业对某些高创新的企业进行直接的财政补贴。

国家层面之后的就是行业竞争水平。当企业所处的行业处于一个高度竞争的环境下,那么企业要想能在这个行业站稳脚跟,必须要做到的就是企业创新。只有创新才能够为企业在行业竞争中取得竞争优势。同时,由于这种竞争态势的存在,行业内的其他企业对于创新的投入也会加大,这也会对企业自身的创新产生刺激。在这种不创新就被超越的竞争态势下,企业创新将得到促进。

当视角从国家转到行业之后,下一个需要考虑的就是企业自身。就如同人有不同的年龄阶段一样,企业也有自己的发展阶段。本书对企业发展阶段的定义主要有四个阶段,即初创期、成长期、成熟期、衰老期。在这四个阶段中,企业对于创新的选择和态度是不同的,这与其自身的资金状况、发展目标、战略追求都有关系。而具体的联系则需要从企业内部去进行剖析。

从微观角度考虑,首先是企业的规模大小对于企业创新的影响。由于企业创新需要投入大量的资金和人力,规模较小的企业根本无法划拨足够的资源去进行创新的探索,而只有较大规模的企业,才能通过主营业务等去支撑起创新活动的投入。但从另一个角度去考虑,小规模的企业在创新的时候会有着更加积极投入产出转换,而大规模的企业在开展创新的时候可能受到自身体量的影响,无法实现较高的投产转换比。由此可见,企业的规模对创新的影响肯定是存在的,但这种影响的具体作用机制还需要更加深入的研究。

企业的资金情况会对创新有着直接的影响,毕竟企业创新需要的直接资源就是资金支持。当一个企业的资金运转不够充足的时候,很难想象管理层会将大量的资金用于创新。试想当流动资金都无法偿还短期借款的时候,创新的大笔投入可能会成为企业为度过资金紧张而缩减的第一笔开支。只有保证充足的资金流,稳定的资金链,企业才能有创新的底气。由此可见,充裕稳定的企业资金流对企业创新有着促进作用。

企业创新的战略执行与管理层的决策是离不开的。企业对于创新的投入与重视程度,很大程度上与管理层的决策有关,当管理层决策对与创新持积极态度的时候,整个企业对于创新的态度与氛围以及资源支持和倾斜都会有着正面的影响。获得资源倾斜的企业创新,往往会获得更多的发展机会和容忍度。要知道,创新的投入并不一定是肯定有产出和回报的,如果对创新没有足够的容忍度,那么企业很难等到收获创新果实的时候。

管理层的决策往往会参考很多数据,其中一个重要的数据就是企业的自身财务状况,这主要有两个方面的体现,一个是融资约束,一个是会计稳健性。融资约束是用来衡量企业获取外部资金的难易程度,而会计稳健性就是企业各项财务数据指标反映出的企业的各项能力,这主要包括成长能力、偿债能力、盈利能力等。

本书发现,对于企业创新影响因素的多方面的探究,无论是宏观层面的政策激励与行业竞争以及企业自身的发展阶段,还是微观层面的企业规模、企业资金情况以及管理层决策会重要参考的融资约束和会计稳健性,最终都会落地到几个具体的企业能力指标之中,例如成长能力中就包括了企业规模等,偿债能力能够反映企业的现金流状况以及会计稳健性等,盈利能力也会受到政府补贴的影响等,所以在探究企业创新影响因素前就对这种可能出现的相关性进行了预测。

企业创新的影响因素有很多,这里对其进行探究的主要目的是为了后续探究国有基金支持企业创新的理论机制和相关模型研究。因此此处仅是对大体的方向进行一个分析,具体的影响因素的变量确定可在第五章国有基金支持企业创新的理论机制探究中看到。

第5章 国有基金支持企业创新理论机制

第 3 章介绍了国有基金的基本情况与行业现状,增强了对国有基金的定义、发展的认知。第 4 章对企业创新的重要性进行了一定的剖析,研讨了创新对企业自身的影响以及企业创新的影响因素。本章将阐述目前国有基金支持企业创新的政策举措,并在此基础上,结合第 4 章对企业创新影响因素的探究,研究国有基金支持企业创新的理论机制,为后续建立国有基金支持企业创新的效率测度和全息模型提供支撑。

5.1 国有基金支持企业创新的自我改革

5.1.1 国有基金改建或组建的背景、目的和初步成效

国有企业和私营企业都是中国经济的重要组成部分。全国非金融类国企(后文简称"全国国有企业",包括国有和国有控股企业),截至 2016 年底共拥有 131.7 万亿元资产,企业营业收入达到 45.9 万亿元,利润总额达到 2.3 万亿元。然而,国有企业存在一个通病,即规模庞大但整体资产能力并不突出。从 ROE(Rate of Return on Common Stockholders' Equity,净资产收益率)角度来看,2016 年我国的全国国有企业 ROE 水平为 6.18%,相比于 2013 年的 7.57% 下降了 1.39%,同时据 2015 年的相关数据显示,全球 500 强企业的 ROE 水平为 8.19%,国内上市民营企业的 ROE 水平更是达到了 8.75%,都远高于国有企业。

从 20 世纪 80 年代末到 21 世纪初,我国对国有企业进行了深层次、全方位的改革,具体措施包括对企业进行兼并重组、对员工进行下岗分流等,这对于企业获取利润的能力有着很大的改进,同时在改革过程中,企业的现代化经营管理体系也得到了建立和完善。这些措施对于国有企业的效率低下、体制不完善等通病有较为显著的作用。随后又不断实施了一系列渐进式的改革措施。从 2016 年下半年开始,国有企业迎来了全新的改革,

这次改革的跨度很大,侧重也有所不同,改革的重点集中在混合所有制的改革升级、组建改建国有基金两类公司等。

组建改建国有资金投资公司和运营公司旨在使国资监管机构以"资本管理"逐步取代之前的"资产管理",使国有资本能够合理运转,资本运营更高效,国有资产也能实现保值增值的目标。具体而言,国有基金投资公司以产业投资为主,着力培育产业竞争力、调整产业结构,在投资战略上侧重于国家产业发展战略相关的核心行业和新兴行业。国有资本运营公司的主要职责是调整国有资本分布,优化资源配置,提升资产运作的效率和效益等方面,战略上更侧重于通过兼并重组等手段实现国有企业的整合优化和价值提升。国有基金投资运营公司目前仍无明确定义,但在实践中兼有投资公司和运营公司的特点,产业选择相对多元,部分产业以投资为主,部分以国资运营与价值管理为主。混合所有制改革的目的在于,通过引入社会资本来改善国有企业股权结构,在进行合理估值、避免国有资产流失的前提下吸引社会资本的参与,进一步提升公司的经济活力和创新能力。从推进路径来看,目前较为可行的办法是选择某些国有集团公司的二级平台先行试点,待条件成熟后再对国有集团公司总部进行改革。

通过实施以上改革措施,若能使 ROE 水平上升 10 至 20 个百分点,那么国企每年将增加 4 000 亿~6 000 亿元的利润额。此外,这些改革措施在体制和机制方面同样意义重大。

在改革当中,国有基金投资公司试点工作已经取得了初步成效。2014年,国投和中粮作为第一批国有基金投资公司展开改革试点工作。2016年,国资委进一步在 7 家企业推动第二批国有基金投资公司试点。地方已有几十家国企正在进行相关试点。中央虽然已有相关的政策和意见推出,然而还未能实际推广落实,学界和业界仍在探索和讨论国有基金投资公司如何定位的问题,以及应当采用怎样的管控模式等。本书将重点聚焦国有基金投资公司试点改革过程中需厘清的六大核心关系,结合相关项目经验,提出具有实操性的改革思路和方法,并分享部分企业在这些领域的成功尝试。

5.1.2 政策指明方向,国有基金投资公司试点初见成效

5.1.2.1 政策文件情况

国有基金投资公司试点等国企改革政策文件已对改革提出了明确的方向和要求,但试点和拟试点企业对于关键性操作细则仍处于探索阶段。例如,政策对于国有基金投资公司的运营模式及改组或组建路径已有阐

述，但"资本管理"到底要管什么、如何管等问题尚无明确指引。同样，在改革中的党建工作方面，尽管党组织的领导体制已明确下来，实行"双向进入、交叉任职"的模式，议事决策过程中党组织需要前置研究，不过前置把关的方式和范围并不清晰。

5.1.2.2 央企和地方国企试点工作进展情况

在央企和地方国企层面，国有基金投资公司的试点工作已经启动。

在央企层面，国资委2014年7月选择了两家企业作为全国第一批试点国有基金投资公司，分别是国家开发投资公司以及中粮集团，探索改革国有资产监管体制，实现"资本管理"，2016年7月又启动了第二批国有基金投资公司试点，共7家央企：中国交通建设、宝钢集团、招商局集团、中国五矿、保利集团、中国神华、武汉钢铁。

地方国资委也陆续在本地区试点设立国有基金投资公司。就全国已公布的数据来看，目前地方已设置超过50家国有基金投资、运营公司，其中超过30家为国有基金运营公司或投资公司。

整体而言，国有基金投资公司试点工作已在央企和部分地方国企的层面进行了一些有益的尝试，有助于改革方案的推广落地。比如，央企层面第一批次的两家试点企业与之前相比在经营范围、管理机制、子企业产权结构等方面的自主权更大，并围绕"小总部、大产业"的原则，在组织架构、法人治理结构、市场化用人机制等方面进行了改革和尝试。但由于政策方面尚没有更清晰的指引，并且国资委监管体系和试点企业内部对改革的具体推进形式缺乏统一认识，大多数试点企业仍处于摸索阶段，试点推进节奏偏慢，改革力度稳妥有余而突破不足。

5.1.3 深入分析问题，明确五大挑战

在此次改革中，可以发现，国有基金投资公司试点企业普遍面临以下五方面挑战。

1）国资监管机构的授权尚不充分

地方国资监管机构有的仍然秉持着老观念，不敢放权更不愿放权，在一定程度上制约了试点公司的改革，影响了改革效果。该问题一方面源于以往的惯性思维：过去管资产管得过多过细，如监管机构甚至会参加其监管企业二级公司的战略和预算会议并提出明确要求；此外，还有避险思维的存在，改革的道路往往不会一帆风顺，特别当授权过多意味着所面临的风险也越多。

2)公司法人治理结构尚不健全

大部分企业的董事会构成以内部董事(经营管理层)为主,且部分外部董事履职意愿较弱,使得董事会形同虚设,难以形成对经营层的有效制衡。值得一提的是,一些公司现行的"四会"即股东大会、监事会、董事会和党委会,"一层"即经理层,其中,只有股东大会有清晰的权责和边界。在实际工作中,对各类事项的决策多是由党政联席会或领导办公会来决定的,既缺乏有效制衡,又存在潜在的程序违规。

3)如何将党的领导融入公司法人治理结构尚待厘清

目前,尽管相关政策已明确提出了企业党组织发挥政治核心作用、参与企业重大问题决策的指导原则,但对于党组织具体如何前置研究讨论、前置于哪个环节、前置把关哪些内容等种种细节,尚未形成统一共识。实际操作中既需要避免党委书记成为事实上的总经理,又需要避免党的职能弱化。因此,如何在政策框架下设计一套高效、易操作的具体方案,是各家试点企业普遍面临的问题。

4)集团管控模式及总部职能设置不符合国有基金投资公司总部"管资本"的定位

目前试点企业普遍存在总部对于二、三级企业管理过多、过细的问题,集团总部仍在运营层面参与对二、三级企业的管控,与国有基金投资公司总部通过股权纽带"管资本"的定位相去甚远。此外,部分企业管控层级过多,甚至存在五到六层的情况,因此尚未形成有效的业务平台,导致二级企业功能虚化。

5)国有企业人才体系较为薄弱

国有企业在人才选聘、能力建设、激励机制等方面存在明显不足,普遍存在"职位能上不能下、薪酬能高不能低、员工能进不能出"等问题。尽管部分企业已经展开了职业经理人试点工作,但尚未取得显著成果。

5.2 国有基金支持企业创新的外部环境

5.2.1 科创板的设立与促进创新

科创板是为支持与鼓励科创型企业而开设的独立于主板和中小创的交易市场,其属性决定了天然的门槛要求。理论上,只有符合科创型企业的要求,才能登陆科创板。那么如何界定一家企业是否为科创企业,或者说判定一家企业是否具备(足够的)科创属性,一直以来缺乏一个官定的标准。

5.2.1.1 科创板"含科量"衡量与引领

一般,以企业所在的行业作为其中一个标尺,如一度提及的"新一代信息技术、高端装备、新材料、新能源、节能环保以及生物医药"六大战略,或者由国家统计局公布的《战略性新兴产业分类(2018)》所在行业作为参考。本书以科创板五大类上市标准中罗列的有关市值与财务性要求作为依据,如表5-1所示。

表5-1 科创板五大类上市标准

标准	特点	要求
上市标准一	重利润	预计市值≥10亿元 (1)最近2年净利为正,累计≥5 000万元,或 (2)最近1年净利为正,营收≥1亿元
上市标准二	重研发	预计市值≥15亿元 (1)最近1年营收≥2亿元,且 (2)最近3年研发投资合计占比营收≥15%
上市标准三	重现金流	预计市值≥20亿元 (1)最近1年营收≥3亿元,且 (2)最近3年经营性现金流净额累计≥1亿元
上市标准四	市值+营收	预计市值≥30亿元 最近1年营收≥3亿元
上市标准五	重市值	预计市值≥40亿元 (1)主要业务或产品需经国家有关部门批准,市场空间大,目前已取得阶段性成果,并获得知名投资机构一定金额的投资 (2)医药行业企业需取得至少一项一类新药二期临床试验批件 (3)其他符合科创板定位的企业需具备明显的技术优势并满足相应条件

其中比较典型的是标准二下,累计三年研发费用占比营收的15%,以及标准五下对于研发阶段性成果等定性要求。这五条中,研发成果的界定仍然存在"模糊地带"。而本次指引很好地解决了这个问题。

指引提出,"同时符合以下三项指标的企业申报科创板上市",也就是说无论申报企业采用哪一套上市标准,首先要满足以下三个前置条件,如

表5–2所示。

表5–2　科创板三大上市条件

条件	牌号	内容
前置条件一	态度牌	最近3年研发投入占营业收入比例5%以上 最近3年研发投入金额累计在6 000万元以上
前置条件二	技术牌	形成主营业务收入的发明专利5项以上
前置条件三	实力牌	最近3年营业收入复合增长率达到20% 最近1年营业收入金额达到3亿元
备注		软件行业企业,可不用满足前置条件二,但第一项研发比例要求为10% 采用上市标准五的企业,可不用满足以上营收方面要求

　　前置条件一是对公司研发投入的直接要求。这一条件的出现填补了原有上市标准中关于研发投入的空缺(原有上市标准一、三、四对研发投入无实质表述),毕竟存在一定规模的研发投入是成为科创企业的必要条件。指引提出,申报企业无论选择哪一类上市要求,其最近3年的研发投入占比营收均不低于5%。当前,指引里面还有一个疑问:选前置条件一3年累计研发投入占比不低于5%,还是选前置条件二至申报前3年,每年都不可低于5%? 如果是后者,那么企业在计划申报前需要做好长远的规划方案。前置条件一的另一可选方案则需要3年6 000万元的研发投入。从绝对金额看,这是一个比较高的门槛。本书统计了当前92家(截至2020年5月)已经上市的科创板企业,其中有30家(接近1/3)企业,其在上市前3年的研发投入总和不到6 000万。另外,92家企业中有17家2016年研发费用占比未到5%,2017年这个数字是23家,2018年仍有23家,3年同时达到5%以上的仅有61家。这也证明,科创属性指引的出台,实际上提升了科创板申报上市的门槛。根据国内一线券商投行的分享,目前上交所对于申报科创板企业的研发费用的审核较为严格。研发的投入是一个持续的过程,肯持续花资金投入研发是一家优秀科创型企业应有的态度。所以将这一前提条件暂称为"态度牌"。

　　前置条件二则为"硬科技"下了一个定义——5项发明专利。根据有关券商的统计,目前92家科创板上市企业中有85家满足该条件。发明专利作为最"硬"的专利一般作为衡量企业技术水平的工具,也最直接体现企业的技术力量,所以暂且把这一条称为"技术牌"。

前置条件三所列条件是公司实力的代表。无论是销售 3 年年化增速20%,还是最近 1 年 3 亿营收的底线都对企业的规模提出了要求,尤其是后者,目前 92 家科创企业中仅有 61 家在 2018 年实现了 3 亿以上的营收,是一张货真价实的"实力牌"。

初步统计,92 家科创板上市企业中,能够同时拥有态度牌和实力牌的有 73 家,能够同时拥有以上三张牌的企业,有 69 家。因此,本次指引的提出,实际上提升了企业申报科创的门槛。满足科创板三大上市条件的企业数量如表 5-3 所示。

表 5-3　满足科创板三大上市条件企业数量

条件	牌号	满足的企业数量
前置条件一	态度牌	78
前置条件二	技术牌	85
前置条件三	实力牌	86

此外,指引除了打出三张牌外,还对未能达到上述标准的申报企业留了 5 项补救措施,如表 5-4 所示。

表 5-4　未达到科创板上市标准企业的补救措施

措施	内容
措施一	发行人拥有的核心技术经国家主管部门认定具有国际领先、引领作用或者对于国家战略具有重大意义
措施二	发行人作为主要参与单位或者发行人的核心技术人员作为主要参与人员,获得国家科技进步奖、国家自然科学奖、国家技术发明奖,并将相关技术运用于公司主营业务
措施三	发行人独立或者牵头承担与主营业务和核心技术相关的"国家重大科技专项"项目
措施四	发行人依靠核心技术形成的主要产品(服务),属于国家鼓励、支持和推动的关键设备、关键产品、关键零部件、关键材料等,并实现了进口替代
措施五	形成核心技术和主营业务收入的发明专利(含国防专利)合计 50 项以上

五项措施除最后一项外,仍以定性的评价为主。但通过措施二、三清晰地罗列了有关奖项以及高精尖项目的清单,这为后续投资者定价有关项目提出了依据。措施四明确了进口替代的重要性,但是其中所谓"关键",是要有多关键,所谓进口替代要实现多大比率的替代,这恐怕还需要后续进一步的指导披露。从这5项措施的内容来看,想要走这些"B方案"恐怕并不容易,更多可能是为兜底前面三大前置条件,或者为部分特别重大项目企业而量身定制的。科创企业想要申报科创板,仍然需要朝着前面三张牌的指标去努力。

5.2.1.2　科创板"含科量"引领的效果

标准是提升效率、增加公平性和操作高效性的现代文明重要产物。更加透明的标准要求,对企业申报上市是有降低成本、提升效率的作用的。虽然就数字表现来看,3项前置条件和5个补救措施的祭出一定程度上提高了科创板上市的门槛,但提升的幅度主要还是在量的层面,不会对多数原符合标准的科创企业构成障碍,同时,指引并非刚性门槛,交易所有灵活决策的空间。但对投资机构而言,指引的提出是极其重要的。从一级市场的角度来看,指引实际上是给了科创企业一个官方的认定标准,把原来投资者无法认定的模糊地带予以清晰化、透明化;对于二级市场而言,则能够进一步巩固投资者对于科创板上市企业的基本面认可度,提升科创板的整体估值。具体对于股权投资者来说,这一套标准的提出为后续投、管、退阶段提供了路径依据。对于投而言,本次出台的指引的作用主要体现在投资策略方面,其影响力与原有上市标准类似。往后,策略中一些原来无法量化的地方可以因此具体化,对于一些拥有重大科创技术的项目,投资机构可以援引5大措施作为评判标准,不至于畏首畏尾。对于管而言,指引的作用在于投资机构可以更早进行培育孵化,而不是要等到投行进场之后再做改变。比如说,本次指引中有些比例性指标对于企业而言,是可以提前注意和规划的。对于退而言,本次指引的提出将进一步提升科创板企业整体的"含科量",能够凝聚市场信心,拉动更多投资者参与科创板交易。二级市场整体估值水平的提升也将提升项目的收益水平。

5.2.2　创业板注册制改革与促进创新

《创业板改革并试点注册制总体实施方案》于2020年4月27日出台。为贯彻落实此方案,中国证监会和深交所当日晚间就《创业板首次公开发行股票注册管理办法(试行)》《创业板上市公司证券发行注册管理办法(试行)《创业板上市公司持续监管办法(试行)》草案和《证券发行上市保荐业务管理办法》修订草案向社会公开征求意见,构建起一个整体的框架推动创业板改革,并开展注册制试点工作。依照新证券法,创业板改革后给出的股票发行条件更加多元化,包容性更强。

再融资与首次公开发行同步实施注册制在此次创业板改革方案中得以明确,在程序上基本一致。创业板上市企业在并购重组的过程中,如果关系到可转换公司债券、发行股票等时,需实行注册制。此外,创业板发行条件中给出的诸如无未弥补亏损以及对盈利业绩的要求等在《创业板首次公开发行股票注册管理办法(试行)(征求意见稿)》中被取消了,明确提出符合以下条件即可提出首发上市申请:第一,拥有健全的组织机构,持续经营超过 3 年;第二,拥有完善有效的内控制度,会计基础工作规范;第三,业务完整,且有能力独立持续直接面向市场经营;第四,经营行为符合法律法规规定,无《注册管理办法》中罗列的违规违法情况存在。

《深圳证券交易所创业板股票上市规则(2020 年修订征求意见稿)》规定优化上市条件,综合考虑预计市值、收入、净利润等指标,制定多元化上市条件,以支持不同成长阶段和不同类型的创新创业企业在创业板上市。第一,明确盈利上市标准,一种标准是市值预估在 10 亿元以上,近一年营业收入在 1 亿元以上且净利润必须为正,另一种标准是近两年净利润必须为正且净利润累计在 5 000 万元以上。第二,将最近一期末不存在未弥补亏损这个条件取消。第三,允许红筹企业、特殊股权结构企业在具备一定规模且已盈利的情况下上市。第四,针对未盈利企业也明确了其上市标准。

创业板成为注册制改革首站,市场优胜劣汰将催生一批优质新兴企业并增强白马龙头效应,新兴产业、头部企业最为受益于制度红利。同时,证券市场改革因创业板注册制改革而进一步深化,未来市场会更加青睐概念股(科技类题材),受利好政策的刺激,预计新一轮反弹将很快到来。

创业板实施注册制也降低了科创企业的入市门槛,会有越来越多优质企业融资,有机补充科创板,有利于建设多层次的资本市场;创业板中涌入越来越多的优质公司,创业板资本市场结构得到优化,企业在信息化、新材料、新能源、AI、生物制药、高端装备制造等方面有布局的,将会有机会在创业板上市。新兴产业未来除了在科创板上市以外,还可以选择在创业板上市。这有利于助推我国经济转型,为经济增长注入新的能量,使资本市场涌入更多新兴优质科技公司,使资本市场为实体经济服务的能力不断提升。

5.2.3 新三板改革与促进创新

2019年12月至2023年9月,全国中小企业股份转让系统("新三板")共制定和发布了四次全面深化新三板改革的业务规则,尤其是针对分层事项发布的新版《全国中小企业股份转让系统分层管理办法》(以下简称《分层管理办法》)以及相关配套文件意义重大。

2019年12月发布的分层规则中,全国股转系统设置基础层、创新层、精选层,而自2022年3月发布的分层规则开始,全国股转系统设置创新层和基础层,全国中小企业股份转让系统有限责任公司(以下简称全国股转公司)对挂牌公司实行分层管理。原精选层股票筛选后进入北京证券交易所上市。下面根据2023全国中小企业股份转让系统及北京证券交易所公告的业务规则,对创新层及北交所的条件和禁止情形进行整理分析。

5.2.3.1 创新层

挂牌公司进入创新层,应当符合下列条件之一:

(1)最近两年净利润均不低于1 000万元,最近两年加权平均净资产收益率平均不低于6%,截至进层启动日的股本总额不少于2 000万元。

(2)最近两年营业收入平均不低于8 000万元,且持续增长,年均复合增长率不低于30%,截至进层启动日的股本总额不少于2 000万元。

(3)最近两年研发投入累计不低于2 500万元,截至进层启动日的24个月内,定向发行普通股融资金额累计不低于4 000万元(不含以非现金资产认购的部分),且每次发行完成后以该次发行价格计算的股票市值均不低于3亿元。

(4)截至进层启动日的120个交易日内,最近有成交的60个交易日的平均股票市值不低于3亿元;采取做市交易方式的,截至进层启动日做市商家数不少于4家;采取集合竞价交易方式的,前述60个交易日通过集合竞价交易方式实现的股票累计成交量不低于100万股;截至进层启动日的股本总额不少于5 000万元。

挂牌公司进入创新层,同时还应当符合下列条件:

(1)最近一年期末净资产不为负值。

(2)公司治理健全,截至进层启动日,已制定并披露经董事会审议通过的股东大会、董事会和监事会制度、对外投资管理制度、对外担保管理制度、关联交易管理制度、投资者关系管理制度、利润分配管理制度和承诺管理制度,已设董事会秘书作为信息披露事务负责人并公开披露。

(3)中国证监会和全国股转公司规定的其他条件。

以每年 8 月的最后一个交易日为进层启动日的挂牌公司,还应当同时符合以下条件:

(1)当年所披露中期报告的财务会计报告应当经符合《证券法》规定的会计师事务所审计,审计意见应当为标准无保留意见。

(2)中期报告载明的营业收入和净利润均不低于上年同期水平。

此外,挂牌公司或其他相关主体在截至进层启动日的 12 个月内或进层实施期间出现下列情形之一的,挂牌公司不得进入创新层:

(1)挂牌公司或其控股股东、实际控制人因贪污、贿赂、侵占财产、挪用财产或者破坏社会主义市场经济秩序的行为被司法机关作出有罪判决,或刑事处罚未执行完毕。

(2)挂牌公司或其控股股东、实际控制人因欺诈发行、重大信息披露违法或者其他涉及国家安全、公共安全、生态安全、生产安全、公众健康安全等领域的重大违法行为被处以罚款等处罚且情节严重,或者导致严重环境污染、重大人员伤亡、社会影响恶劣等情形。

(3)挂牌公司或其控股股东、实际控制人、董事、监事、高级管理人员被中国证监会及其派出机构采取行政处罚;或因证券市场违法违规行为受到全国股转公司等自律监管机构公开谴责。

(4)挂牌公司或其控股股东、实际控制人、董事、监事、高级管理人员因涉嫌犯罪正被司法机关立案侦查或涉嫌违法违规正被中国证监会及其派出机构立案调查,尚未有明确结论意见。

(5)挂牌公司或其控股股东、实际控制人被列入失信被执行人名单且情形尚未消除。

(6)未按照全国股转公司规定在每个会计年度结束之日起 4 个月内编制并披露年度报告,或者未在每个会计年度的上半年结束之日起 2 个月内编制并披露中期报告,因不可抗力等特殊原因导致未按期披露的除外。

(7)最近两年财务会计报告被会计师事务所出具非标准审计意见的审计报告;仅根据本办法第七条第二项规定条件进入创新层的,最近三年财务会计报告被会计师事务所出具非标准审计意见的审计报告。

(8)中国证监会和全国股转公司规定的其他情形。

5.2.3.2　北交所

发行人申请公开发行并上市,应当符合下列条件:

(1)发行人为在全国股转系统连续挂牌满 12 个月的创新层挂牌公司。

(2)符合中国证券监督管理委员会(以下简称中国证监会)规定的发行条件。

（3）最近一年期末净资产不低于 5 000 万元。

（4）向不特定合格投资者公开发行（以下简称公开发行）的股份不少于 100 万股，发行对象不少于 100 人。

（5）公开发行后，公司股本总额不少于 3 000 万元。

（6）公开发行后，公司股东人数不少于 200 人，公众股东持股比例不低于公司股本总额的 25%；公司股本总额超过 4 亿元的，公众股东持股比例不低于公司股本总额的 10%。

（7）市值及财务指标符合本规则规定的标准。

（8）北京证券交易所规定的其他上市条件。

发行人申请公开发行并上市，市值及财务指标应当至少符合下列标准中的一项：

（1）预计市值不低于 2 亿元，最近两年净利润均不低于 1 500 万元且加权平均净资产收益率平均不低于 8%，或者最近一年净利润不低于 2 500 万元且加权平均净资产收益率不低于 8%。

（2）预计市值不低于 4 亿元，最近两年营业收入平均不低于 1 亿元，且最近一年营业收入增长率不低于 30%，最近一年经营活动产生的现金流量净额为正。

（3）预计市值不低于 8 亿元，最近一年营业收入不低于 2 亿元，最近两年研发投入合计占最近两年营业收入合计比例不低于 8%。

（4）预计市值不低于 15 亿元，最近两年研发投入合计不低于 5 000 万元。

前款所称预计市值是指以发行人公开发行价格计算的股票市值。

发行人申请公开发行并上市，不得存在下列情形：

（1）最近 36 个月内，发行人及其控股股东、实际控制人，存在贪污、贿赂、侵占财产、挪用财产或者破坏社会主义市场经济秩序的刑事犯罪，存在欺诈发行、重大信息披露违法或者其他涉及国家安全、公共安全、生态安全、生产安全、公众健康安全等领域的重大违法行为。

（2）最近 12 个月内，发行人及其控股股东、实际控制人、董事、监事、高级管理人员受到中国证监会及其派出机构行政处罚，或因证券市场违法违规行为受到全国中小企业股份转让系统有限责任公司（以下简称全国股转公司）、证券交易所等自律监管机构公开谴责。

（3）发行人及其控股股东、实际控制人、董事、监事、高级管理人员因涉嫌犯罪正被司法机关立案侦查或涉嫌违法违规正被中国证监会及其派出机构立案调查，尚未有明确结论意见。

（4）发行人及其控股股东、实际控制人被列入失信被执行人名单且情形尚未消除。

（5）最近 36 个月内，未按照《证券法》和中国证监会的相关规定在每个会计年度结束之日起 4 个月内编制并披露年度报告，或者未在每个会计年度的上半年结束之日起 2 个月内编制并披露中期报告。

（6）中国证监会和本所规定的，对发行人经营稳定性、直接面向市场独立持续经营的能力具有重大不利影响，或者存在发行人利益受到损害等其他情形。

发行人具有表决权差异安排的，该安排应当平稳运行至少一个完整会计年度，且相关信息披露和公司治理应当符合中国证监会及全国股转公司相关规定。

5.2.4　股票交易所的改革提供创新企业更多的选择

"注册制"这一个关键词引发了科创板、创业板、精选层这三个不同板块市场的共鸣，对一些拟上市公司而言，上市可选项增加了，但问题也随之而来——同系注册制，拟上市公司应如何选择最适合的上市板块？

"注册制"下企业上市的时间和结果更加可预期，试点注册制改革后的创业板亦适用多套上市指标，对于拟上市公司而言，企业上市板块的选择更多了，如何选择最适合的板块？

1)"硬科技"还是"软科技"企业

科创板、创业板前三项财务指标近乎相同/接近，在企业同时满足科创板、创业板相关条件情况下，笔者建议此时应重点考虑是否符合相应板块的行业定位：科创板强调的是"科技"，定位于服务"硬科技"类企业，包括新技术、新产业、新业态、新模式等。根据《上海证券交易所科创板企业发行上市申报及推荐暂行规定》，科创板目前主要面向新一代信息技术、高端装备、新材料、新能源、节能环保以及生物医药等六大领域的高新技术产业和战略性新兴产业的科技创新企业。根据科创板审核实践，拟上市企业科创属性、是否符合科创板定位是最受关注的问题之一。创业板强调的是"创新"，创业板从 2008 年开板至今其定位亦是在不断修正，企业中传统产业与各类新业态、新模式、新产业、新技术深度融合，是能够获得创业板支持的前提，行业属性上采用负面清单制，即不在负面清单的行业和商业模式都可以接受，而且明确即使在负面清单的行业，如果与互联网、大数据、云计算、自动化、新能源、人工智能等新技术、新产业、新业态、新模式深度融合的创新创业企业，仍可以在创业板上市。现有创业板上市公司的行业分布则相对较为分散,从这一角度来看,创业板可以针对"软科技"——能实现高增长但偏传统行业的企业试点注册制。

2)尚未盈利创新型企业

按照创业板三套上市标准,都明确规定了拟申报企业应当具备的收入或净利润情况。所以创新类企业如果收入较少,未能盈利时,创业板并非最佳选择。在这个方面,科创板以及精选层有着更为完善的指标制度,即对于"研发投入"的考虑。因此相比于在创业板上市,对于能够达到市值要求和研发投入要求以及收入要求的公司,在科创板或精选层进行上市申请可能是更合适的选择。

3)红筹企业或存在差异表决安排的企业。

差异表决权企业或红筹企业在注册制改革后的创业板,必须符合近一年净利润为正这个条件才可提出申请,此项科创板并无要求,科创板对于红筹企业或存在差异表决安排的企业包容性相对更高,所以差异表决权企业或红筹企业如果尚未盈利,则更适合在科创板上市。

4)暂时无法达到创业板、科创板上市门槛的企业

相比精选层,科创板、创业板对于企业的市值、净利润、收入等均设置了更高的门槛,对于暂时无法达到创业板、科创板上市门槛的企业,可将精选层作为目标。根据《关于全国中小企业股份转让系统挂牌公司转板上市的指导意见(征求意见稿)》,企业在新三板精选层挂牌满一年,且满足《证券法》中规定的上市条件以及交易所的有关规定的,可以申请转板至上交所科创板或深交所创业板上市。随着企业成长壮大,满足相应上市门槛后企业可以选择转板上市。

综上,科创板、创业板、新三板的注册制改革都是我国多层次资本市场的不断丰富完善的重要举措,期待未来三个板块推动形成各有侧重、相互补充的适度竞争格局,进一步丰富资本市场容纳性,使资本市场更有能力为实体经济服务。

5.3 国有基金支持企业创新的实例与分析

5.3.1 国有基金促进企业创新的政策新规

我国有关国有出资基金的规定有:

(1)《关于进一步明确规范金融机构资产管理产品投资创业投资基金和政府出资产业投资基金有关事项的通知》(1638号文)。关于政府出资

产业投资基金和创业投资基金的概念,1638 号文做了明确规定。

创业投资基金指:①中基协或发改委备案;②投资范围限于非上市企业;③基金存续期不短于 7 年,不得结构化(政府引导基金中政府作优先级的除外);④名称有创业投资或者基金合同和基金招募说明书体现"创业投资"策略。

政府出资产业投资基金指:①中央、省级或计划单列市人民政府批复,批复文件中含政府出资;②政府认缴比例不低于 10%(党中央国务院批准的,认缴比例为 5%);③不涉及新增地方政府隐性债务。同时,该文明确,符合上述两类基金接受资产管理产品及其他私募投资基金投资时,该两类基金不视为一层资产管理产品(使得上述两类主体在资管新规规定资管产品嵌套不得超过两层的要求下豁免于被认定为一层嵌套,从而其本身可以保留母基金的功能)。

(2)《有限合伙企业国有权益登记暂行规定》(2 号文)。该文明确了国有产权统一监管的要求,不排除后续出台有限合伙企业国有属性的认定标准。

(3)《关于加强政府投资基金管理提高财政出资效益的通知》(7 号文)。由于未来政府的财政压力(财政收入增长率下滑),监管层对于政府出资主体向私募基金的出资从募投管退四个环节提出了如下监管要求:①募:加强了政府对基金出资的预算约束,禁止通过基金变相举债。②投:要求加快投资进度,提升资金使用效率。③管:投后管理方面,要求采用绩效管理,完善基金报告制度。④退:要求进一步健全基金退出机制。

(4)《上市公司创业投资基金股东减持股份的特别规定》(2020 年 3 月 6 日版)。对比新出台的创投基金减持规定与 2018 年 3 月出台的版本,可以发现,创投基金与被投企业的认定标准、受让方减持限制、反向挂钩标准以及股权类基金适用等方面均有所放宽,以促进国有基金对创新企业的投资和扶植。

5.3.2　国有基金投资公司支持的创新投资的举措

自从 2018 年政府工作报告中明确提出"深化国有资本投资、运营公司等整改试点,授予一部分自主权"之后,以国有基金投资公司为平台支持的创新投资风起云涌。国有资本投资公司试点在中央企业中总共涉及 8 家,分别是中交集团、宝武集团、中粮集团、保利集团等;还有 2 家国有资本运营公司,即国新公司和诚通集团。地方国资层面更是大量涌现。

国有基金投资公司以一类企业为主,产业布局相对多元,以推动产业聚集、转型升级和培育新兴产业为主。国有基金投资公司的运营方式基本都是产业投资，主要涉及产业培育、投资融资以及资本整合，完成以融促产以及产融结合。国有资本投资公司更加突出资本管理、资本配置和投资运营功能，对所出资企业实施战略和财务管控，生产经营和产业发展职能下沉。

国有基金投资公司集团通过产融结合进行创新投资，具有优势地位的国企集团产业有着强大的经济实力、庞大的产业规模以及各种各样的金融服务需求。金融领域有很多属性，比如为实体经济所服务以及高收益，共同促使大型产业集团向金融业渗透，同时进行产融协同，或通过金融投资功能建立投资链条，对集团持续优化业务组合给予帮助。另外，政府通过市场化方式成立了有关投资基金，涉及中央企业创新发展投资引导基金，是凸显国有资本运营的核心内容，能不能持续进行市场化运转以及科学化管理，对保值增值有非常大的影响。

下面总结几点国有基金投资公司支持企业创新的举措。

一是创新政策系统越来越健全，国资基金公司都构建了完整、有效地对创新活动给予支持的政策系统。

二是创新能力发挥引领表率作用，聚焦新能源汽车、生物医药、信息技术等重要产业的核心技术以及基础技术开发远远领先于其他企业，目的是发展为位居世界前列的优秀企业。

三是创新平台的建立获得新发展，新增一批行业领先的科研机构和一大批高新技术企业。

四是创新投入大幅提升，创新成果显著增加，创新人才加速集聚，打造一支优秀的高水准自主创新团队，主要人员就是管理人才和科技人才。

五是建立国企创新联盟，对国企协同创新进行统筹推进，共享各项资源。

六是创建国资国企创新投资基金。国资国企创新投资基金是由国资收益联合国有企业共同投入资金所创建，对社会资本进行联动聚集，创建子基金。对已成立的各类基金进行联动，产生国资发展投资基金群，用来对国企创新改革发展给予支持和帮助。借助于国有资本吸引其他社会资本的参与，一方面实现对企业创新活动给予支持的目标，另一方面还实现了放大国资收益的目标。

七是完善激励机制。包括设置创新企业进步奖以及创新项目优秀奖，每年对进步速度较快的企业进行评选，对项目团队和企业进行重奖；对国有企业的科技人员所完成的成果转移进行支持和帮助；构建完整有效的分红激励制度;实施多种激励方案,比如创建创新项目跟投制度,从而调度企业创新发展的热情以及积极性。

5.3.3 国有基金支持企业创新的实例

5.3.3.1 某多业务板块央企国有资本投资公司结合实体产业和资源,以资本运作助力实业发展、孵化新业务

某多业务板块央企集团是国务院国资委确定的国有资本投资公司试点企业之一,集团业务横跨多个行业,也拥有多张金融牌照,但金融不是主业。集团围绕实业的发展和产业链延伸开展境内外资本运作。通过设立资本运作平台,以基金的方式,根据实业发展的实际需求开展投资,以助力集团各个实体产业发展为投资原则。资本运作平台为集团各业务板块设立了专属的投资基金,实现专业化的运作分工,产业基金均服务于现有产业发展的战略方向,投资方向和产业布局调整方向高度契合。

在运用基金投资的过程中,集团利用自身国资背景和多板块资源优势,在募、投、管、退全流程中走出了一条有国有资本投资特色的道路。投资决策方面,集团的产业运营实践能为项目决策提供全面、客观的分析;投后管理上,多业务板块能为被投企业提供应用场景和销售渠道以及管理、团队培训等资源;集团内外部资源还可对项目及团队进行包装、推介,提升项目市场形象和价值,对接资本市场等服务。被投企业在基金孵化下逐渐成熟之后,由集团相关业务板块收购,实业由此发展壮大,基金也由此获得了退出途径。

5.3.3.2 某央企国有资本投资公司搭建集团前瞻性战略性产业投资平台,通过基金的引导作用推进集团由传统产业向新兴产业转型升级

该集团自开始国有资本投资公司试点以来充分运用市场化手段,探索资本运营模式。该集团着力发挥基金的引导作用,不断调整传统产业结构,大力培育战略性新兴产业,推动各项业务转型发展,逐步形成了基础产业、前瞻性战略性产业、金融及服务业的业务格局。目前,该公司共拥有 6 家基金管理公司,发起设立并管理 9 支国家级政府引导基金,基金规模超过 1 500 亿元,有效发挥了基金投资导向、结构调整、创新引领的作用。该央企集团的投资平台主要通过投资并购助推传统产业转型升级,构建起独特的"控股直投+基金投资"的融合联动模式。控股直投方面的案例包括,收购某高铁行业龙头上市公司 20%的股权,进而成为具有实控权的股东。该目标公司在全球轨道交通运维领域是唯一一个覆盖机车车辆、线路、信号、供电、站场五大专业全产业链的公司。其战略目标、市值规模、盈利能

力、行业地位、发展前景与集团打造前瞻性战略性新兴产业板块的需求非常吻合。自要约收购该目标公司以来,该集团从"增资""增信""升能""升级"等各个方面全力给予支持,推动被收购公司在轨道交通整线智能运营管理和维保服务的升级,也助力了整个集团向战略新兴产业的转型升级。

基金投资方面,该集团投资平台旗下先进制造产业投资基金以增资扩股方式两次投资某动力电池企业十多亿元。该动力电池企业在电池材料、电芯、系统、电池回收二次利用等产业链关键领域拥有核心技术优势及可持续研发能力,2017 年该公司锂动力电池全球出货量位居第一位。该动力电池企业的战略目标、行业地位、发展前景与先进制造产业投资基金的投资方向较为吻合。投资后,基金积极帮助其完善产业链布局、协助开拓客户资源,推动其巩固全球动力电池行业的领先市场地位,为新能源汽车爆发式增长提供了保障,该动力电池企业也于 2018 年在深交所顺利上市。

5.3.3.3　某央企国有资本投资公司通过"混合所有制改革"和"退出非主业非优势",聚焦核心主业,并为并购整合等资本运作提供资金

某央企国有资本投资公司明确集团发展目标到 2020 年使主营业务国有资本占该集团国有资本比重提高到 80%。其他业务以自我发展、自我融资、自我驱动为主,总部层面不再做新的增量资金投入。一方面,该央企集团推动下属公司的混合所有制改革,淘汰退出非主业非优势的不良资产,在"十三五"期间兼并重组和淘汰退出企业 102 家。另一方面,该集团通过混改上市优化资本结构、提升盈利,服务主业发展。集团在保持相对控股或第一大股东地位情况下,积极引入各类战略投资者,当前其已混改上市出资企业达 7 家。

在增量资本投资方面实施"三个优先"原则:优先投资于可更好地服务国家安全的国际化布局项目;优先投资于可有效提升市场份额及弥补全产业链关键环节和关键能力短板的项目;优先投资于有利于技术创新、结构升级和提质增效的项目。通过国有资本有进有退,该国有资本投资公司优化了国有资本布局,更加聚焦到国家要求国有资本优先布局的重要行业和关键领域。

5.3.3.4　某地方国有资本投资公司"产融园"结合,优化国资布局,引领创新产业发展

某地方国有资本投资公司自我定位为"做创新型城市建设的实践者、科技产业化发展的推动者",积极构建投资融资、产业培育、资本运营三大核心能力,担当政府与市场之间的桥梁,成为创新要素资源聚合的平台。投资公司以市场化方式建设和运营的科技产业园,为高新产业的发展提供物理空间,引入的民营高科技企业给园区注入产业集群等内容;金融服务业集群为园区建设提供建设资金,为高新产业发展提供并购资金、上市服务等。通过产融园结合,探索了"高端科技资源导入＋科技园区＋金融服务＋上市平台＋产业集群"五位一体以及"孵化＋投资"的商业模式。以市场化的方式,发挥国资引领作用,通过并购等资本运作,支持了地方政府落实国家区域经济发展,布局战略新兴产业的目标。

5.4　国有基金支持企业创新的理论机制

前文对国有基金的行业现状进行了介绍,第四章探究了企业创新的影响因素,本章前两节对国有基金为支持企业创新做出的一些改革以及当前国有基金支持企业创新的有利的外部环境。在这一节中将重点探究国有基金支持企业创新的理论机制。这一理论机制的探究将为本书后续的研究工作作出支撑。

此节既是本章的重点内容,也是整体研究工作的重要部分,只有对国有基金支持企业创新的理论机制进行较为详细的探究,发掘国有基金如何对企业创新产生影响,才能够对国有基金支持企业创新的效率进行测度,也为构建的全息模型提供理论支撑,为后续的路径优化提供方向。

对国有基金支持企业创新的理论机制的探究路径也是循序渐进的,首先需要弄清楚国有基金投资到底会给企业带来哪些影响？是对资金链直接的补充,还是对企业风格的影响,还是为企业提供增信,从而实现更低的融资成本。在明确了国有基金的输出之后,需要再明确企业角度对这些输出的接受程度,即国有基金的影响如果作用于企业,进而影响企业创新。最后将给出清晰的国有基金促进企业创新的影响机制并绘制对应的流程图。

5.4.1　国有基金投资为企业带来什么

国有基金投资作为一种投资主体为国有资本的投资方式,它为企业带来的首先就是资金和管理监督。充裕的资金会促进企业的发展进度,为创新项目的开展创造条件。

国有基金投资不同于一般基金投资的地方在于其国有性。在第 3 章对国有基金行业现状的介绍中提到了国有基金投资有着实现国有资本保值增值的需求,同时还有着促进企业创新行业进步的使命。国有基金的国有性还表现在其能一定程度上代表政府行为,被投资企业可以有政府作背书,这样能够大大促进企业的运营效率。

由于国有基金的国有性,当其采取投资行为的时候,能够向市场发出两个信号:第一个信号是被投企业经过深入的研究和调查,仍然具备投资价值,排除了一些重大风险的存在。这一信号对于市场的关键在于国有基金在获取企业各项信息的时候较为容易也更加全面,国有基金能够作出投资行为,必然是排除了重大的运营风险和财务风险。国有基金有着对于资本的保值增值要求,在进行投资时必须有足够的依据和审慎的制度。市场方面对这一投资行为的解读会提高企业在资本市场的受欢迎程度,这相当于商品通过合格检验。第二个信号是国有基金对企业进行投资,意味着国有资本对该行业未来的发展有较高的预期或者说政府试图对该行业进行资源倾向,促进行业发展,未来出台各种有利政策的可能性也较大。

国有基金的投资对一个企业而言,除了明显的合格检验效应以及背书效应外,还能够带来直接的政策与税收优势。拥有国有基金投资的企业在享受国家对行业或创新的资源倾斜政策时,相较于一般企业而言能够抢占先机。同时借助国有资本的入驻,企业在获取相关政策动态时,也有着不同于一般企业的优势,在进行创新方向的选择和重大经营决策的时候,具备明显的优势。除了对政策能够更加敏感地捕获和第一时间享受政策优惠获得政府补贴外,企业可能由于国有资本入驻后,在税收方面有着很大的优惠,当然这也与政策优惠相关。国有基金投资对企业而言相当于多了一条与政府直接沟通的渠道,这能够减少企业运营过程中不必要的损失。

此外,国有基金投资企业也会对企业的经营管理有协助和监督的作用。国有基金拥有着丰富的投资经验和对整个行业更加透彻的理解和把握,这是远超过一家企业的积累的。在这种积累下,国有基金投资带给企业的不仅仅是资金和各种优惠,还有着对企业经营与创新方向上的指导。只有确定好创新的方向,创新的投入才能够有更高的产出。同时国有基金的投资也意味着国有资本会对企业的经营等进行监督,这也是国有基金肩负的对国有资本保值增值的责任。

由此,可以总结国有基金投资为企业带来主要有五点影响:第一是直接的资金补充,这是大部分投资都能够做到的;第二是排除了企业存在重大风险的可能,增加了企业在融资市场的优势,这种效应也是由于国有基金拥有更多的信息渠道和专业的审查团队;第三是为企业带来政策与资源上的倾斜,企业能够第一时间享受到政府的优惠政策,获得政府补贴以及税收减免,这同样是对企业资金的补充;第四是对企业经营与创新方向上的指导作用,国有基金拥有更加丰富的行业投资经验,有着来自各个渠道获得的资源信息,因此能够对投资的企业的发展方向作出有效的指导;第五是对企业的监督作用,国有基金肩负着国有资本保值增值的重担,这份责任使得国有基金对投资的企业进行一个监督作用,在这种监督下,企业的经营会更加合法合规,为企业的持续经营保驾护航。

5.4.2　国有基金的影响如何作用企业创新

在研究了国有基金对企业的影响之后,需要进一步探究这些影响如何传导向企业创新。上节总结了国有基金对企业有五点主要影响,接下来本书从这五个方面入手,分析企业创新所受到的影响。

资金补充为企业创新提供直接的投入来源。国有基金为企业带来直接的资金补充,这些资金能够缓解企业资金链的紧张。对于企业而言,创新意味着确定的投入和不确定的收益,在资金链紧张的时候,企业对于创新的投入自然也会减少。当外部投资进入后,企业的资金链紧张问题得到缓解,企业也会适当增大创新投入。

融资约束降低,企业获取资金的成本降低,对创新活动的投入与决策更加积极。国有基金对企业的投资一定程度上是为企业做背书,能被投资的企业至少不会出现重大运营与财务风险等,能够获得更多的融资和更低的融资成本。企业能够获得资金,在面对一些需要长期持续投入的创新时就能够采取更加积极的决策。对企业而言,在确保企业正常经营发展的情况下,通过较低成本的融资来发展创新是有利于企业价值的长期增长的。

政府补贴提高,税收减免,企业创新的积极性提高,对创新投入增加。企业由于国有基金投资的原因能够享受到政府补贴以及税收方面的优惠,这些补贴往往与创新投入相挂钩,即更多的企业创新投入才能获得更多的政府补贴和税收减免。这等于变相降低了企业创新的成本,在成本降低的情况下,企业有更强的意愿进行创新活动。

创新方向指导,降低创新的投入产出比。国有基金有对行业的发展更加准确的研判,在对企业投资之后,可以为创新提供方向上的建议。企业对于创新态度不明确的一个重要因素就是创新的投入产出比无法确定,过高的投入产出比对于企业的资金和发展都有很大的压力。在得到更加精准的创新方向指导后,企业的创新投入产出比能够降低,创新的效率得到提高,企业创新的投入与产出也会相应提高。

国有基金投资监督企业运营,企业的会计稳健性得到提高。会计稳健性是企业会计实务中保持的谨慎性态度,会计稳健性能够缓解信息不对称引起的代理问题,同时会计稳健性能够为外部投资者传递更多讯息,有效帮助投资者判断投资风险,从而能够降低企业融资成本。而国有基金投资会使得企业受到一定的监管作用,这种监管能够使得企业的会计稳健性得到一定的提高,从而对融资成本产生影响,进而影响企业的创新投入。

5.4.3　国有基金支持企业创新的流程架构

在了解了国有基金支持企业创新的具体措施,对理论机制分析之后,将国有基金投资对企业创新的影响流程图绘制如下。国有基金投资对企业创新的机制主要可以归结为四个效应,即背书效应、监督效应、政策效应、指导效应。其中背书效应能够降低企业融资成本,监督效应能够提高企业的会计稳健性,这二者都能降低企业的融资约束。政策效应能够使企业获得更多的政策补贴和税收优惠,指导效应能够提高创新的投入产出比,这二者能够降低企业的创新成本。最终,国有基金投资通过降低企业的融资约束和创新成本来促进企业创新。

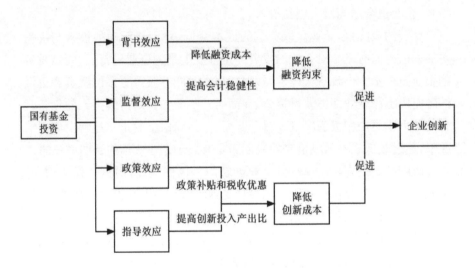

图 5-1　国有基金支持企业创新流程图

第 6 章　国有基金支持企业创新的效率测度

前文从理论上阐述了国有基金对企业创新支持作用的原理、机制与路径。本书后续章节将从定量视角,实证国有基金对企业创新的支持作用。本书对 31 个省级行政区域内的 200 多家国有基金投资公司和这些基金的 200 个法律及税务专家所进行的调查进行了一个深度分析,这项讨论将直接出现在以下各小节中,或者作为本书其他章节的参考资料。这些调研数据和国有投资公司占股上市公司数据,形成了定性分析的基础。定性的描述和分析已经在第 2 章展现。本章聚焦于定量分析,为了保证定量分析的有效性和模型研究的完整性,在数理建模时没有采用调研数据,只是对上市公司的公开数据进行分析。国有基金投资对企业创新意义的主要研究结果提供了更加深入的视野,这对于国有基金投资企业努力进行专业化运作,以及为投资者创造出他们所期望的回报,最终发展成为一个成熟的产业是相当有价值的。

6.1　企业创新的相关变量

前文在研究国有基金支持企业创新的理论机制时,已经就国有基金的行业发展与企业创新的实际状况对整体的影响机制进行了明晰并绘制流程图。第 5 章的理论机制分析得到了四个变量对企业创新会有较大的影响,分别是融资成本、会计稳健性、政府补助与创新投入产出比这四个因素。而这些因素是由国有基金投资的特点所导致的,在这里不对效应作用进行赘述。

在确定四个解释因素之后,考虑到融资约束与会计稳健性有一定的相关性和相互作用,而政府补助和税收优惠以及创新投入产出比对创新的作用机制类似,因此本书分两条途径对这些变量的因素进行探究。即先探究企业创新的融资约束与会计稳健性的关系,之后再探究企业创新与政府补贴和税收优惠的关系。需要提出的是,由于对于上市公司的创新投入产出比的数据收集难以达到实验要求,因此在这里并未对该因素对企业创新的影响进行效率测度,在今后的研究中,将对这一效应进行补充研究。

6.2 企业创新的融资约束与会计稳健性

这一节重点关注企业创新的融资约束与会计稳健性这两个因素。面对波动多变的竞争环境和复杂的形势,提升企业创新价值是企业持续经营、长期发展的取胜之道,也是国有投资基金的担当。而在现实世界中,多数企业深受融资约束而限制了创新。国有投资基金通过缓解企业融资约束和增强科技稳健性来提高被投企业的创新价值。Stiglitz & Weiss(1981)认为投资者对于信息的获取具有不准确性,他们很难了解到企业创新经营的准确信息,这是由于信息不对称的客观性所决定的,为补偿风险溢价,投资者需要付出更多的资本收益率,这种现象导致了企业外部资金成本上升的结果。Bernanke & Gertler(1989)认为除了上述情况之外,委托代理是影响因素之一,不断拉大企业内部、外部融资成本的差距。这些因素都极大影响了企业的持续发展与企业创新价值的提升。众多学者的研究结果也都验证了这一点,郭桂花(2014)、徐茜(2014)研究发现企业创新价值与融资约束之间呈明显的负相关,可以说,融资约束明显束缚了企业的创新发展。

Bliss(1924)首次给出会计稳健性的相关定义,之后会计稳健性作为企业会计处理的重要原则,也成为衡量企业会计信息质量的一项非常关键的指标,一直以来都饱受关注。梳理过往研究,众多国内外学者也从实证实验进行了分析,从多个维度验证了会计稳健性和企业创新价值之间的关系。王桂花(2015)、李争光(2015)以我国国有基金投资的上市公司作为研究样本,经过实证数据检验发现,国有基金投资的上市公司具有更强的会计稳定性,会计稳健性具有正向作用,某种程度上对于提高企业投资的准确性、规避错误投资、提高企业创新力等情况发生具有积极影响。张淑英(2014)通过研究2009—2011年3年之中我国3 582家公司的财务数据,发现会计稳健性提升企业创新价值最直接有效的方式是降低企业信息不对称水平,并非通过降低企业融资成本。以上文献从不同角度检验了会计稳健性对企业创新价值的影响,但鲜有文献从融资约束的角度进行检验。根据MM理论,会计稳健性能够在很大程度上缓解企业融资约束。但是在MM定理假设的前提,市场信息是公开透明的,而现实世界中的市场明显违背了这个假定。因此,在现实世界中,检验会计稳健性对于融资约束的影响作用能否传导，进而减少其所带来的副作用，不仅是学术理论的一种拓展，也能为企业提升自身价值提供参考。

故本章节从我国国有投资基金对被投企业创新价值的实际发展情况出发，通过研究5年间（2014—2018年）A股国有投资基金投资企业的财务数据，建立了融资约束、会计稳健性、企业创新价值之间的相关模型，并对其三者间的作用机制加以实证检验，从而为学术理论与企业认知提供启发。

6.3　研究假设

6.3.1　融资约束对企业创新价值的影响机制

内部资源与外部环境间的相互作用决定着一个企业的发展，充分利用好两者间的关系才能营造出一个健康的企业环境。Modigliani & Miller（1958）认为不存在没有融资约束的企业，而在现实世界中，融资约束深刻影响着企业创新价值。

融资约束对企业创新价值的影响过程如图6-1所示。在现实世界中，由于逆向选择和道德风险，一方面，投资者由于很难获取准确的相关信息而不能确定投资的风险。从而会为了保护自身的利益而放弃投资，这样就出现了不能充分利用外部资源的现象，进而对企业持续发展与企业创新价值的提升产生了阻碍作用。另一方面，由于股东作为信息劣势方，所以当股东的利益受到损害时，无法对管理者进行有效监督，导致代理成本的提高，这样不仅影响内部资源的利用，也会对企业发展与企业创新价值提升产生不利影响。

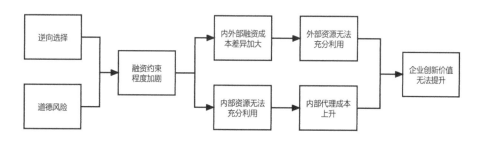

图6-1　融资约束对企业创新价值的影响机制

基于上述分析，提出研究假设1。

H1：融资约束对企业创新价值存在负效应，融资约束越明显，企业创新价值越低。

6.3.2 会计稳健性对企业创新价值的影响机制

按照信号传递理论的相关论断，由于资本市场具有不完全性，因此企业会通过向外界传递信号来影响股价的波动。这些信号包括披露股利政策、资本结构等内部信息。企业的健康发展依靠财务数据的真实性、可靠性，进而实现其创新最大化，长期运营。一般高质量的企业会积极客观披露"坏消息"来突出自己的优势，吸引更多的潜在投资者，产生正向的市场反应。企业内部与外部均受到会计信息的影响，信息稳健性对其有着重要意义。

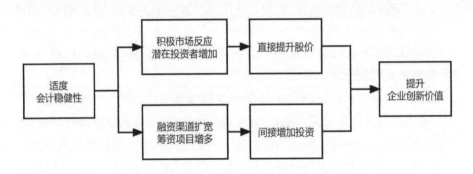

图 6-2　会计稳健性对企业创新价值的影响机制

在企业内部，管理者对企业内部、外部会计信息的公布是其绩效评估的基础，稳健可靠的会计信息可以防止管理者虚增利润、增加信息透明度、减少信息不对称等情况，从而使代理成本降低，提高企业创新价值。

在企业外部，会计信息越稳健代表这个企业生产经营情况越好，良好的经营情况使外界接收到的是"好消息"。若一个企业可以不夸大盈利的"好消息"，还能够客观地公开亏损的"坏消息"，则表明其会计稳健性高，信息也就更加可靠，从而得到更多外部投资者的信任。企业创新价值随着潜在投资者的增长而增长。同时，企业的融资渠道随着投资者不断的注资而扩大，其自身价值也随之提高。

基于以上分析，提出研究假设 2。

H2：会计稳健性会对企业创新价值存在正向作用，稳健性原则越高，企业创新价值越高。

6.3.3 会计稳健性对融资约束的影响机制

前文探讨了股东、管理者以及债权人之间的利益矛盾,这也是公司治理过程中代理问题的核心。由于完全有效的经济市场是理想化的,现实中并不存在,因此,进行经济交易的双方必然获取的信息具有不对称性,这样致使处在信息劣势的一方很难准确地了解判断公司的实力,进而引发逆向选择、道德风险等问题。会计稳健性是作为财务核算的重要标准,详细的财务流程、准确的财务信息是判定财务主体的可信度高、不对称程度低的标准。Watts(2003)研究发现,在符合法律监管要求的情况下,会计稳健性能够有效减少契约主体的代理冲突。如图 6 - 3 所示,会计稳健性通过向外释放、传导信号,来改善股东、管理者以及债权人之间信息不对称缓解代理冲突,从而降低融资约束。

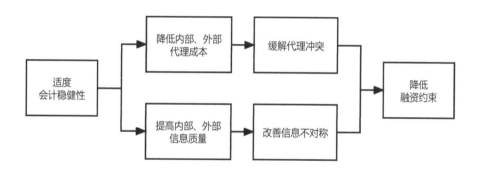

图 6 - 3　会计稳健性对融资约束的影响机制

基于以上分析,提出研究假设 3。

H3:使用会计稳健性原则的企业所受融资约束的限制更低。

6.3.4　融资约束、会计稳健性与企业创新价值

稳健性原则间接影响着融资约束,稳健的会计信息通过释放积极信号缓解代理冲突,增强企业融资能力、拓宽融资渠道、间接影响企业融资、提升企业价值。

按照会计稳健性的原则,相对于好消息来说,坏消息的确认往往要更加及时。企业应及时、客观地计量损失,从而使投资者可以更加准确地做出投资决策。会计稳健性不仅可以改善信息不对称程度、避免委托代理产生的冲突,使企业可以发现潜在的投资项目,抓住投资机会,进而降低融资

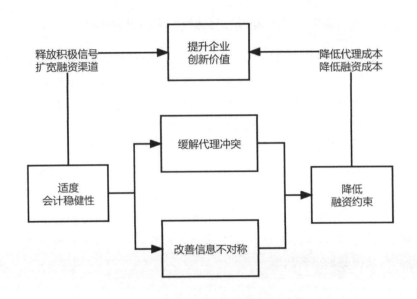

图6-4 会计稳健性、融资约束与企业创新价值影响作用图

约束,提升企业价值,还可以很好地提升投资者能够承担风险的能力,投资者在了解企业真实经营情况下,可以较好地预估承担风险的能力,承担更高的风险,进而当企业投资高风险高收益项目时,可以提供更多的资金方面的支持,缓解企业融资约束,提升企业创新价值。

基于上述分析,提出研究假设4。

H4:会计稳健性能够降低融资约束对企业创新价值的负效应,会计稳健性越明显,融资约束对企业创新价值的限制作用越低,企业创新价值越高。

6.4 研究设计

6.4.1 样本选择和数据来源

本书以2014—2018年沪深A股上市公司中的国有上市公司和得到国有投资基金投资的上市公司数据为样本,并在实证研究过程中剔除了ST、*ST以及数据异常或是缺失的企业,最终得到9 760个观测值。文中所用到的公司数据均来自国泰安数据库。

6.4.2 变量定义

本书涉及的关键变量有三：融资约束，会计稳健性以及企业创新价值。对于融资约束，选取 SA 指数作为衡量企业融资约束水平的替代变量，并做了如下定义：

$$SA = -0.737 \times SIZE + 0.043 \times SIZE^2 - 0.040 \times AGE \quad （6-1）$$

$SA = -0.737 \times SIZE + 0.043 \times SIZE^2 - 0.040 \times AGE$ 其中，$SIZE$ 为企业的资产规模；AGE 为企业年限。SA 指数越高，则企业融资约束程度越低。

对于会计稳健性，选取 K-W 模型中的 CS 作为衡量企业会计稳健性水平的替代变量，CS 的具体定义如下所示。

首先，以 Basu 模型作为构建 K-W 模型的基础：

$$\frac{EPS_{i,t}}{P_{i,t-1}} = \beta_0 + \beta_1 D_{i,t} + \beta_2 R_{i,t} + \beta_3 (D_{i,t} \times R_{i,t}) + \varepsilon_{i,t} \quad （6-2）$$

模型中涉及的各变量如表 6-1 所示。

表 6-1 Basu 模型变量信息表

变量符号	变量名称	变量含义
SA	融资约束	通过公式计算得
$SIZE$	资产规模	企业总资产取自然对数
AGE	企业年限	观测年度—注册年度+1

其次，引入企业规模 $SIZE$、企业账面价值 MTB、资产负债率 LEV 三个变量表示 Basu 模型的系数：

$$GS = \beta_2 = \mu_0 + \mu_1 SIZE + \mu_2 MTB + \mu_3 LEV \quad （6-3）$$

$$CS = \beta_3 = \lambda_0 + \lambda_1 SIZE + \lambda_2 MTB + \lambda_3 LEV \quad （6-4）$$

再次，将式(6-3)、式(6-4)代入式(6-2)中，整理得：

$$\frac{EPS_{i,t}}{P_{i,t-1}} = \beta_0 + \beta_1 D_{i,t} + (\mu_0 + \mu_1 SIZE_{i,t} + \mu_2 MTB_{i,t} + \mu_3 LEV_{i,t}) \times$$
$$R_{i,t} + (\lambda_0 + \lambda_1 SIZE_{i,t} + \lambda_2 MTB_{i,t} + \lambda_3 LEV_{i,t}) \times (D_{i,t} \times R_{i,t}) + \varepsilon_{i,t}$$
$$（6-5）$$

最后，将样本数据代入式(6-5)中进行回归，得出系数 λ_0、λ_1、λ_2、λ_3，将系数代入式(6-4)，计算得出 CS。

对于企业创新价值，以选取 Tobin Q 值作为度量企业创新价值高低的替代变量，并将该值记为 CV。

6.4.3 模型设定

为了验证前文提出的四个假设，本书分别构建了如下的四个模型：

模型一：

$$CV = \alpha_0 + \alpha_1 SA + \alpha_2 AGE + \alpha_3 ROA + \alpha_4 LEV + \alpha_5 NCF + \sum YEAR + \varepsilon$$

$$(6-6)$$

模型一用于阐释融资约束对企业创新价值的影响，其中，CV 表示企业创新价值，SA 表示融资约束，若研究假设一成立，则 SA 系数 α_1 远小于零，也表明融资约束对企业创新价值有负效应，融资约束越明显，企业创新价值越低。

表 6-2　模型一变量表

变量类型	变量符号	变量名称	变量含义
因变量	CV	企业创新价值	Tobin Q 的值
自变量	SA	融资约束	通过公式（1）计算得
控制变量	AGE	企业年限	观测年度－注册年度＋1
	ROA	资产报酬率	净利润/资产总额
	LEV	资产负债率	总负债/总资产
	NCF	现金流	经营现金流量/期初总资产
虚拟变量	$YEAR$	年度	观测年度

模型二：

$$CV = \gamma_0 + \gamma_1 CS + \gamma_2 AGE + \gamma_3 ROA + \gamma_4 LEV + \gamma_5 NCF + \sum YEAR + \varepsilon$$

$$(6-7)$$

模型二用于分析会计稳健性与企业创新价值，其中，CV 表示企业创新价值，CS 表示会计稳健性，若假设二成立，则模型二中 CS 系数 γ_1 显著大于零，也表明会计稳健性会促进企业创新价值，两者之间存在正相关，也就是说随着会计稳健性的提升，企业创新价值也随之提升。

表 6-3 模型二变量表

变量类型	变量符号	变量名称	变量含义
因变量	CV	企业创新价值	Tobin Q 的值
自变量	CS	会计稳健性	通过公式计算得
控制变量	AGE	企业年限	观测年度—注册年度+1
	ROA	资产报酬率	净利润/资产总额
	LEV	资产负债率	总负债/总资产
	NCF	现金流	经营现金流量/期初总资产
虚拟变量	YEAR	年度	观测年度

模型三：

$$SA = \lambda_0 + \lambda_1 CS + \lambda_2 AGE + \lambda_3 ROA + \lambda_4 LEV + \lambda_5 NCF + \sum YEAR + \varepsilon$$

$$(6-8)$$

模型三用于分析会计稳健性与融资约束，其中，CS 表示会计稳健性，SA 表示融资约束，若假设三成立，则模型三中 CS 系数 λ_1 显著小于零，也表明会计稳健性和融资约束两者之间存在负相关，也就是说随着会计稳健性的提升，企业融资约束程度会降低。

表 6-4 模型三变量表

变量类型	变量符号	变量名称	变量含义
因变量	SA	融资约束	通过公式计算得
自变量	CS	会计稳健性	通过公式计算得
控制变量	AGE	企业年限	观测年度—注册年度+1
	ROA	资产报酬率	净利润/资产总额
	LEV	资产负债率	总负债/总资产
	NCF	现金流	经营现金流量/期初总资产
虚拟变量	YEAR	年度	观测年度

模型四：

$$CV = \mu_0 + \mu_1 SA + \mu_2 CS + \mu_3 (SA \times CS) + \mu_4 AGE + \mu_5 ROA$$
$$+ \mu_6 LEV + \mu_7 NCF + \sum YEAR + \varepsilon \qquad (6-9)$$

模型四用于阐释会计稳健性对企业创新价值的影响。其中,CV 表示企业创新价值,SA 表示融资约束,CS 表示会计稳健性,$SA \times CS$ 为交叉项,若假设四成立,则模型四中 $SA \times CS$ 系数 μ_3 显著大于零,也就是说,按照会计稳健性原则,如果企业受到的融资约束限制越低,则融资约束对企业创新价值的限制作用也就会越低,企业创新价值也就越高。

表 6-5　模型四变量表

变量类型	变量符号	变量名称	变量含义
因变量	CV	企业创新价值	Tobin Q 的值
自变量	SA	融资约束	通过公式计算得
	CS	会计稳健性	通过公式计算得
	$SA * CS$	两因素交叉项	融资约束 * 会计稳健性
控制变量	AGE	企业年限	观测年度—注册年度+1
	ROA	资产报酬率	净利润/资产总额
	LEV	资产负债率	总负债/总资产
	NCF	现金流	经营现金流量/期初总资产
虚拟变量	$YEAR$	年度	观测年度

6.5　效率测度实证

6.5.1　实证结果分析

6.5.1.1　融资约束与企业创新价值

在对各模型回归之前,使用 Pearson 相关性检验来检验各变量之间的关系,避免模型产生多重共线问题。

表 6-6　模型一各变量 Pearson 相关系数矩阵表

		CV	SA	AGE	ROA	LEV	NCF	
CV	Person 相关性	1						
	Sig(双侧)							
	N	9760						

	CV	SA	AGE	ROA	LEV	NCF	
SA	Person 相关性	−0.488＊＊	1				
	Sig（双侧）	0					
	N	9760	9760				
AGE	Person 相关性	−0.065＊＊	0.035＊＊	1			
	Sig（双侧）	0	0.001				
	N	9760	9760	9760			
ROA	Person 相关性	0.073＊＊	0.047＊＊	−0.039＊＊	1		
	Sig（双侧）	0	0	0			
	N	9760	9760	9760	9760		
LEV	Person 相关性	−0.224＊＊	0.389＊＊	0.117＊	−0.261＊＊	1	
	Sig（双侧）	0	0	0	0		
	N	9760	9760	9760	9760	9760	
NCF	Person 相关性	0.057＊＊	0.025＊	−0.005	0.077＊＊	−0.043＊＊	1
	Sig（双侧）	0	0.014	0.608	0	0	
	N	9760	9760	9760	9760	9760	9760

注：表 6-6 中＊＊ 为两变量在 0.01 水平上相关性显著；＊ 为两变量在 0.05 水平上相关性显著。

　　表 6-6 列式了模型一中各变量间的关系，经过对因变量、自变量、控制变量之间的 Pearson 系数等进行分析可知，不同的研究变量没有严重共线问题。其次，不同的控制变量与因变量 CV 都存在显著相关，也证明了在建模过程中选择的控制变量较好，能够把相关的变量用作融资约束与企业创新价值之间的相关关系进一步分析。最后，分析自变量与因变量之间的系数，能够得到融资约束与企业创新价值之间显著负相关的结论。通过表 6-6 的相关数据分析，可知 CV 与 SA 的 Pearson 系数为−0.448，并且 CV 与 SA 在 0.01 水平（双侧）上相关性显著，也证明了企业创新价值和融资约束之间的关系，最后通过回归分析，阐明了两者之间的影响作用（其余三模型的 Pearson 相关性检验过程与此类似，由于篇幅限制，不再列式）。

表 6 - 7　模型一回归分析结果表

	系数	*T* 值	*P* 值
（常量）	5.839	37.585	0
SA	−0.914	−46.257	0
AGE	−0.02	−3.583	0
ROA	6.104	10.868	0
LEV	−0.439	−2.645	0.004
NCF	0.113	2.247	0.002
YEAR	控制		
模型参数	R^2	0.509	
	AdjR^2	0.528	
	F 值	378.833	
	P 值	0	

表 6 - 7 列式了模型一的回归结果。通过表格中的数据计算可以得到模型一的 *F* 值为 378.833,对应的 *P* 值为 0.000,证明模型一能够通过 *F* 检验;此外,模型一中 R^2 为 0.509、调整后 R^2 为 0.528,远远大于 0.3,可见模型一拟合程度较好。

进一步对模型一中 SA 的系数进行分析,能够得到融资约束对企业创新价值存在负效应的结论。由表 6 - 7 可知 α_1 为 −0.914,对应 *P* 值为 0.000。即系数 α_1 显著小于 0,假设一成立。在这些条件之下,确定企业盈利能力、偿债能力等影响因素之后,融资约束对企业创新价值存在负效应,融资约束越明显,企业创新价值越低。国有投资基金对被投企业的融资约束力的缓解,不仅是直接的投资,更是对企业增信,使企业获得更多的外部融资。

6.5.1.2　会计稳健性与企业创新价值

表 6 - 8 列式了模型二的回归结果。从表中可知模型二的 *F* 值为 209.062,对应 *P* 值为 0.000,模型二也通过了 *F* 检验;另外模型二的 R^2 为 0.402、调整后的 R^2 为 0.401,大于 0.3,说明模型二的拟合程度比较好。

表 6-8　模型二回归分析结果表

	系数	T 值	P 值
（常量）	2.655	18.453	0
CS	18.61	26.045	0
AGE	-0.002	-3.102	0
ROA	4.362	6.763	0
LEV	-5.286	-28.065	0
NCF	0.048	2.693	0
YEAR	控制		
模型参数	R^2	0.402	
	$\mathrm{Adj}R^2$	0.401	
	F 值	209.062	
	P 值	0	

进而分析模型二中 CS 的系数可知，会计稳健性对企业创新价值存在正效应。由表 6-8 可知 CS 的系数 γ_1 为 18.610，对应的 P 值为 0.000。即系数 γ_1 显著大于 0，研究假设二成立。在这些条件之下，确定企业盈利能力、偿债能力等影响因素之后，会计稳健性对企业创新价值存在正效应，随着会计稳健性提升，企业创新价值也会提高。

6.5.1.3　会计稳健性与融资约束

表 6-9 列式了模型三的回归结果。从表中数据可知模型三 F 值为 759.285，对应 P 值为 0.000，证明模型三通过 F 检验；另外模型三的 R^2 为 0.538、调整后的 R^2 为 0.537，远远大于 0.3，证明模型三的拟合程度比较好。

表 6-9　模型三回归分析结果表

	系数	T 值	P 值
（常量）	4.266	59.509	0
CS	-21.918	-87.495	0
AGE	-0.02	-9.856	0
ROA	1.765	10.009	0
LEV	5.285	79.113	0
NCF	0.07	3.711	0

（续表）

	系数	T 值	P 值
YEAR	控制		
模型参数	R^2	0.538	
	$AdjR^2$	0.537	
	F 值	759.285	
	P 值	0	

进一步对模型四中 CS 的系数进行分析,能够得到会计稳健性和融资约束之间存在负效应。由表 6-9 可知 CS 的系数 λ_1 为 -21.918,对应的 P 值为 0.000。即系数 λ_1 显著小于 0,研究假设三成立。在这些条件之下,确定企业盈利能力、偿债能力等影响因素之后,会计稳健性对融资约束存在负效应,随着会计稳健性提升,企业融资约束程度会降低。

6.5.1.4　融资约束、会计稳健性与企业创新价值

表 6-10 列式了模型四的回归结果。由表可知模型三 F 值为 375.622,对应 P 值为 0.000,证明模型四通过 F 检验;另外模型四 R^2 为 0.545、调整后的 R^2 为 0.544,大于 0.3,证明模型四拟合程度较好。

表 6-10　模型四回归分析结果表

	系数	T 值	P 值
（常量）	7.174	37.277	0
SA	-0.756	-31.063	0
CS	12.628	11.536	0
SA * CS	0.579	3.786	0
AGE	-0.03	-6.672	0
ROA	6.003	13.062	0
LEV	0.432	2.386	0.017
NCF	0.122	2.498	0.012
YEAR	控制		
模型参数	R^2	0.545	
	$AdjR^2$	0.544	
	F 值	375.622	
	P 值	0	

进而分析模型四中 CS、SA、SA＊CS 的系数,能够得到会计稳健性和融资约束对企业创新价值之间存在负相关的结论。由表 6－10 可知 SA 的系数 μ_1 为－0.756,小于 0;CS 的系数 μ_2 为 12.628,大于 0;SA＊CS 的系数 μ_3 为 0.579,大于 0,三者的相应 P 值均为 0.000。将 CS、SA 的系数与模型一、模型二中的 CS、SA 系数做比较,可见 CS、SA 系数均显著下降,说明研究假设四成立,将企业盈利能力、偿债能力等影响因素控制之后,会计稳健性可以降低融资约束对企业创新价值的负效应,会计稳健性越明显,融资约束对企业创新价值的限制作用越低,企业创新价值越高。

6.5.2 稳健性检验

为进一步验证结论的准确性.先使用盈余波动模型计算得出会计稳健性 RCS,替代 *KW* 模型计算得出的 CS,再将样本数据重新代入模型五中,得到结果与之前相差很小。

从模型构建的合理性进行分析,对于回归模型中不同变量的 VIF 值进行分析,能够发现其 VIF 值都很小。由表 6－11 中的数据可以发现,VIF 最高值是 1.740,明显小于 10,证明不同的变量之间没有严重共线问题,证明模型构建合理。再从模型构建的准确性进行分析。对回归模型的模型参数进行细致分析,能够发现模型可以精确地反映融资约束与会计稳健性对企业创新价值的作用关系。根据表 6－11 的数据,可以发现模型四 R^2 为 0.553、调整后 R^2 为 0.552,远远大于 0.3,说明模型具有较好的拟合程度。模型 F 值为 385.263,对应 P 值为 0.000,证明模型能够通过 F 检验。通过分析 CS、SA、SA＊CS 的系数可知,会计稳健性可以降低融资约束对企业创新价值的负效应。由表 6－11 可知 SA 的系数为－0.763、CS 的系数为 12.696、SA＊CS 的系数为 0.583,三者的相应 P 值均为 0.000。稳健性模型与模型四的结果接近,证明模型可以通过稳健性检验。

表 6－11 稳健性检验结果表

	系数	T 值	P 值
（常量）	7.261	34.815	0
SA	－0.763	－32.184	0
CS	12.696	11.569	0
SA＊CS	0.583	3.892	0

（续表）

	系数	T 值	P 值
AGE	−0.041	−6.824	0
ROA	6.015	15.281	0
LEV	0.422	2.397	0.015
NCF	0.162	2.501	0.011
YEAR	控制		
模型参数	R^2	0.553	
	AdjR^2	0.552	
	F 值	385.263	
	P 值	0	

6.6 企业创新与政府补贴和税收优惠——基于 SFA 模型的效率测度

前文研究了企业创新与融资约束和会计稳健性这三者的关系，在这一章节，将继续探究企业创新与政府补贴和税收优惠之间的关系。在第三章和第五章中介绍了很多国有基金支持企业创新的政策，从中能够看出国有基金对企业创新的促进作用包括政府补贴和税收优惠的影响。在第五章的理论机制分析之中，对政府补贴和税收优惠对企业创新的影响进行了简单的机制介绍，在这里将详细介绍政府补贴和税收优惠对企业创新的作用机制，并提出相关的研究假设。

在本节的研究中，将使用 SFA（随机前沿分析）对这三者的关系进行效率测度，从而对其关系有更加深入的理解，本节也会对 SFA 模型的相关知识进行补充。

6.6.1 研究假设

6.6.1.1 政府补贴对企业创新的影响机制

在企业的生产经营中，除了主营业务为企业带来收入和发展资金外，政府补贴也是一个重要的收入来源。对于政府补贴对企业创新的作用，主要从政府补贴带来的收入效应和引导效应去理解。

政府补贴给企业带来最直接的就是资金上的补充和政策上的引导效

应。企业获得政府补贴的条件是满足某些政策,包括新能源汽车的补贴、风电企业的补贴、环保企业的补贴等。这些补贴对企业的作用机制如图6-5所示。

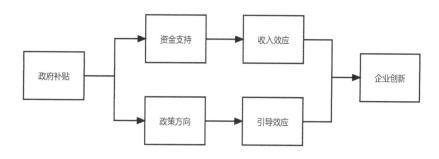

图6-5 政府补贴促进企业创新流程图

由此可见,政府补贴能给企业带来直接的资金支持,这部分资金可以有效地提高企业的营业外收入,是企业净利润的重要组成部分。在市场中存在很多新能源等领域的政府补贴重点企业,观察其年报,可以发现政府补贴项经常是决定其净利润为正还是为负的关键。再结合我国证券市场对于企业净利润管理的规定,企业若连续出现年度净利润为负的情况,则会被打上ST的标签,并且股票的涨跌幅会受到限制,这使得企业更加难以获得融资,想要发展公司扭转亏损也更加困难。由此可见企业若是能够获得政府补贴,对企业的利润进行一个补充,那企业也就会有更多的资金去用于企业创新,而不至于担心创新投入在被费用化的时候对净利润的侵蚀作用。

政府补贴除了收入效应外,还有明显的引导效应。政府补贴的发放是严格依据政策执行的,企业只有进行某些领域的经营或创新类型的投入发展才能够获得这部分补贴。从企业经营的角度来看,当政府补贴力度很大,能够对企业的收入产生较大增幅时候,企业有更大的动力去获得更多的政府补贴。由此政府补贴的引导效应也得到体现。在一些创新引导的政府政策和政府补贴的作用小,企业对创新的投入也能够得到提高。

在收入效应和引导效应的双重作用下,可以推断政府补贴能够对企业创新投入有一个较为显著的促进作用。在此,本书作出关于政府补贴促进企业创新的影响机制假设。

假设一:政府补贴通过引导效应和收入效应促进企业创新。

6.6.1.2 税收优惠对企业创新的影响机制

除政府补贴外,国家对企业创新引导支持的重要途径是税收政策优惠。在企业的生产经营中,合法合规纳税是企业持续稳定经营的重要支持。企业在生产经营中也会面临很多税收科目,对企业而言,税收也是企业资金支出的重要部分。在必须合法合规纳税的强制条件和税收对企业资金有一定压力的客观情况之下,税收优惠对于企业的促进作用就会显得更加明显。

企业经营中很多成本都较为固定很难缩减,例如企业所得税、增值税之类的科目。而税收优惠政策为相关企业在成本的缩减上提供了极大的帮助。以2020年的《新时期促进集成电路产业和软件产业高质量发展的若干政策》为例,政策中对于集成电路产业的税收减免对在该行业的企业是极大的促进作用。长期的低税甚至是免税能够为企业积累下很大一部分的资金,无论是支撑企业度过成长期和发展期,还是投入资金进行相关的创新,都有十分显著的作用。

由此税收优惠对企业创新的作用机制与政府补贴有一定的相似之处,这里将其作用机制绘制如图6-6所示。

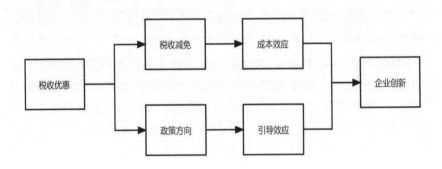

图6-6　税收优惠促进企业创新流程图

在探究政府补贴对企业创新作用的理论机制时,就引入了收入效应和引导效应。而税收优惠对企业的作用也是依据相关的政策,因此税收优惠对企业创新同样具有引导效应。税收优惠对创新影响较为显著也最常见的是对企业研究开发费用的加计扣除,这就能够促进企业进行相关的创新投入。与此同时,企业进行相关活动时,在纳税时就已经获得税收的优惠,考虑到这一点,本书认为税收优惠对企业的第二重作用主要表现为成本效应,即企业对创新的投入的成本降低,所以企业有更大的动力进行创新投入。

在税收优惠的引导效应和成本效应的作用下,企业在进行生产经营决策的时候有更大的可能选择进行创新活动,一方面是税收政策的引导,进行创新的投入会给企业带来所得税的优惠,另一方面是企业进行创新活动会获得一定的税收减免,这极大地缩减了企业的经营成本。值得提出的是这部分经营成本是无法通过高效的管理实现缩减的,由此其对成本降低的效应会更加显著。在此,对税收优惠对企业创新的影响提出假设。

假设二:税收优惠通过引导效应和成本效应促进企业创新。

6.6.1.3 政府补贴与税收优惠对企业创新的影响比较

在前面提出的两个假设中,主要探究了政府补贴和税收优惠对企业创新的促进作用。在探究其作用机制时发现,政府补贴主要是通过引导效应和收入效应,税收优惠主要是引导效应和成本效应。因此,将二者对企业创新的影响进行比较,如表6-12所示。

表6-12 政府补贴与税收优惠对比表

影响因素	相同点	不同点	最终作用
政府补贴	引导效应	收入效应	促进企业创新
税收优惠		成本效应	

二者既有相同的引导效应,又有着不同的收入效应与成本效应。那么它们对企业创新的促进作用哪个效果更强是值得探究的问题。若能够对该问题有较为明晰的结论,那政府在进行相关创新支持的时候,就能够将更多的政府资金用于政府补贴或税收优惠,也就能够更大程度地促进企业创新。这将为政府制定相关的政策提供一定的参考性建议。

因此,提出一组对立假设:

假设三:A.政府补贴对企业创新的促进作用大于税收优惠(原假设)。

B.税收优惠对企业创新的促进作用大于政府补贴(备择假设)。

6.6.2 研究设计

6.6.2.1 样本的选择与数据来源

本节为探究政府补贴和税收优惠支持企业创新的实际影响作用,选取了2014年到2020年共7年的中国上市公司的年报数据进行研究,数据来源于CSMAR。在此对数据的选择和处理进行详细的介绍。

选择了2014年到2020年的上市公司共4 829家,其中剔除ST企业以及依据证监会2012版行业分类中的金融业。在4 829家企业中,有很多企业在这7年中上市,考虑到样本时间过短,因此只选择2014年到2020

年这 7 年年报数据完整的企业进行探究。因此,在进行相关的数据筛选和缺失值删除处理之后,最终获得了 933 家上市企业共 6 531 条数据。

在此将研究样本的选择过程绘制流程图,见图 6 - 7。

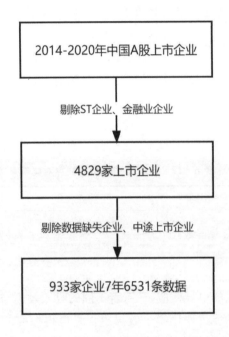

图 6 - 7   研究样本选择流程图

6.6.2.2   变量定义

本章研究的内容是政府补贴和税收优惠对企业创新的影响作用,因此需要寻找能够替代政府补贴和税收优惠的变量,以及能够衡量企业创新的变量。参考前人文献,采取通过现金流量表中的政府补贴金额作为企业获得的政府补贴的代表,将现金流量表中的税收返回作为企业获得的税收优惠的代表。此外,对于企业创新作用的衡量,有部分文献是选择了企业的专利申请作为创新作用的衡量,但在实际的数据收集与整理中,发现企业并不会每一年都公布自己的专利数量,这为数据收集带来了巨大的难度。当企业不公布这类数据时,就意味着数据的断层和缺失。因此在参考有关文献对此问题的处理后,选择采用企业的研发投入金额作为企业创新的代表变量。选择企业研发投入的理由主要有两点,第一点是企业的研发投入大小能够反映企业对于创新的重视情况,对于企业创新有较好的代表性。第二点是创新的特性决定了创新的产出会受到很多因素的影响,如果采取专利数量作为企业创新的代表,那会出现高投入但低专利的情况,这也不利于探究政府补贴和税收优惠对企业创新的促进作用。因此,此次研究对企业的变量定义如表 6-13 所示。

表 6-13　研究变量定义表

研究因素	代理变量	变量名
政府补贴	政府补贴	*GOV*
税收优惠	税收返还	*TAX*
企业创新	研发支出	*RD*
虚拟变量	年	*YEAR*

6.6.3　模型设定

6.6.3.1　SFA 模型介绍

本章计划使用的模型为随机前沿分析(SFA)。在此,对 SFA 模型进行一定的介绍。

SFA 模型是利用随机前沿生产函数进行效率估计的一种参数方法。采用 SFA 来进行技术效率的衡量,通过比较模型的实际值与理论值之间的差距,进行技术有效性的判断。

SFA 模型的形式如下:

$$y_i = \beta X_i + (v_i - u_i) \qquad i = 1, 2, \cdots, N$$

其中 i 代表不同的决策单元,y_i 是该决策单元的产出,β 是待估计的未知参数,X_i 是该决策单元的要素投入,v_i 是随机变量,对该随机变量的定义一般假设其服从分布 $N(0, \sigma^2)$ 并且与 u_i 是相互独立的。u_i 为非负随机变量,一般用来衡量生产的技术无效性,对其一般也假设服从分布 $|N(0, \sigma^2)|$。

6.6.3.2　模型设定

根据 SFA 模型的模型设定,结合需要研究的要素,得到如下的模型

$$RD_i = \beta_0 + \beta_1 GOV_i + \beta_2 TAX_i + (v_i - u_i) \qquad i = 1, 2, \cdots, N$$

通过模型估计的参数主要是 β_0、β_1、β_2。

在确定参数之后,可以通过分析 *GOV* 变量和 *TAX* 变量的参数,探究政府补贴和税收优惠与企业创新之间的关系。

6.6.4 模型实证

6.6.4.1 实证结果

选择 Froniter 4.1 进行 SFA 效率测度,根据实验样本,设置的时期软件参数为 933 个样本 7 个时期,总计 6 531 条数据。实验结果展示如表 6‑14所示。

表 6‑14 SFA 运行结果表

	系数	标准误	t 值
β_0	−54.20	5.366	−10.09
β_1	0.148	0.020	7.428
β_2	0.251	0.015	16.28
σ^2	1 356 114	1.000	1 356 001
γ	0.963	0.000	1 372
$\log L$		−46 429	
LR		12 622	

在上表中,可以得到三个系数 β_0、β_1、β_2。此外,根据 t 值检验发现上述结果均在 1% 水平上显著,且得到的 γ 为 0.96,说明 SFA 模型能够很好地刻画 RD、GOV、TAX 的关系,模型具有较强的解释力。

6.6.4.2 结果分析

在对研究结果进行分析之后,可以得到 GOV 项和 TAX 项的系数,其中 GOV 系数为 0.148, TAX 系数 0.251,由此有如下三个结论。

结论一,政府补贴对企业创新有促进作用。由于 SFA 模型得到的 GOV 项系数为 0.148,并且 t 值为 7.4,说明结果在 1% 水平上显著。因此可以判断 GOV 和 RD 之间的关系为正相关。即政府补贴能够促进企业的研发投入,促进企业创新,假设一成立。

结论二,税收优惠对企业创新有促进作用。由于 SFA 模型得到的 TAX 项系数为 0.251,并且 t 值为 16,说明结果在 1% 水平上显著。因此可以判断 TAX 和 RD 之间的关系为正相关。即税收优惠能够促进企业的研发投入,促进企业创新,假设二成立。

结论三,税收优惠对企业创新的促进作用大于政府补贴。由于 SFA 模型得到的 GOV 项和 TAX 项系数分别为 0.148 和 0.251,因此税收优惠对于研发投入的促进作用比政策补贴要更大,故税收优惠能够更好地促进企业进行创新,因此设立的对立假设三中,A假设成立。

6.7　结　论

对国有基金支持企业创新的效率测度进行研究,研究分为两个路径,一是探究企业创新与融资约束和会计稳健性的关系,二是探究企业创新与政府补贴和税收优惠的关系。在这两个路径中,本书分别进行了实证研究探究真实的影响机制。

经过对相关数据进行相关性检验、稳健性检验以及回归分析等,可以验证第一条路径所提出的四个假设,在经过SFA模型和结果分析之后,可以验证第二条路径提出的三个假设。现对这七个研究假设得到的结论总结如下。

第一,国有投资基金缓解了被投企业的融资约束,融资约束限制了企业创新发展,企业的价值随着融资限制的增加而减低。资本经济市场的不完全性决定了其融资约束程度受信息不对称、道德风险、委托代理等问题的影响。企业内外部融资间的差距受融资约束的消极影响而不断变大,导致企业为了自身的持续发展不得不减少投资限制。同时,企业的代理成本随着这种消极影响也不断提高,股东不能做到有效的监督管理者,也不能更好地利用企业资源,从而对企业发展与价值提升产生影响。

第二,国有投资基金增强了了被投企业会计稳健性,企业会计稳健性与企业价值间成正相关,即企业的价值随着会计稳健性的增高而增高。企业内部、外部的健康发展离不开稳健的会计信息,稳健可靠的会计信息可以防止管理者虚增利润、增加信息透明度、减少信息不对称等情况,提高企业创新价值。同时稳健可靠的会计信息还能够增加企业潜在投资者、拓宽企业融资渠道、促进企业价值提升,引起一系列积极的市场反应。

第三,会计稳健性对融资约束存在负效应,企业融资约束程度随着会计稳健性的增强而降低。根据会计稳健性原则,企业发布公开透明的财务信息可以使股东更加了解企业的实际经营情况,进而减少企业内部、外部契约代理成本,缓解代理矛盾,减轻企业融资约束。此外,也有利于债权人能够深入详细的了解企业真实财务数据,进而保证信息的公开透明,使投资者能够了解相关信息,不仅实现外部融资成本的降低,一定程度上也减轻了企业融资约束。

第四,会计稳健性可以有效地减少融资约束给企业价值带来的副作用,会计稳健性越高,企业价值受到融资约束的负面影响也就越小。一般来说,会计稳健性从以下两个方面对企业价值产生影响:一是直接提升企业价值。企业向外界释放"好消息",市场相应地会有正向的反应,有助于为企业融资提供便利,提升企业价值。二是直接改善融资约束。符合会计稳健性原则,保证企业的相关财务信息能够公开透明的呈现,在很大程度上降低了企业的内部和外部契约代理成本,在很大程度上减缓了和代理之间的矛盾,让企业不再为企业融资所约束,实现企业价值的提升。

第五,政府补贴能够促进企业对于创新的投入。政府补贴的引导效应使得企业能够将资源配置在创新活动中对研发进行更大的投入。并且政府补贴很多是在一些需要技术创新的领域,企业在这些领域试图获取竞争力就必须进行创新。除引导效应外,政府补贴对于企业创新具有明显的收入效应。当企业的资金紧张得到缓解,企业手上有更多的现金时,企业能够用于创新的资金额度更大,发展创新的决心也更坚定。国有基金投资能够为企业带来更多的政府补贴,在这种作用机制下,国有基金投资可以有效地促进企业创新。

第六,税收优惠能够促进企业对于创新的投入。税收优惠能够通过引导效应和成本效应促进企业进行创新。税收优惠政策能够极大地降低企业创新的成本,通过降低成本来促进企业进行创新投入。企业凭借着税收优惠能够在市场竞争中获取更大的优势,从而占据有利地位,获取更多的市场,创造更多的利润。

第七,税收优惠对企业创新的促进作用比政府补贴更强。税收优惠的相关针对对于创新的针对性比政府补贴更强,例如关于研发支出费用化的加计扣除就是最好的实例。在这种强针对性的创新支持政策下,企业对于创新的决策和态度会更加积极。这一结论也能够为政府在支持企业创新的政策制定时提供参考,即减免税务会比发放政府补贴更能调动企业创新的积极性。

第7章 国有基金支持企业创新的全息模型

本章的目的是全面介绍国有投资基金如何在大数据框架下利用在企业创新影响力衡量与管理中独立创建的"全息画像"对被投企业的创新力成长变化的动态演变机制进行评估的体系。工作的核心思想是:通过使用"全息画像"作为工具来描述和预测被投企业在其创新力和价值成长动态行为方面的演变机制。在大数据环境下给定企业创新行为网络结构提供的结构化与非结构化数据信息,并进行数据融合,进一步从处理与创新成长生态系统相关的发展网络结构中提取与创新力相关的创新基因,从而建立对投被企业的评估体系和成长预测,这也是通过国有基金投资行为的网络结构信息研究被投企业创新力发展机制的新方法。

7.1 大数据的算法介绍

第2章文献综述部分介绍了有关大数据的一些概念和应用,这一章将详细介绍大数据相关的模型算法。

现如今,计算机技术飞速发展,随之而来的是大量的数据需要储存,大数据已对社会生活产生了巨大的影响。处在这样一个大数据时代,可以更容易获得想要的数据,与此同时,企业内部决策支持或控制系统的大数据也会受到影响。因此,充分利用保护好这些数据,进而为企业创造更多价值才是重中之重,需要企业大数据人员进行深刻思考。大数据呈现多种模式,比如"small p, large n""large p, small n",或者是"large p, large n"。这里 n 代表观测值数量,p 代表变量的数量。对于不同的模式,在进行数据处理时,也需要采用不同的数据处理方式,比如随机森林(Random Forest)常用来解决"large p, small n"问题。传统高度结构化回归模型不适用于大数据分析,这对数据分析方法也提出了更高的要求,包括正则化回归(Regularized Regression)、决策树法(Tree-based Method)、样条回归(Splines)、神经网络模型(Neural Networks)、基因算法(Genetic Algorithms)、贝叶斯网络(Bayesian Networks)、机器学习(Machine Learning),等等。

7.1.1 大数据相关算法

大数据分析方法的目的是为了从海量数据中挖掘到的信息里再次进行提取,将具有分析价值的数据挖掘出来,对此类数据进行深层次的剖析,去发掘潜藏在数据背后的客观现实世界的规律,从而指导对现实世界的把握。这种方法,通常采用某种算法和数学模型对其进行分析。其中,挖掘数据是很重要的环节,相对巨大数据群而言,机构化的数据占比很少,因此处理分析起来需要用到不同的技术和工具。大数据的分析具有一定的难度,它的系统较为复杂,需要很多学科很多领域的知识,这里面包括了技术处理阶段对计算机的应用和信息处理的方法,同时理论上需要统计学和决策上的理论知识,整个系统是纷繁复杂的。大数据分析的价值体现在其让企业能够获取其所需的有用信息,进而对企业未来的发展计划带来帮助,同时也能预知将来可能面临的某种风险。

在进行大数据分析的时候,经常表现出来的几类应用形式此处划分为六种:

1)描述

这是较为常见的一种方法,也较为简单。它可以直观清晰地看到描述模型的展示和结果,对于数据分析人员而言,他们可以由大量的数据中分析出其存在的某种规律或趋势。如,美国总统选举期间,通过调查分析人员的工作,能够了解某个区域选民对参选总统的支持情况,进而为自己争取机会。一般用图形、图表来对数据的规律与趋势进行展示,这种形式更为高级。

2)评估

根据数据,对于现象进行一个合理的评估。这需要对已有的数据有较为清晰的认识,对其值的含义和范围有准确的理解,并且能够对新的数据带来的新的变量值进行判断,通过对比二者之间的差距,从而对数据进行一个评价。一个较为合理的例子就是质检员通过产品的质检报告中的各类数据,对产品的质量进行合理的评估。在专业的统计分析学科中,有着较为常见的集中评估方法,例如点评估和各类回归等。

3)预测

这种方法与其他的方法有一些相似的地方,但存在一些不同点,即预测所关注的重点是数据体现出来的对于今后情况的表现。比如根据最近几天的天气情况对于今后一周或者一月的天气情况进行一个预测,还可以根据股票的当前的 K 线图走势,预测未来一个月或者三个月的股票价格等等。因此,根据不同的应用场景和需求,其他的大数据分析的方法中会使用到的一些技术也会在预测中得到很好的体现,本质上预测也是在其他方法的基础上进行的一个扩展。

4)分类

分类方法与评估方法类似,区别是分类方法的目标变量是类别而不是数字。首先,研究人员将数据集进行划分,将其进行分类设档,然后通过算法对于变量进行操作,从而实现验证,从而将其划分到不同的类别之中,实现分类操作。

5)聚类

聚类是一种将相似的记录、观察和案例划分到同一个类别中的方法。聚类中的簇是相似记录的集合,不相似的记录被划分到不同的簇中。聚类和分类的区别在于,聚类没有目标变量。聚类任务不需要分类、评估和预测目标变量的值。相反,聚类算法发现将整个数据集划分为相对同质的子集合或簇中,簇内的记录相似性最大化。簇外的记录和簇内的记录相似性最小化。

6)关联

关联即发现数据集中数据与数据间的联系。其主要是发现同时出现的数据集。例如比较经典的案例,超市购物篮里最常出现尿布和啤酒的组合,然后用来衡量支持度和置信度来评价该组合出现的概率。关联规则是一种“如果存在……则存在……”的关系规则。

在大数据分析中,常用的算法有 K—最近邻算法、决策树以及遗传算法等,他们都有自己的优缺点,可对不同数据和分析目标从不同角度进行数据分析和挖掘。下面就来简单介绍一下这几种常见的大数据分析算法:

1)K—最近邻算法

该算法是分类任务中最常用的算法之一,它可以归属于示例学习。对示例学习进行简单的介绍,其一般包括一个数据集,这个数据集中存放有训练好的数据,在接收到一个新的训练样本且该样本未经过分类标记时,会通过这个训练数据集将该样本进行划分,在划分的过程中,它通过判断吻合度来实现。

K—最近邻算法的大致流程简述如下。

首先,该算法将验证包含预测变量和目标变量(已分类的)收入档次的数据集。在这个过程中,算法将“学习”哪些变量的组合与哪种收入档次有关。

然后,该算法对新记录数据进行查询,新数据记录中的收入档次不包含任何信息。基于训练集的分类,算法将给新记录的收入档次数据进行分类操作。

2)决策树算法

决策树算法大体可以描述为类似于树的结构,通过节点将各个叶子节点构成的分支进行连接操作,是一种有吸引力的分类方法。一般的,根节点在决策树的最顶部,从根节点出发,路径的方向是由上而下,从根节点开始由根节点开始向下扩展,由根节点延伸出来的决策节点会根据其自身的特性,变成下一级叶子节点的根节点或者就此结束,因此每一个决策节点可能又产生一个分支。每一个分支要么与另一个决策节点相连,要么到达一个终止叶节点。

使用决策树的要求:

(1)决策树算法需要预分类目标变量。在参数输入之前,首先必须提供一个训练数据集,该数据集为算法提供目标变量的值。

(2)训练数据集的多样化要求,由于该算法需要进行不同的分类,因此只要保证足够广度的训练数据集才能够给算法提供各个方面的训练,从而做出更加全面和准确的分类。

(3)目标属性类别必须是离散的。当变量对应的值呈现出连续的特点时,由于树状结构无法对于连续值进行刻画,因此决策树算法将无法进行下去,所以最根本的要求是需要将变量进行划分,使其能够进入左叶子节点或右叶子节点,即可以用不同的决策来进行表示,这才是对决策树最佳的使用情况。

3)神经元网络

神经元网络思想是由模仿人和动物大脑进行思考做出判断的一套复杂学习系统构成的。简单的神经元网络模型一般是由三个层次组成的,分别为输入层、隐层和输出层。输入层是由相互之间紧密联系的单个神经元构成的,每个神经元接收不同类型的数据集;由输入层汇总合并输入信息,当到达某些阈值,产生非线性刺激响应,隐层一般是由某一合并函数组成;通过激活函数之后输入响应,之后传递到其他的神经元。与决策树不同,神经元网络通常需要相对较长的训练时间。

4)逻辑回归算法

逻辑回归是一种描述响应变量和预测变量之间关系的方法。逻辑回归不同于线性回归,线性回归应用于二元或者二元类变量的方法,逻辑回归描述的是一条曲线,认为预测和响应之间的关系是非线性的。线性回归用于近似连续型变量间的关系,而逻辑回归可以更好地应用于非连续型变量的关系。

根据大数据分析方法的定义可以看出来,大数据方法的流程主要包括数据和分析两部分。大数据的来源是广泛的,形式是多种多样的,大数据分析的方法各有各的优势,要从海量的数据中寻找有价值的信息,大数据的应用有自己一套完整的应用流程,其具体流程如图7-1所示。

图7-1 数据挖掘的具体过程

1)业务研究理解阶段

在进行实际工作的时候,需要在准备开始前对于整体的任务目标有一个清晰的认知,从而精准地实现,并获得所需信息。因此对数据进行分析的先行工作就是业务理解,从总体上明确了项目的目标和需求之后制定初步的实施方案。本书以公司的财务方面的项目进行解释,在面对海量的财务数据的时候,不能够盲目地去对其进行各种分析技术的操作,而是要对每一个变量数据都进行一定的了解,至少得清楚它的含义,这样才能够帮助更好地达到对公司财务进行分析判断的目标。即对需要操作的数据要具备清晰的认知和基本的框架理论,在一定的框架内去进行分析和挖掘,才能够事半功倍。

2)数据理解阶段

通过各种工具尽可能多的搜集数据,不限制于文本、图像、视频、定位信息等,通过人工的初步认识数据,熟悉数据之间的关系,评估数据的质量。仍以公司的财务分析为例,观察公司的财务数据时,应当发现其中的各类指标,这些指标可以帮助从不同角度对于公司的经营状况有一个最基本的体现,例如偿债能力就能够表明一个公司的资金健康程度,因此对于数据的理解将会有助于寻找到对企业财务风险进行分析识别的目标。

3)数据准备阶段

数据准备阶段包括对数据的抽取、数据的预处理和数据变换。大数据的特征是海量的,在海量的数据中,往往有很多重复的、无用的、缺失的甚至是错误的数据,这些数据会给分析结果造成巨大的偏差。通常先使用聚类和分类方法将其进行初步筛选,挑选出项目分析所需的主要成分因子。数据变换可以将那些不能直接用的非机构化或半结构化的数据转化为可直接使用的结构化数据,以便输入到系统中。不仅如此,进行数据转换还能够对高维数据实现降维目的,无论是从存储角度还是算法运行效率和准确性方面,降维处理都是十分关键的。过高的维度意味着数据包含了很多无关变量,这些无关变量蕴含的信息对于操作目标而言并没有帮助,甚至会影响对目标信息的提取和分析,同时过高维度则意味着数据的量会很大,占据的存储空间也会很大,这会使得计算机的空间被占用,对于设备的要求无形之中就会提高,并且需对这些数据进行挖掘分析,太多的无用信息会大大影响算法的运行速度,从而影响到整体的工作效率。

4)建模阶段

在此阶段,选择合适的模型和技术,对于数据进行刻画,模型的好坏有的时候会影响对数据的刻画表现,即好的模型能够帮助寻找到最为真实和准确的数据规律和趋势,同样,不合适的模型会使得原本具有信息的数据呈现出错误的或者完全没有的规律趋势。与选择模型同等重要的是对于模型参数的调试,相同的模型在设置不同的参数的时候,也会表现出不同的特性。只有选择合适的模型和合适的参数,才能够真正地挖掘出数据背后的信息。当然,这里对于模型的选择和参数的调试都需要经过实验积累经验,并且借助机器的自我学习等,使得每个方面都达到一个最优的水准。

5)评价阶段

在建模阶段,通过选择合适的模型和参数将会得到最终的模型,但这个模型并不唯一,因为不同数据的影响,所以也可能存在多个合适的模型。在将这些模型落实到实际的工作中之前,要对这些模型进行评估,而评估的方法往往是根据模型得到的结果好坏以及模型的运转效率进行的。本书根据模型的评估结果,对模型进行一个有效性的划分,只有在评估模型正确有效之后,才会使用其进行的数据挖掘的结果,即应用该模型进行数据挖掘。

6)部署阶段

在模型建立并进行评价之后,工作进入最后阶段。建立模型并不意味着项目已经完成,还需要应用已建立的模型,对数据进行挖掘分析,对于得到的信息结果,还需要进行处理。一般会使用数据分析的结果建立报表,形成大数据报告,或者进行其他的表现形式,但无论何种,都是对于成果的应用与结论的展示。

7.1.2 大数据助推全息画像

分析企业经营数据是为企业内部管理层决策提供服务的,因此基于结果和基于原因的数据均应被分析出来。以往由于受到取数困难或无法取数的限制,难以得到数据,因此也就无法解释导致结果的原因。大数据时代的到来改变了这种情况。

7.1.2.1 收入分析

在网店进行销售的企业可以从客户对产品的评价信息中获取很多数据,包括产品以及服务态度等数据。这样利用这些数据可以更好地分析出收入变化的原因。同时,还可以获取外界的信息,如分析市场的总体情况和竞争对手的情况,多角度分析收入变化原因。

7.1.2.2 成本分析

对电信的运营商来说,需要投入巨大的设备投入,这些前期投入均是无法改变的沉没成本,而服务费用却是可以改变的。就中国移动举例,10086 是中国移动的客服电话,可以通过分析记录下来的用户与 10086 的通话音频数据,得到每个用户通话的具体细节,包括时间、问题等。通过分析,可以结合客户的不同需求实施差异化和针对性的服务与营销策略,以达到有效降低服务费用的目的。

7.1.2.3 风险分析

美国一家金融信息公司,在收到客户信用评估申请之后,在客户统一的情况下,通过调取其社交媒体的数据,对其行为特点、兴趣爱好,性格特点和客户信用进行了全方面的评估。这些社交数据可以从某种程度反映出客户的真实信用水平,能让银行更好地规避风险。民生银行还在高端客户流失风险分析里融入了大数据分析技术,通过构建客户流失分析模型,来对客户流失的可能性进行分析,再对流失的可能性从高到低进行排序,使客户经理可以更好地对客户进行服务。此外,民生银行还根据流失客户的不同情况进行细致的分类,为其制订相应的挽留策略。

7.1.3 全息画像具备预测功能

在大数据研究领域,大数据以及大数据分析方法首先在财务预测领域被广泛应用。通过采用决策树模型、神经网络技术以及机器学习技术来对财务进行预测,可以提高预测的准确性,有助于审计师、银行以及公司利益相关者评判评估公司持续经营的能力。大数据在财务欺诈预测方面也有非常重要的应用,通过改进分析模型,采用基于多变量的大数据分析,结合文本分析的财务欺诈预测比传统的财务欺诈预测更精确。总之,基于大数据技术的研究方法是有效补充了传统的研究方法的短板。财务预测和企业创新能力息息相关,然而,在大数据研究和实践中,大数据应用在创新方面的却比较少,其可能的原因之一是传统会计准则仍然强调会计的报告、汇总、抽样过程,还没有跟上技术变革的步伐。而创新分析中风险评估、价值链却可以充分利用大数据技术。然而,目前为止,创新分析和预测中对于大数据技术的利用都较为浅显和局限,没有真正地体现出大数据的优势所在。

对于收集到的海量数据,利用各类技术和方法,对信息进行深度的挖掘和分析,通过各类分析方法,探究蕴含在数据里的现实世界的规律。运用大数据能够将数据的趋势全面地展现,使其发挥在预测方面做到准确。当预测的结果一定程度上能够保证精准时,发展的规划和策略的制定就变得简单和合适。

7.1.3.1 对大型建设项目投入产出的预测

大数据能够基于过往的数据,对将要实施的事情进行一定的预测,这点应用对于拥有建设大型项目的企业而言有重要意义。由于建设成本会直接影响到企业的运营成本,过高的建设成本将会直接影响到企业的财务报表质量。因此如果通过大数据最好有关大型建设项目的规划,基于数据分析进行相关资金人力的投入,会最大可能地让资源发挥效用。例如机场、高铁站、地铁等的建设费用十分高昂,因此对建成后的运行客流量等有着非常高的要求。只有保证足够的客流量,让建设项目得到充分使用,才能够保证项目的盈利。因此,大数据基于过往数据的分析会使得这些项目的利润预测变得可能和准确,也由于科技的发展,技术的改革,社会的数字化水平在不断提高,可以利用的数据也越来越多,例如基于定位的人流量分析就对这些项目有重大意义。

7.1.3.2 预测市场,以确定资源配置

对于企业而言,无论是出现供不应求还是供过于求都不是最理想的市场状态。因此如何使得供给恰好满足需求,是企业需要考虑的问题。为解决这个问题,企业一方面可以考虑动态的调整自己的生产,另一方面企业如果能够对于市场的需求进行较为准确的预测,提前根据预测的需求量进行供给调整,那么就会节省很多不必要的成本浪费,从而提高企业的利润。但想要对于市场的需求进行预测往往比较困难,这受限于数据的匮乏还有预测模型的复杂等,但在大数据时代,海量的数据包含着关键的信息,这使得预测需求变得可行。例如房地产商在购买土地的时候,可以通过当地的

网络使用人数的数量来作为数据分析,从数据中得到当地的居民数量,并且根据其他的房地产数据,来对该土地的实际需求进行一个合理的预估,从而用最合适的价格拍下。

7.1.3.3 预测机器的运行状态,控制停机成本

对于很多工厂企业而言,生产线的流畅运行至关重要,因为在很多时候生产机器一旦停用,就会产生比维修更高的成本。因此要尽可能地降低停机所带来的损失,而随着技术的改革与升级,各类专业仪器都能够对机器的状态有一个准确的监控,相关人员可以随时查看流水线上机器的运行情况,从而提前对维修和停机等处置进行安排,最大可能减少对企业生产的影响,从而减少由于机器故障或维修带来的生产损失。例如:美国 UPS 公司,为其每辆车都配备了传感器,用来实时获取车辆的运行状态,并通过分析大数据来预判可能出问题的零件,便于及时修理和更换,避免车辆发生问题后产生更高的成本,这一措施的引入,已为 UPS 节省了数百万美元。

7.1.3.4 对客户需求进行深入挖掘,预测产品的流行趋势

怎样了解客户的需求、预测产品的流行趋势是企业关心的两大核心问题。

目前可以通过社交网站、搜索网站等方式找到产品流行的数据,分析这些数据,可以更好地得知产品的流行趋势。例如:服装企业 ZARA 通过收集实体店中顾客的评价和网店中客户浏览记录、评价记录等数据汇总到总部集中分析,来总结出服装需要改进的方向和流行趋势,再将分析结果反馈给服装设计师进行相应的改进,从而更好地满足顾客的需求。

7.1.3.5 评价客户信用,预测企业风险

充分的了解客户贷款的偿还能力,可以有效规避坏账的风险。以往只是从财务状况的数据来判断客户的偿还能力,现在可以从不同渠道获取更多的数据信息,来了解一个客户真实的信用情况。

阿里巴巴金融的贷款对象通常是线上的一些批发企业,在对这些贷款对象进行信用评级时,数据库中不仅包括了一般的财务数据例如银行存款、资产等,还选择了一些与信用相关联的数据,这些数据可以刻画出贷款对象的信用行为,从而保证放出去的贷款能够尽可能地收回,这些信息包括贷款对象在交易的时间地点商品数量变化的数据、网络交易平台认证与注册信息数据、税务验证等数据,并对小企业主在掩饰和撒谎方面进行了具体的分析。利用网络平台的优势,阿里巴巴金融得到了许多传统企业得不到的数据,可以对贷款对象进行全方面的信用评级,提高了贷款的效率。

这正是把大数据技术应用到企业风险管理中的获得的效果。

7.1.3.6 预测宏观环境的变化，创造需求

大数据技术还可以应用到天气、环境社会事件的发生的预测当中去。大数据会根据这些事件涉及的数据，对于事件的发展趋势进行一个预测，例如对流行性感冒的蔓延趋势进行预测，对各类传染性疾病的增长人数预测等，这要能够获取到相关的数据，就可以对此类事件得到一个较为科学的分析，从而抢占先机。这一点对于大型连锁超市而言也是如此，由于人们的购买需求往往和发生的热点事件相关，无论是新流行的款式还是品种，如果能够及时地获取到这些数据，并对这类数据有一个有效的分析模型，就可以通过这些数据对于人们的消费需求进行有效的预测，从而为企业提供决策依据。此外，通过大数据技术提高企业自身对于客户需求的判断准确度，在增加营业收入的同时，也能够增加用户的黏性，提高客户满意度。

7.2 企业创新价值链的"全息画像"

7.2.1 大数据分析指标的选取

财务指标在我国大部分的企业管理中都作为最主要的成分，同时每个管理者的财务水平不同，对于风险的偏好也不同，因此最终会导致管理者做出的决策会带有很强烈的个人色彩，即使是相同的财务数据和相同的企业状况，不同的管理人也可能做出截然不同的决策。研究同样基于财务方面的数据，对企业进行一个全面的财务刻画，利用大数据的技术，从这些财务信息里挖掘出蕴含企业真正经营状况的信息指标，从而对企业进行最为精准的分析和刻画。企业大数据指标体系主要有以下几个指标。

1）企业盈利能力指标

企业的生存之道在于持续不断的创造价值，企业盈利能力是企业财务报表中的关键指标之一。企业盈利能力就是企业创造利润的能力，企业只有长期盈利，才可以维持企业正常的运营。企业防范财务风险以及弥补不确定的损失，最重要的指标是企业需要具备一定的盈利能力，需要盈利水平能够覆盖企业运营的综合成本。一般来说，反映和衡量企业的盈利能力的财务指标主要包括：净利润率、毛利润率、净资产收益率、基本每股收益、总资产收益率。

其中，企业销售收入高低主要通过企业的净利润率和毛利润率两个指标来反映，利润率越高就代表了企业的盈利能力越强。净资产收益率代表

了股东投资回报,是股东权益的收益水平,也代表了股东的权益。每股收益的水平高低,表征了企业盈利能力强弱和股东的每一份权益收益的高低。企业的总资产是负债和所有者权益两者相加之和,总资产收益率反映了债权人和全体股东投入资金产生收益的水平。总资产收益率越高,企业运用总资产盈利能力越强。总资产收益率的高低,也用于衡量同行业内不同公司之间的优劣。

2)企业偿债能力指标

通常来讲,一个企业的运营好坏,不光要看资产水平,还要看债务水平,因此对于企业运营的水平的衡量非常关键的一个考虑就是企业偿债。企业偿债能力指标一般情况下分为两种,这两种根据时间划分为长期和短期两种能力,其中一年以内的则定义为短期。当企业想要扩大发展等需要获取资金的时候,向银行等金融机构进行贷款,或者向投资人进行融资的时候,企业偿债能力就是非常重要的指标,当该项指标出现异常或者不佳的时候,企业获取资金的难度和成本会大大增加,同时,这还影响到市场对于企业的信心,从而使得企业的商誉受到折损,对资产产生负面影响。对这两种偿债能力指标的评价有着不同的标准,其中短期偿债能力指标为速动比率、流动比率和现金比率,长期偿债能力指标为资产负债率和利息保障倍数。

企业速动资产短期内变现的能力随着企业速动比率增高而增强,企业短期偿债能力也就越强;随着流动比率增高越高,企业短期偿还债务的能力也就越强,但是如果过高,则是存货积压和应收账款增加的原因所导致的。现金比率具有较高的数值的时候,说明企业有着较为充足的现金,那么应对债务的时候就有足够的资金能够进行偿还,但企业的现金过多也就说明其无法将该类资金进行合理的运用,使其给企业带来更高的收益。资产负债率只有趋于正常水平才能使企业更好地发展,不宜过高或者过低。过高代表着企业有着较弱的长期偿债能力,过低代表企业无法更好地利用其资金来获得更多的利益。利息保障倍数即企业在该年度获得的利润与企业的借款利息费用之间的关系,如果利润远远高于利息费用,则意味着该企业的运营至少是赚钱的,能够覆盖自己的资金成本,也就意味着该企业可以长期经营下去,这也就说明企业的偿还债务的能力更高。

3)企业营运能力指标

对于企业评级的一个重要角度就是观察其经营的能力,即企业通过自己的资产创造营业收入的能力,这个方面的能力可以通过资产周转率来进行刻画。当企业的经营状况良好,企业的营运能力越强则企业生产和销售等经营环节的速度越快,经营效率就越高,确定利润和收入的时间就越短。营运能力的指标有总资产周转率、应收账款周转率、存货周转率。

以上几个指标是可以代表一个企业发展运行能力的关键指标,总资产周转率的高低反映着企业经营周转速度的快慢,营运能力越强,其代表企业整体资产的营运水平越高。应收账款周转率的高低与企业资产流动性成正相关,在企业财务报表中应收账款也十分重要,应收账款的增加则表示企业的信誉度在变坏,说明有大量的资金无法收回。同时存货周转率如果增高则表示企业的产品流动性在增强,反映了企业存货资金占用情况较少,减少企业存储成本,从而提高企业的利润。

4)企业成长能力指标

企业成长能力指的是一个发展的方向和速度,包含企业规模的扩大,利润和所有者权益的增加。主要包括总资产增长率、营业收入增长率、净利润增长率几个方面。

总资产是所有者权益和负债的总和,如果公司的这个指标有着比较高的增长率,那么说明公司在这段时间处于快速扩展的阶段,而企业资产规模扩张的速度快,也就说明该企业有着较好的发展前景。营业收入增长率高则代表企业成长速度在变快。净利润增长率高表示企业成长能力强。净利润越多,企业的经营效益越好,也就有足够的资金供企业所支配。

7.2.2 基于关联规则算法的大数据指标的相关性及全息画像

下面将对选取的财务指标进分析,采用的是传统的分析变量相关系数法,具体方法如下。

其中:m 和 n 分别为两个变量,而 p 为两个变量的相关系数。一般的,当 p 的值在 -1 和 1 之间的时候,就代表 m 和 n 这两个变量之间存在着一定的线性关系。对于特殊的情况,例如当 p 等于 1 时,代表 m 和 n 这两个变量呈完全正相关性,当 p 等于 0 时,代表 m 和 n 之间呈完全不相关性,即二者之间没有变化的关联;当 p 等于 -1 时,代表 m 和 n 之间呈完全负相关性,这种情况两个变量与 p 等于 1 的时候的关系类似但有着正负的差异。通过关联规则挖掘算法对分析企业的大数据风险指标,发现他们之间的联系规则,探索可能引发企业大数据风险的因素。

7.2.2.1 构建风险概念层次树

建立企业大数据风险分析模型中重要的环节就是构造风险概念层次树,在这个体系中主要包括了上述介绍的四个模块,构建的依据主要是从不同的角度对企业的状况进行刻画,包括从经营到成长等。通过在这四个模块中的财务指标建立企业大数据风险体系。与此同时,这个树状结构的体系还将拥有三个层级,第一层级是大数据风险;第二层就是企业盈利能力、企业偿债能力、企业营运能力、企业成长能力;第三层主要是四个模块涉及的具体指标,例如毛利润率。

分析大数据风险,主要是挖掘低层次的财务指标数据,通过分析低层次财务指标,进而拓展到高层次概念中去,对企业大数据风险等级进行一个预判。

7.2.2.2　支持阈值范围下的数据挖掘策略

在挖掘每层数据时,都需要进行最小支持阈值的确定,而阈值的确定准则也与数据所处的层次有关系,一般是随着层次的增加,阈值越来越大,低层次的数据阈值要小于高层次的阈值。如图 7 - 2,本书设置了关于指标的三个阈值,第一层是 20%,第二层是 10%,第三次是 5%。

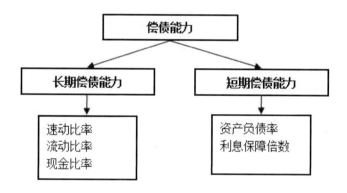

图 7 - 2　支持阈值范围下的策略示意图

7.2.2.3　算法结果

对阈值设置规则之后,优化目标是每一层支持阈值,通过对这些阈值进行改变,并用关联算法对企业的大数据风险进行识别,通过观察公司的财务指标在不同阈值的设置下有何种表现,经过分析之后,得出最终关于企业风险的结论。

7.2.3　以创新为主线的价值链大数据的结构体系

大数据的价值链体系需要内部创新、横向、纵向三个维度来分析(见表 7 - 1)。大数据是战略管理的重要核心部分,三条价值链的运转受其调控,同时三者也构成了健全的体系。

三条价值链中各个价值链条不是独立的,它们是有机的整体。内部创新价值链就是为了改善公司内部价值,特别是通过重新来提升内部价值;横向价值链重点识别竞争对手,为了获取市场优势来制定战略;纵向价值链主要分析企业当前的定位,以及企业所在区域的产业集聚等。三者的组合能够互补,相互促进,从而形成一个完整的分析框架。

表 7 - 1　价值链分析流程

	步骤	目的
内部价值链分析	确定企业业务活动	以创新实现内部价值链优化
横向价值链分析	识别竞争对手价值链	依据竞争者的发展战略决定公司可能
纵向价值链分析	识别产业价值链	产业集聚,以及可持续发展的市场竞争

7.2.3.1　内部价值链管理的基本内容

企业价值链管理的开端即是内部价值链,它包括辅助活动和基本活动,企业基本活动的最终目的是要整条价值链都能够发挥作用,进行产品的价值创造。以公司的财务管理作为例子,它的管理形式就是通过对整个公司的资金流做到优化配置,而每一种基本活动都对公司有着重要的意义,当其进行不同形式的管理时,最后产生的效用会有很大的差距,同时对于公司的生产,对整体的公司运营和管理,对整体的价值创造都会有影响。

而对于辅助活动而言,其主要形式有技术研发、物流采购等。其中占据非常关键的地位的活动是技术研发,这关系到一个公司根本的产品水准。此外,在产品设计方面,以往公司会借助人力,通过有设计经验的员工完成的,而如今主要是依靠人工智能来完成。

计算机辅助系统依靠精确的自动计算、自动绘图、自动模拟、易控制、直接控制生产设备加工等优势取代了手工研发市场,并且设计和生产的同步进行可以依靠相关的计算机来完成,节省了人力物力资源。同时,对于一些不属于核心技术和重要环节的地方,企业可以将其外包给别的企业来完成,这样对于整体的产能有极大的提高。总之,提高资源使用率、减少非增值作业对资源的消耗是企业扩大产品市场份额、实现产能优化的有效途径。

7.2.3.2　内部价值链的大数据工具

1)作业成本管理法

企业如果想要让价值链更加合理完善,对于生产成本结构的调整也是必不可少的。而调整的方式一般可以选择作业类型分类,借用该种方式提高企业的决策能力和战略的执行能力。展开来讲,主要区分增值作业和非增值作业,对于增值作业主要是哪些需要进一步提高,哪些可以维持现状。而对于非增值作业,一般来说可以采用的方式是转换、外包和消除。具体来说对于非增值作业,首先考虑能不能通过技术、管理改革等手段提高其作业效率,并压缩成本,从而使得非增值作业能够成为增值作业,而如果为了执行某种战略目标,需要对成本进行压缩,那就将其外包给相关的企业,将成本降到最低,最后一种就只能将该作业进行消除操作。

总之,作业成本管理法具体措施包括以下几种,分别是再造组织、规范制度、集成信息和优化流程,其主要的目的就是让企业可以更好地控制成本。

2)估时作业成本法

提供给客户的最终产品是企业内部价值链中各个环节价值的汇总。但值得注意的是,内部价值链上消耗资源与产生价值是否能够达到合理状态,消耗的资源是否创造出了足够的价值,是否有大量的资源被消耗浪费却增值很少的情况。

从事相关研究的人员经研究发现,在实际使用时,将产品成本准确地归集到各项作业中是难以完成的,因为传统作业成本法在对成本进行衡量的时候是依据动因来完成的。Kaplan 在传统作业成本法的基础上根据实际管理者的估计计算单位作业费用率,提出了估时作业成本法。

根据该方法,对某项作业进行衡量的时候,依据下列公式:

单位生产时间的生产成本=部门发生的费用总和/累计生产性工时

单位作业费用率=单位生产时间的生产成本×单位作业消耗时间

作业成本=单位作业费用率×作业量

上式中,作业量指单位作业个数,单位作业耗时指管理者在调查观察员工时所花费的时间。通过上式,企业能够了解到每项作业的估时成本,然后对比估时作业成本法得到的作业成本数和实际的作业成本数,找出差异原因。

当实际发生的总成本较小时,代表企业员工高效率提前完成了任务,可以给予一定的奖励;当实际发生的总成本较大时,说明员工低效率或者未完成规定的任务,此时需要分析效率低的原因,并采取一定的办法来提高管理水平。

总之,估时作业成本由于更有利于进行成本管理,现已广泛应用于企业管理当中,以此作为激励员工和成本考核的一种方法。

7.2.3.3 横向价值链管理

Porter(1980)认为从战略管理层面出发,企业的竞争力主要受以下五个方面的影响。一是与上游供应商争取资源材料的能力,二是与下游的客户的销售合作能力,三是对于行业的潜在竞争对手的危险识别,四是对于行业现有的竞争对手的评估,五是自身产品与替代品的应对。其中除了与上下游的关系之外,其他的都是属于横向的关系,这也就是横向价值链管理的最重要的区域。

由于竞争对手对于企业活动有着很大的影响力,因此,在横向价值链管理中,对竞争对手的分析显得格外重要。因此,要做到充分了解竞争对手的策略,知己知彼。在实施中需要做到的是了解竞争对手的情况,对于竞争对手在每个细小领域分别拥有多少的市场,分析竞争对手的利润增长率和产销量增长率、竞争对手的科研能力和产品创新情况、竞争对手的成长性和盈利能力等指标。通过对行业内优秀竞争对手的分析,发现本企业存在的不足,制定针对性的改进措施。

除此之外,还需注意的是潜在竞争者,研究表明,新的竞争者通常会挑选利润上升空间高的行业进入。因此,企业为了防止潜在竞争者的进入,需要采取一定的手段,常见的有特许权经营、法律壁垒等,还包括市场政策壁垒等。同时,企业可以在保证自己利润的情况下通过降低自身产品的价格来阻碍新的竞争者的进入。

企业若想要盈利,除了与同行业竞争外,还要与其他生产替代品的企业产生竞争关系。例如:人们在出行时,会同时考虑地铁、公交、共享单车等,会综合分析比较,因此,商品的替代品越多,其价格变动的限制就越强。如果将产品的价格进行上调,那有可能使得整个行业都受到影响,同时处于该行业的公司的利润也因此较低。不止一种商品的替代品会对该产品造成影响,而且这种商品替代品的互补品也会对该产品带来间接影响。当产品面临威胁时,企业应从降低成本或其他方法入手,让顾客在购买替代品的时候无法获得与购买该商品的时候那么充足的心理满足感。

主要的几种横向价值链的分析方法如下。

1)竞争态势矩阵分析

为了研究企业自身价值链和竞争对手价值链,竞争态势矩阵分析被提出,该方法将影响企业战略决策核心要素一一列举,然后根据决策方案为这些要素赋予相应权重并给予对应的分数,最后按照分数绘制态势矩阵,评价企业的竞争战略。

在具体的运用过程中,需要设置以下假设条件:在主要竞争对手的相关信息可以获取的情况下，选定出影响企业战略决策的 m 个主要因素，$a_1, a_2, \cdots a_m$ 表示在每个因素上本企业较竞争对手的得分，由于每个决策方案中核心因素对战略选择的权重影响不同，因此用 b_{nm} 表示第 n 个方案中的权重数，S_i 作为两个矩阵的乘积，表示某一个决策方案中各因素的加权总和，S_i 值越大，代表这项决策的综合得分越高，该战略越适合企业发展的需要。因此，可以利用 S_i 的值来对不同的战略决策的优势和劣势进行评价，为管理者选择适合本企业的资产配置方案提供决策参考。

数学公式如下：

$$S_i = a_1 b_{i1} + a_2 b_{i2} + \cdots + a_s b_{im} \tag{7-1}$$

其中，$b_{i1} + b_{i2} + \cdots + b_{im} = 1, 0 \leqslant a_m \leqslant 10$

综上所述，竞争态势矩阵方法定量分析了各个方案，有效避免了管理者由于主观性做出的错误决策，为更加科学的制定投资决策打下了一定的基础。

2）实物期权现金流量折现模型

净现值（NPV）指的是一个企业未来期望得到的现金流按照风险调整（risk-adjusted）后的贴现利率换算后的值，NPV 法通常应用于一个企业对拟投资项目进行的资本评估当中。若 NPV 为负值，则表示该项目会使公司股东价值下降，应放弃该项目的投资。在使用 NPV 方法时面临着这样一个问题，企业在项目初期只能选择投资或不投资，但是很多投资项目都含有隐含期权。

在与竞争对手博弈时，企业调整投资期内的战略，调整后项目评估结果等方面与初期间有着很大的变化，导致实际净现值与原始净现值间出现了很大的偏差。

实物期权评估模型（ROVM）作为一种定量研究分析工具，可将金融资产期权上的风险中性定价原理运用于实物资产期权上。它能够在不确定的竞争环境下，对隐含期权的项目进行投资评估。

考虑实物期权的现金流量折现模型如下式：

项目价值 ＝ NPV 现金流量折现值 ＋ 项目中所含实物期权价值

假定拟投资的项目依赖于变量 θ_i，令 S_i 表示 θ_i 的波动率，m_i 表示 θ_i 的增长率预期值，因此有：

$$\frac{d\theta_i}{\theta_i} = m_i dt + S_i dz_i \tag{7-2}$$

其中 z_i 表示维纳过程，定义投资项目中变量的风险市场价格为 λ_i：

$$\lambda_i = \frac{m_i - r}{S_i} \tag{7-3}$$

对于任意依赖于 θ_i 的拟投资的项目，可以利用风险中性定价原理通过以下方法定价：

第一步，将变量 θ_i 的预期增长率由 m_i 下降至 $m_i - \lambda_i S_i$；

第二步，使用无风险利率对现金流进行贴现。

综合来说，根据 Black－Scholes 期权定价模型，拟投资的项目的实物期权价值 C 为：

$$C(P,V) = PN(k_1) - Ve^{-rT}N(k_2) \qquad (7-4)$$

$$k_1 = \frac{\ln(P/V) + (r + \theta^2/2)T}{\theta\sqrt{T}} \qquad (7-5)$$

$$k_2 = k_1 - \theta\sqrt{T} \qquad (7-6)$$

其中，P 为拟投资项目现金流入的折现值，V 为拟投资项目现金流出的折现值，T 为项目的持续时间，r 为无风险利率。

通过使用 NPV 方法和 ROVM 模型进一步的改良投资项目现金流折现方法，可以使企业在面临横向价值链上竞争对手时选择合适的期权模式来掌控合适的竞争战略，使资金使用效率增高，将由于现金流量波动而导致的不确定性有所降低。相对于传统的 NPV 模型来说，实物期权评估模型对现金流折现过程中的时间价值有了更加充分的利用，为企业在与竞争对手博弈时提供定性参考。

7.2.3.4　纵向价值链管理

纵向价值链具有构成范围广的特点，从原材料的投入到产品的最终价值均涵盖其中。纵向价值链分析的重要指标是对产业集聚的研究。

当前，产品间的竞争愈发激烈，正如制约理论（TOC）所说。"制约"是一个多环节链条上最为薄弱的环节，因为它使得局部最优而不是整体最优。由此可见，企业价值链竞争力的决定性因素往往是其相对较弱的环节。因此，需要查找出制约因素，研究发现，制约因素可能来自客户、经销商或者供应商。对此，可通过改善产品质量、降低产品价格等方式来解除制约，重新构建纵向价值链可解除来源于经销商和供应商的制约。综上，企业应当通过不断地解除制约因素来保证纵向价值链管理的有效性。

在纵向价值链中，如何有效地管理库存商品成本对于企业来说是十分重要的，因为好的管理能够带来期望得到的利润。其中，确定好订货时间和订货量就可以有效地降低企业库存商品成本，同时，对上游供应商开展生产活动也有着积极影响。基于以上因素，可以通过美式期权契约模型来确定最佳的订货时间和订货量。

美式期权契约模型首先需要做出一个假设，假设企业在市场上只有一家对应的供应商,企业价格为单价 C 元,向供应商预定产品的数量为 Q,期权价格为 C_0,买入了 q 份期权,根据期权合约,企业允许在到期日前以 C_e 的执行价格购买一单位产品,企业将产品外销售的价格为 P 元/每单位,客户对该产品的需求量为不定值 X,X 对企业执行美式期权的与否和具体的行权数量起着决定性作用,分别用 $f(x)$ 和 $F(x)$ 表示需求量 x 的密度函数和分布函数,N 代表着对合约到期后还没有卖出的产品进行回收处理得到的残值。

企业的预期利润公式如下:

$$E_{pr} = P_{min}(X, Q+q) + N(Q-X) - CQ - C_e min(q, X-Q) - C_o q$$
$$(7-7)$$

其中,需求量 X 的分布有三种情况:

$$X \leqslant Q, \ Q \leqslant X \leqslant Q+q, \ X \geqslant Q+q$$

将预期利润按照 X 的分布分段展开得到:

$$E_{pr}(Q, q) = \Theta - C_0 q - CQ \qquad (7-8)$$

$$\Theta = \int_0^Q [PX + R(Q-X)] f(X) d(x) + \int_Q^{Q+q} [PX - C_e(X-Q)]$$

$$f(X)d(x) + \int_{Q+q}^{\infty} [P(Q+q) - qCe] f(X) d(x) \qquad (7-9)$$

将上式进行整理得到:

$$E_{pr}(Q, q) = (P-C)Q + (P-C_0-C_e)q - (P-N)\int_0^Q F(X)d(x) -$$

$$P - C_e \int_Q^{Q+q} F(X)d(x) \qquad (7-10)$$

对变量 Q、q 分别求偏导数,令各自偏导数等于零,得到预期利润最大时的期权购买数量和订货量:

$$q^* = F^{-1}\left(\frac{P-C_0-C_e}{P-C_e}\right) \qquad (7-11)$$

$$Q^* = F^{-1}\left(\frac{P-C}{P-R}\right) \qquad (7-12)$$

利用期权契约模型能够使企业对市场消费者需求并不明确的情况下,向供货商预订最合理的货量,可有效降低存货所造成的成本损失。同时,供应商根据合理的供货量也有效地减少了资源浪费等现象。总之,实物期权模型可以很好地调节纵向价值链上的企业与供应商间的供求关系,更加合理有效地分配资源。

7.3 研究设计与模型构建

7.3.1 理论分析与研究假说

假设1：创新投入与产出对企业价值作用的差异。

企业对产品的改进引发的创新资源投入与成果产出，将吸引新顾客并保持原有顾客，势必会增加企业的价值。研发的投入以及产出成果均对企业的未来发展会产生更大的作用。本书认为，企业价值与创新投入与产出呈正相关。

所以本书假设，技术密集型产业与劳动密集型产业和资本密集型产业相比，有着更高的创新需求，所以受技术创新影响也更明显。

7.3.2 变量设计

本书将企业价值从盈利、偿债、营运、增长能力、创新能力五个层面来衡量企业价值。在这五个层面中，本书选择11个具有一定代表性的指标，作为衡量企业价值的准则。具体指标类型和名称见表7-2。然后，利用主成分分析法，旋转并提取出5个公共因子，根据各因子得分和方差贡献率，得到企业价值得分。

表7-2 变量定义表

指标类型	指标名称
盈利能力	总资产收益率 ROA
	净资产收益率 ROE
	净利润收益率 ER
	销售毛利率 GPS
偿债能力	资产负债率 LEV
营运能力	总资产周转率 TAT
	流动资产周转率 CR
增长能力	营业收入复合增长率 CAGR
创新能力	公司专利数 PAT
	研发投入占营业收入比例 RD
	技术人员数占比 HR

（1）公司专利数 PAT。本书选取公司专利数作为解释变量。专利数据来源于国泰安数据服务中心的公司创新与研发数据库。将专利按照发明专利、实用新型和外观设计数的加权总数。三种专利的权重由因子分析法给出。分别为发明专利 0.6099，实用新型 0.7857，外观设计数 0.4717。

$$PAT = 0.6099 \times PATFM + 0.7857 \times PATSY + 0.4717 \times PATWG$$

这三种因子对企业创新产出的影响比重不一。实用新型专利占比最高，发明专利其次，外观设计占比最低。这一结果也符合一般经济意义。

（2）研发投入占营业收入比例与研发技术人员数占比 HR。本书选取研发资本投入与研发人力投入作为技术创新投入的解释变量。其中，研发资本投入选取研发投入占营业收入比例情况作为指标反映，研发人力资源投入则由公司技术人员的数量占比衡量。

7.3.3　模型构建

模型：

VALUE＝AF＋e

A＝[beta1,beta2,…]

F＝[factor1,factor2…]

7.3.4　样本选择

为确保统计口径的统一性和行业背景的可比性，减少行业背景对研究结果的干扰，本书以沪深两市的上市公司在 2011—2016 年的数据为研究对象。为确保样本选择的合理性，对财务数据不全或严重缺失的、财务指标有明显错误或不符合常理的、2016 年上市的公司以及 ST 公司进行了剔除，最后确定了 873 家企业的数据。

7.3.5　数据来源

本书使用的大部分基本面数据来源于万德资讯（Wind）。公司创新层面数据等来源于深圳国泰安研究中心开发的 CSMAR 数据库，并且结合上市公司年报、巨潮资讯网和东方财富网等国内专业网站进行数据核对。

7.3.6　实证分析过程和结果

7.3.6.1　描述性统计

表 7-3 列出了本书研究所涉及变量取对数后的描述性统计结果。由于各个变量之间差异明显，数据不够平稳，统一取对数后的结果进行实证

分析,能更好地消除数据的异方差性,在保持数据性质和实际意义的情况下让模型更有效。

创新资产资本投入产出平均值为 2.052,标准差是 2.109;人力投入产出平均值为 2.431,标准差是 1.105;创新成果产出平均值为 1.546,标准差是 1.532。根据样本数据来看,不同企业间在研发上投入的比重有着很大的差别,也就是说,倾向于研发的专利类型也不尽相同,在创新产出方面,行业与行业间存在着很大的差异化。其他基本面数据也反映了不同企业之间规模和绩效的差异。

表 7 - 3 描述性统计结果

变量	N	方差	均值	最小值	中位数	最大值
LNRD	4365	17.29	2.04	0.00	0.22	137.45
LNHR	4365	0.01	0.11	0.00	0.09	0.99
LNPAT	4365	2.35	1.55	−0.75	1.45	8.26
LNCR	4365	1.60	1.51	0.00	1.20	22.18
LNTAT	4365	0.27	0.76	0.00	0.64	8.45
LNROA	4365	51.80	5.86	−68.06	4.83	119.88
LNGPS	4365	1672.81	23.05	−2450.15	20.37	97.29
LNER	4365	552.80	5.65	−891.08	4.70	339.25
LNCAGR	4365	1073.34	9.51	−35.16	6.57	783.17
LNROE	4365	273.96	6.47	−421.10	6.35	122.66
LNLEV	4365	410.32	46.75	3.14	46.49	239.40

7.3.6.2 因子分析

因子分析法从研究变量内部相关关系出发,将原始变量归结为少数几个综合因子进行分析。如表 7 - 4、表 7 - 5、图 7 - 3、图 7 - 4 所示。由表 7 - 5 可以看出因子分析将 11 个变量综合为 5 个因子。这五个因子较好地解释了企业价值。

表 7 - 4 因子分析结果

因子	特征值	差值	百分比	累计百分比
Factor1	1.6307	0.27979	0.5814	0.5814

因子	特征值	差值	百分比	累计百分比
Factor2	1.3509	0.92399	0.4816	1.0630
Factor3	0.4269	0.26401	0.1522	1.2151
Factor4	0.1629	0.10320	0.0581	1.2732
Factor5	0.0597	0.06072	0.0213	1.2945
Factor6	−0.0011	0.03429	−0.0004	1.2941
Factor7	−0.0354	0.10208	−0.0126	1.2815
Factor8	−0.1374	0.03660	−0.0490	1.2325
Factor9	−0.1740	0.02879	−0.0620	1.1704
Factor10	−0.2028	0.07245	−0.0723	1.0981
Factor11	−0.2753	.	−0.0981	1.0000

表 7 - 5　因子分析表

变量	因子 1	因子 2	因子 3	因子 4	因子 5	唯一性
CR	0.2751	0.7369	0.0911	−0.0703	−0.0001	0.3680
TAT	0.3625	0.6878	0.1828	0.0031	0.0207	0.3617
ROA	0.7620	−0.1892	0.0130	0.0109	−0.0486	0.3810
GPS	0.0282	−0.0080	0.0473	0.0148	0.0551	0.9936
ER	0.5484	−0.2385	−0.1990	−0.0399	0.1162	0.5877
GAGR	0.1064	−0.0657	0.0033	0.1219	−0.1026	0.9590
ROE	0.6361	−0.1816	0.0352	0.1261	−0.0615	0.5415
LEV	−0.3186	0.2868	−0.1409	0.2403	−0.0020	0.7387
HR	−0.0140	−0.2676	0.3570	0.0011	0.1104	0.7886
PAT	0.0391	−0.0094	0.1499	0.2579	0.0869	0.9018
RD	−0.1492	−0.2253	0.4149	−0.0313	−0.0792	0.7476

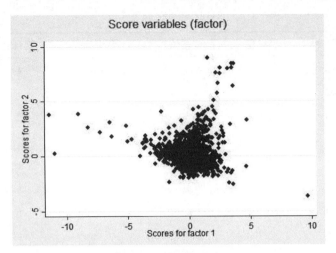

图 7‑3 因子得分图

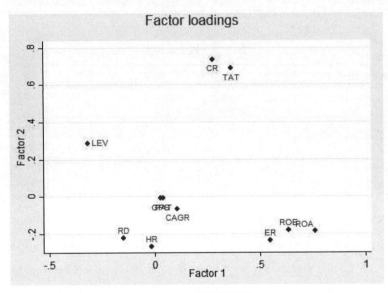

图 7‑4 因子载荷图

7.3.6.3 进一步分析:因子旋转

经过因子旋转后,因子的逻辑意义更加明显,能更好地解释现实中企业价值与创新能力间的关系。

实际模型:

Factor1＝0.0069 * CR＋0.0913 * TAT＋0.7797 * ROA＋0.0260 * GPS＋0.5971 * ER＋0.1321 * CAGR＋ 0.6649 * ROE－0.3800 * LEV＋0.0622 * HR＋0.0438 * PAT－0.0758 * RD

Factor2＝0.7894＊CR＋0.7924＊TAT＋0.0977＊ROA＋0.0134＊GPS－0.0641＊ER－0.0302＊CAGR＋0.0584＊ROE＋0.1023＊LEV－0.1653＊HR＋0.0255＊PAT－0.1627＊RD

Factor3＝－0.0868＊CR＋0.0034＊TAT＋0.0242＊ROA＋0.0451＊GPS－0.1571＊ER－0.0302＊CAGR＋0.0584＊ROE－0.2103＊LEV＋0.4075＊HR＋0.1231＊PAT＋0.4628＊RD

Factor4＝－0.0344＊CR＋0.0461＊TAT－0.0251＊ROA＋0.0308＊GPS－0.0533＊ER＋0.0888＊CAGR＋0.0884＊ROE＋0.2376＊LEV＋0.0503＊HR＋0.2827＊PAT－0.0149＊RD

Factor5＝0.0064＊CR＋0.0004＊TAT＋0.0164＊ROA－0.0502＊GPS－0.1554＊ER＋0.1215＊CAGR＋0.0607＊ROE＋0.0761＊LEV＋0.0761＊HR－0.0229＊PAT＋0.0763＊RD

实证结果：

VALUE＝1.63065＊Factor1＋1.35087＊Factor2＋0.42687＊Factor3＋0.16286＊Factor4＋0.05966＊Factor5

根据实际结果，公司的价值质量主要由盈利能力、偿债能力、营运能力、增长能力、创新能力五个层面组成。影响企业价值的重要程度排序为盈利能力、营运能力、创新能力、偿债能力与增长能力。其中，创新能力对企业绩效的重要程度居中。所以加大创新投入，提升创新产出价值是提高企业绩效的重要环节。

7.4　基于改进神经网络算法的国有投资基金全息画像前后绩效预测研究

在构建国有投资基金支持产业创新的全息画像后，对基金的绩效可持续性需要进行系统、完善的研究，需要关注国有投资基金全息画像的预测效果，包括准确性和稳定性。但是不同的研究样本对国有投资基金全息画像的绩效是否可持续的结论仍存在很大差异。本书构建了基于改进神经网络的国有投资基金全息画像预测模型，利用遗传算法对 BP 神经网络的初始权值和阈值进行调整，并对与神经网络有关的参数的影响进行了评估。此外，通过学习与训练，对与模型契合度最高、算法结果最好的参数进行了筛选，并引入神经网络算法估计国有投资基金业绩的可持续性。神经网络算法可以筛选出系统干扰，分析计算有效信息，可以更好地筛选出各种基金业绩持久性计算方法的有效部分，不需要建立分布函数来进行显著性检验。此外,本书也选择最合适的网络结构进行了相关的实证分析。

7.4.1 国有投资基金绩效预测研究工作介绍

近年来,国内许多学者采用单因素模型或多因素模型来研究我国证券市场的绩效。大部分研究结果表明,中国证券市场不是一个有效市场。根据 Fama 的有效市场假设理论,中国证券的当前市场价格并没有完全反映过去的价格信息。与普通投资者相比,基金管理人处于更有利的地位,他们有更多的渠道来获取相关信息,他们可以利用这些信息来选择低于正常价格的证券,从而获得市场之外的额外收益。基金头寸组合揭示了基金管理人的选股信息,基金头寸信息来源于基金的信息披露报告。从基金信息披露报告中挖掘出有效的选股信息,可以为广大投资者带来较大的投资价值。国内学者利用基金难处理的股票数据,针对这一目的做了大量的研究。如果能将基金的收入可持续性与选股有效结合起来,投资者将受益匪浅。

基金绩效是否可持续对基金参与者(基金管理人、基金投资者、基金监管机构)的决策具有决定性的影响。对于基金管理人来说,市场是否有效,市场是否能持续赢,积极决策是否有意义,对其投资风格和整个基金的运作模式有着深远的影响。对于基金投资者来说,如果基金的可持续性被确定为重要的,那么基金的历史业绩可以帮助基金投资者做出投资决策。此时,投资者只需要购买业绩更好的,这将大大减少调查过程,提高决策的准确性。如果该基金不具备可持续性,基金的历史业绩参考值降低,并且基金投资者可能关注其他可能影响甚至决定未来表现的因素。在极端情况下,如果基金的业绩完全不存在,即市场是完全有效的,那么投资被动型管理基金可能是一个很好的选择,以节省交易成本。对于市场监管者来说,如果基金在市场上的表现是可持续的,那么积极地进行基金排名,监督基金的表现可以很好地指导投资者的策略,从而达到保护投资者利益的目的。如果该基金的业绩没有显著的可持续性,那么该基金的排名可能就没有必要了。

要想从基金持有状况中获取有用的投资信息,前提是基金具有选择股票的能力。庞等人的论文首先提出基金有选择股票的能力。基于 CAMP理论,可以得出基金的投资收益包括选择收益和风险收益。此外,他创造性地将对股票的选择和对交易时机的选择进行了分离,对股票的选择具体可以解释为:从很多只股票中,通过对每一只股票收益的研究和分析,发现收益相对较高的股票并将其放入投资组合中。他定义了择时能力:对股票收益率和固定收益率进行动态比较和分析。当股票收益率大于固定收益率时，就会配置更多的资金在股票上面，而在另一种情况下，就会选择配置更多的资金在固定收益的证券之上。对此研究为未来国有投资基金业绩与选股时机的研究奠定了基础，是国有投资基金证券与选股时机研究过程中的一个里程碑。

此后，国外学者对这一领域进行了研究，但得到的结果并不理想，这进一步说明国有投资基金的基金经理不具备选择证券的能力（alpha 值为负）（Li et al. 2019）。之后，Yang et al.(2019)基于基金投资组合的时间分析法，引入了一种实证检验方法来评价基金的绩效。这个方法的特别之处是，它不依赖于 CAPM 理论，基金本身是作为参考来测试该基金投资组合包括一个特定的资产时的收入与该投资组合不包括资产时的回报之间的差距。San et al.(2018)用这种方法解释了为什么过去基于 Jensen 模型的基金不能超过市场平均表现。此外，他们用这种方法分析了美国共同基金的数据，得出的结论是，大多数积极投资于投资管理的基金表现良好。之后 Kamalakannan et al.(2018)进行了更深入的研究，他们将任何基金组合作为参考标准，通过检验待检验基金的业绩来评价基金的选股能力。他们发现，总体而言，这些基金经理能够做出正确的证券选择和时机判断。近年来，一些学者开始用更复杂的统计技术对这方面进行研究。Hu et al.(2018)采用一种新的统计方法 bootstrap 方法对 1975—2002 年的美国股票开放式基金进行了实证检验。结论是，一些基金表现出了较好的选股能力。Dang et al.(2018)使用 bootstrap 方法测试基金经理的选股能力。他们的实证分析表明，基金获得全市场回报的能力，确实是由于基金经理有能力做出正确的证券。

从国内研究的角度来看，除了早期的理论研究和实证模型的基本分析外，越来越多的学者利用市场数据对这一领域进行实证检验，得出了很多实证结果。Faias 和 Castel-Branco(2018)利用 Jensen 指数、T-M 和 H-M 模型研究了我国开放式股票和混合型基金的选股和择时能力。结果表明，从整体上看，近一半的基金具有显著的选股能力。从市场情况来看，牛市阶段比熊市阶段表现出更好的选股能力。Yao 和 Lu(2017)以五星股票型开放式基金为研究样本，采用 H-M 模型进行分析。研究发现，超过半数的基金组合获得了高于市场的收益，相应的基金经理表现出了显著的选股能力。同时，文章进一步指出，信息的过早获取等因素可能会影响样本基金经理的选股能力，并指出这与个人资历无关。Ülkü 和 Onishchenko(2019)采用 bootstrap 分析方法，不考虑数据分布模式，以 296 只开放式股票基金为研究样本。结果表明,至少有10%的基金能够正确选择证券,其投资组合中的基金具有一定的相似特征,如大市值、高市值比和高绩效。Hoon et al.(2018)使用传统的 T-M 模型和 H-M 模型检验了 14 只运营 3 年以上的开放式基金的选股能力。研究发现,我国大部分开放式基金都表现出一定的证券选择能力,但这种能力缺乏稳定性。Li et al.(2017)采用改进的 Carhart 模型研究了 2006 年 7 月至 2015 年 6 月中国股票开放式基金的月度数据。他们发现,总体而言,基金经理可以正确判断一定程度上选择证券。Zhou et al.(2017)以新股为研究样本,计算超额收益率和夏普比率,发现主动型基金的基金经理具有非凡的选股能力。

7.4.2　BP 神经网络

BP 神经网络的发展迅速,从应用场景和运用效果来看,其表现出一个成功的神经网络的特征。目前有很多的学者都对该网络进行了认识和学习,并将其应用在自身的研究之中。BP 神经网络在人工智能等领域有着非常切实的应用,其在经济问题方面也有着较好的表现。最基础也是最典型的 BP 神经网络有三层结构,分别是输入层、隐层和输出层。具体结构如图 7 - 5 所示。

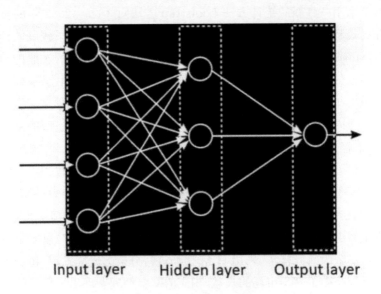

Input layer　　**Hidden layer**　　**Output layer**

图 7 - 5　三层 BP 神经网络模型

对于一般的 BP 神经网络根据其原理有着训练过程的划分,划分的标准主要是传播方向的不同,该网络对于输入信息的前向传播以及对误差信号的后向传播。从网络开始,神经网络开始了对相关训练样本的读取,之后就沿着输入层、隐层和输出层的方向传输。每个层次都会根据训练样本计算出不同的权值和偏移量,再根据这个权值和偏移量,计算出一个供输出的结果。对于该结果的处理一般是将其与正确的结果进行比较,计算出二者之间的误差大小。此处还会设置一个误差的阈值,当这个输出的结果与正确的结果的误差超过该阈值的时候,误差的信号就会再进行一次反向的传播,从而对前面的网络层计算出来的权值和偏移量进行一个修正。以上述过程为基础单元,训练过程会不断地重复,指导最后输出的结果与正确的结果之间的差距在可接受的范围之内。在 BP 神经网络中涉及激活函数的概念,一般对于激活函数的设置依据经验所得,对于不同类型的问题有着不同的设置,而不同的激活函数可能会形成不同的神经网络。这里,选择 Sigmoid 函数作为激活函数。

对于该函数的数学表达形式为:$f(x) = \dfrac{1}{1+e^{-x}}$,在这里每一个 x 都对应着 BP 神经网络中第一层,也就是输入层中的一个神经元。神经元的个数为正整数,因此标记为有 n 个。在这里,用 b 表示神经网络中间层隐层的神经元,同样在这里标记有 p 个,此外,在此将偏移向量设置为 α。Y_k 为神经网络输出层的第 k 个神经元节点,$k = 1, 2, \cdots, q$,β 表示输出层的偏移向量,将神经网络从隐层到输入层的权值矩阵记为 $W_{p,n}$,将神经网络从隐层到输出层的权值矩阵记为 $V_{(q,p)}$。根据上述定义,神经网络输入层神经元的值为 x_i,将输入信号前向传播,得到隐层神经元的值如下:

$$b_j = \sigma(\sum_i^n = iW_{ji}b_j + a_j)$$

同样,输出层神经元的值为:

$$y_k = \sigma(\sum_{j=1}^{q} V_{kj}b_j + \beta_k)$$

误差平方和作为判断是否停止训练的指标:

$$E = \frac{1}{2}\sum_{k=1}^{q}(O_k - y_k)^2$$

在上面的公式中,O_k 表示期望的输出。如果误差平方和不满足要求,则需要误差信号的反向传播。在此过程中,模型参数(权重值和偏移值)从输出层逐渐更新到输入层。利用梯度函数 E 求权值 V_{kj} 的梯度,更新输出层到隐层的权值向量:

$$\Delta V_{kj} = \frac{\partial E}{\partial V_{kj}} = \frac{\partial E}{\partial y_k} \times \frac{\partial y_k}{\partial V_{kj}} = (y_k - o_k) \times \sigma\left(\sum_{j=1}^{p} V_{kj} b_j + \beta_k\right) \times b_j$$

由上式完成输出层向隐层的权值向量更新。然后利用误差函数 E 求出偏移量 β_j 的梯度,并更新输出层到隐层的偏移向量:

$$\Delta \beta_k = \frac{\partial E}{\partial \beta_k} = \frac{\partial E}{\partial y_k} \times \frac{\partial y_k}{\partial \beta_k} = (y_k - o_k) \times \sigma\left(\sum_{j=1}^{p} V_{kj} bj + \beta_k\right)$$

以上操作完成了参数从输出层到隐层的更新。从隐层到输入层的参数随后被更新。首先,找到权值 W_{ji} 的梯度:

$$
\begin{aligned}
\Delta W_{ji} &= \frac{\partial E}{\partial W_{ji}} = \frac{\partial E}{\partial b_j} \times \frac{\partial b_j}{\partial W_{ji}} \\
&= \sum_{k=1}^{q} \left[\frac{\partial E_k}{\partial y_k} \times \frac{\partial y_k}{\partial b_j} \right] \times \frac{\partial b_j}{\partial W_{ji}} \\
&= \sum_{k=1}^{q} \left[(y_k - o_k) \times \sigma'\left(\sum_{j=1}^{p} V_{kj} b_j + \beta_k\right) \times V_{kj} \right] \times \sigma'\left(\sum_{i=1}^{n} W_{ji} x_i + \alpha_j\right) \times x_i \\
&= \sum_{k=1}^{q} \left[\Delta \beta_k \times V_{kj} \right] \times \sigma'\left(\sum_{i=1}^{n} W_{ji} x_i + \alpha_j\right) \times x_i
\end{aligned}
$$

同样地,找到了偏移向量 α_j 的梯度:

$$
\begin{aligned}
\Delta W_{ji} &= \frac{\partial E}{\partial W_{ji}} = \frac{\partial E}{\partial b_j} \times \frac{\partial b_j}{\partial W_{ji}} \\
&= \sum_{k=1}^{q} \left[\frac{\partial E_k}{\partial y_k} \times \frac{\partial y_k}{\partial b_j} \right] \times \frac{\partial b_j}{\partial W_{ji}} \\
&= \sum_{k=1}^{q} \left[(y_k - o_k) \times \sigma'\left(\sum_{j=1}^{p} V_{kj} b_j + \beta_k\right) \times V_{kj} \right] \times \sigma'\left(\sum_{i=1}^{n} W_{ji} x_i + \alpha_j\right) \times x_i \\
&= \sum_{k=1}^{q} \left[\Delta \beta_k \times V_{kj} \right] \times \sigma'\left(\sum_{i=1}^{n} W_{ji} x_i + \alpha_j\right)
\end{aligned}
$$

上式完成了只有一个隐层的三层 BP 神经网络结构的参数更新。这四个公式是三层 BP 神经网络参数更新的典型公式。接下来,将其扩展到任意数量的层,并更新偏移量和权重参数。

假设的神经网络具有 n 层,第一层的第 j 个神经元的值为 y_j^l,偏移向量是 b_j^l,第一层的第 j 个神经元到在第 $t-1$ 层的第 i 个神经元的连接的权重是 W_{ji}^l。根据该定义,可得:

$$y_j^l = \sigma\left(\sum_i W_{ji}^l y_i^{t-1} + b_j^l\right)$$

$$E = \frac{1}{2} \sum_j (o_j - y_j^n)^2$$

计算出误差函数后,利用误差函数更新该层的偏移向量,即可更新任意层的偏移向量。由于神经网络中隐层数量的增加,计算过程比三层神经网络复杂得多:

$$\frac{\partial E}{\partial b_j^l} = \frac{\partial E}{\partial y_j^l} \times \frac{\partial y_j^l}{\partial b_j^l} = \frac{\partial E}{\partial y_j^l} \times \sigma\left(\sum_i W_{ji}^l y_j^{l-1} + b_j^l\right)$$

上式的难点在于解 $\dfrac{\partial E}{\partial y_j^l}$,如果采用链式推导定律,

$$\frac{\partial E}{\partial y_j^l} = \frac{\partial E}{\partial y_j^n} \times \frac{\partial y_j^n}{\partial y_j^{n-1}} \times \cdots \times \frac{\partial y_j^{l+1}}{\partial y_j^l}$$

然而,在上式中 $\dfrac{\partial E}{\partial y_j^n}$ 属于标量对向量的推导,$\dfrac{\partial y_j^n}{\partial y_j^{n-1}}$ 属于向量对向量的偏导数。主要问题是维度不一致,是否可以乘法,还需要进一步讨论。对此,采用递归方法逐层求解:

误差函数对神经网络第 n 层第 j 个单位的偏导数为:

$$\frac{\partial E}{\partial y_j^n} = o_j - y_j$$

误差函数对神经网络 $n-1$ 层的第 j 个单元的偏导数为:

$$\frac{\partial E}{\partial y_j^{n-1}} = \sum_j \left[\frac{\partial E}{\partial y_j^n} \times \frac{\partial y_j^n}{\partial y_j^{n-1}} \right]$$

误差函数对神经网络 $n-2$ 层的第 j 个单元的偏导数为:

$$\frac{\partial E}{\partial y_j^{n-2}} = \sum_j \left[\frac{\partial E}{\partial y_j^{n-1}} \times \frac{\partial y_j^{n-1}}{\partial y_j^{n-2}} \right]$$

根据该方法,误差函数对第 i 层的第 j 个单位的偏导数为:

$$\frac{\partial E}{\partial y_j^l} = \sum_j \left[\frac{\partial E}{\partial y_j^{l+1}} \times \frac{\partial y_j^{l+1}}{\partial y_j^l} \right]$$

在上式中,既然 $\dfrac{\partial E}{\partial y_j^n}$ 已经知道,$\dfrac{\partial E}{\partial y_j^{l+1}}$ 可以用递归求解。

$$\frac{\partial y_j^{l+1}}{\partial y_j^l} = \sigma\left(\sum_i W_{ji}^l y_i^{t-1} + b_j^l\right)$$

这样,逐步求解,最终得到误差函数对第一层第 j 个单位的偏导数为:

$$\frac{\partial E}{\partial b_j^l} = \frac{\partial E}{\partial y_j^l} \times \frac{\partial y_j^l}{\partial b_j^l} = \frac{\partial E}{\partial y_j^l} \times \sigma'\left(\sum_i W_{ji}^l y_j^{l-1} + b_j^l\right)$$

$$= \frac{\partial E}{\partial y_j^{l+1}} \times \frac{\partial y}{\partial y_j^l} \times \sigma'\left(\sum_i W_{ji}^l y_j^{l-1} + b_j^l\right)$$

$$= \sum_i \left[\frac{\partial E}{\partial y_j^{l+1}} \times \sigma'\left(\sum_i W_{ji}^{l+1} y_i^l + b_j^{l+1}\right) \times W_{ji}^{l+1}\right] \times \sigma'\left(\sum_i W_{ji}^l y_i^{l-1} + b_j^l\right)$$

这里,把它记录为:

$$\delta_j^{l+1} = \frac{\partial E}{\partial y_j^{l+1}} \times \sigma'\left(\sum_i W_{ji}^{l+1} y_i^l + b_j^{l+1}\right)$$

$$z_j^l = \sum_i W_{ji}^l y_i^{l-1} + b_j^l$$

因此,将上式简化为:

$$\frac{\partial E}{\partial b_j^l} = \sum_j \frac{\partial E}{\partial y_j^{l+1}} \times \sigma'\left(\sum_i W_{ji}^{l+1} y_i^l + b_j^{l+1}\right) \times \sigma'\left(\sum_i W_{ji}^l y_i^{l-1} + b_j^l\right)$$

$$= \sum_j (W_{ji}^l \times \delta_j^{l+1}) \times \delta'(z_j^l)$$

经过类似的求解,误差函数可以通过推导任意一层的权值参数来更新这一层的权值向量:

$$\frac{\partial E}{\partial W_{ji}^l} = \sum_i \left[\frac{\partial E}{\partial y_j^{l+1}} \times \sigma'\left(\sum_i W_{ji}^{l+1} y_i^l + b_j^{l+1}\right) \times W_{ji}^{l+1}\right] \times \sigma'\left(\sum_i W_{ji}^l y_i^{l-1} + b_j^l\right) \times y_i^{l-1}$$

$$= \sum_j (W_{ji}^{l+1} \times \delta_j^{l+1}) \times \delta'(z_j^l) \times y_i^{l-1}$$

上面的讨论推导了任意层 BP 神经网络的参数更新公式。在训练过程中,输入信息向前传播,错误信号向后传播。通过不断调整各层的权重值和阈值,使最终的实际输出与期望输出之间的误差最小化,期望模型表现良好。BP 神经网络的工作流程如图 7-6 所示。

7.4.3 算法改进与实现步骤

7.4.3.1 遗传算法优化 BP 神经网络

优化后的模型主要包括以下步骤:

(1)对群体中的个体进行训练,并计算误差和适应度。种群的个体数量是确定的。误差计算公式为:

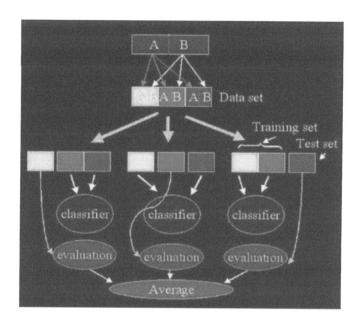

图 7 - 6　BP 神经网络工作流程

$$E = \sum_{k=1}^{n} \sum_{i=1}^{q} (y_{ki} - o_{ki})^2$$

式中，y_{ki} 为实际输出，O_{ki} 为理想输出，q 为输出层节点数，n 为样本数。适应度函数为：

$$Fitness = \frac{1}{E}$$

（2）种群初始化：本书采用二进制编码对种群大小等参数进行初始化。

（3）评估种群中的每个个体：根据每组权重和阈值对应的神经网络的全局误差，计算个体的适应度值，输出满足适应度要求的个体。然后对适应度较低的个体进行交叉和变异操作，生成新的染色体并重新计算适应度。并根据适应度值的大小进行排序。最终排序结果越高，对应的染色体越好。

（4）排序：根据上一步的排序结果，每一个染色体相关的选择的概率是按公式计算的。

（5）选择：选择过程采用轮盘赌的方法进行。假设 v_i 表示染色体数目，q_i 表示累积概率，即

$$\begin{cases} q_0 = 0 \\ q_i = \sum eval(v_i) \end{cases}, i = 1, 2, \cdots, 50$$

同样,从 0 到 1 取随机数 b。如果满足 $q_i-1 \leqslant b \leqslant q_i$,则选择第 i 条染色体。

(6)交叉与变异:在实际应用中,交叉概率为 $p_1 \in (0.25, 0.75)$,变异概率为 $p_2 \in (0.001, 0.1)$。演化过程分为两个阶段:渐变期和灾变期。前者在交叉上强,后者在变异上强。如果适应度值较大,则 p_1 和 p_2 取较小的值,以增加个体落在后面的机会。如果适应度值较小,p_1 和 p_2 取较大的值。

(7)执行步骤 3。如果满足了需求,则输出相应的权重和阈值,然后开始下一步。如果不满足要求,算法继续循环过程。

(8)将上述操作得到的最优权值和阈值赋给神经网络,开始神经网络的训练过程。

7.4.3.2　主成分分析

一般对数据进行主成分操作的时候,都需要对数据进行一些准备工作,主要是对数据的规格进行统一,即进行归一化处理,处理之后就开始构造原始数据矩阵。然后计算协方差矩阵的特征值和特征向量。之后依据特征值和特征向量,计算每个指标对主成分的重要程度,从而对指标的重要性进行一个筛选,找到最为重要的一些关键指标。具体公式为:$F = AX$,其中

$$F = \begin{pmatrix} F_1 \\ F_2 \\ \cdots \\ F_3 \end{pmatrix} X = \begin{pmatrix} X_1 \\ X_2 \\ \cdots \\ X_p \end{pmatrix} A = \begin{pmatrix} a_{11} & \cdots & a_{p1} \\ \vdots & \ddots & \vdots \\ a_{p1} & \cdots & a_{pp} \end{pmatrix} = \begin{pmatrix} a_1 \\ a_2 \\ \vdots \\ a_p \end{pmatrix}$$

式中,A 为主成分系数矩阵,F_1 是 $X_1, X_2, \cdots, X_p$ 的所有线性组合中方差最大的组,F_2 是所有 $X_1, X_2, \cdots, X_p$ 线性组合中所有与 F_1 线性无关的方差最大的组。以此类推,F_p 是与 $F_1, F_2, \cdots, F_{p-1}$ 线性无关的 X_1, $X_2, \cdots, X_p$ 所有线性组合中方差最大的组。这样得到的新变量 F_1, $F_2, \cdots, F_p$ 称为原变量 $X_1, X_2, \cdots, X_p$ 的第 1、第 2、第 3…第 p 个主成分。这样得到的新变量 $F_1, F_2, \cdots, F_p$ 称为原变量 $X_1, X_2, \cdots, X_p$ 的第 1、第 2、第 3…第 p 个主成分。

7.4.3.3　模型参数和评价标准

本书利用 BP 神经网络来建立对于企业的信用风险进行刻画评估的模型,在此方面的使用结合并没有找到什么有效的参考。但考虑到这个模

型使用到的数据的特点,这里的网络设计的时候应该以合适为优先,过于复杂或者过于准确反而会影响到模型实际使用的时候的刻画效果。对于模型的选择,可以利用对实际案例进行操作的时候得出结论,找到一个最为合适的模型。在以下实验中主要考虑初始参数。

对于神经网络的隐层的确定,目前学术研究界没有一个既定的公式存在,大部分都是依赖于具体的数据特点以及研究者的经验以及最终的实证实验来进行的。由于隐层数的多少对于模型的作用在不同的问题上有着不同的表现,对于简单问题,过多的隐层可能会造成算法复杂、算力浪费的情况,而对于复杂问题,过于简单的隐层设置,会使得模型的刻画变得困难。在这里,考虑到模型数据较为简单,并不需要特别多的隐层,同时三层的结构已经可以有一个较好的拟合效果,所以在此应用了经典的三层 BP神经网络,即只有一层隐层。

选择隐层节点的数量,如果隐层节点的数量设置过小,那就意味着神经元的数量会严重受限,对于数据的刻画能力也会变化,这样可能会使得模型只能够对数据进行简单甚至是错误的体现,无法真正地发掘其规律。过少的隐层节点还会导致训练过程中的误差很大,而调节空间很小,从而使得循环一直进行,损失函数无法收敛或者不下降,即使完成训练,模型的泛化能力也会很差,无法对提供的数据之外的数据进行很好的拟合,也就无法达到预设的功能。

因此,需要增加隐层节点的数量,只有在足够的神经元的刻画之下,才能够对数据有一个准确的刻画,去发掘样本与样本之间的关系,让模型与研究问题更加适配。但这会带来另一个方面的问题,也就是过多的神经元会使得模型的训练时间增加,同时产生过拟合的问题,使得模型只会对样本数据表现出好的性能,对于样本之外的数据就无法进行拟合。这对提供的训练数据就提出了很高的要求,如果样本数据包含了过多的噪音,就很有可能对真正的规律产生影响,但完全无噪音的数据显然是不可能实现的。

为了确定隐层节点数,参考了学界对此的几种主要方法:

(1)经验公式,根据公式再加上一定的尝试来确定最为合适的隐层节点数。方法如下:

$$k = \sqrt{m+n} + a$$

计算隐层节点数。式中,k 为隐层节点数,n 为输入层节点数,m 为输出层节点数,a 为常数,$a \in (1, 10)$。

(2)根据 Kolmogorov 公式确定隐层节点数。方法如下:

$$k = 2n + 1$$

（3）根据经验公式，计算隐层节点数。式中 k 和 n 的含义与上式相同。

$$k = \sqrt{0.43mn + 0.12n^2 + 2.54m + 0.77n + 0.35} + 0.51$$

计算隐层节点数。式中 k、n、m 含义相同。研究主要是基于经验公式的方法来进行确定的，将 k, n, m 代入计算得到隐层节点数可为 3～13。为了使模型的性能更好，在训练过程中，对隐层节点的数量进行设置，通过多次拟合最终得到一个表现最好的神经网络结构。

确定学习率。学习率具体可以表示为神经网络对于样本信息的吸收程度或者速度。学习率的选择同样以合适为基础，过大和过小的学习率最终都会导致算法不收敛，无法得到理想的模型。具体来说，当设置的学习率过小的时候，整个网络在接收样本的时候，就不会因该样本调整过多的量，导致样本的输入对网络的影响过小，那么在这种情况下，很容易遇到持续训练但是收敛缓慢的情况。在过小的学习率的情形下，模型的训练时间会很长，带来很大的不便利。但如果设置了过大的学习率，同样会带来麻烦，即网络对于每一个样本的吸收都很好，对其做出的反应和调整都很大，但由于每个样本都不能代表最终的经验规律，那么这种过大的反应同样会导致模型难以收敛，因为网络的权值每次变化的幅度过大。所以，在设置学习率的时候，结合了研究的模型的特点，从数据量和稳定性方面进行了考虑，最终决定牺牲一定的训练时间，选择设定一个较小的学习率，从而最大化利用样本数据。所以本书参考了目前学术界对此参数的设置，一般都是在 1% 到 50% 之间。本书最终选择了 20% 作为参数设定。

最大收敛次数。神经网络的训练次数尽量少设置，设置不同的训练次数，训练效果往往不同。在训练过程中，训练次数有一个最优值。在这个值下，神经网络的预测精度最高，模型表现最好。另外，由于迭代次数完成之后，神经网络的状态并不一定就是收敛的，经常会出现训练结束后但网络仍然有很大误差的情况。因此这里可以考虑设定一个较大的收敛次数，从而尽力保证模型训练完成是收敛的，在这里设置最大收敛次数为5 000次。

模型结果的评价指标。本书模型进行刻画的是借款人的信用风险水平。从这个角度而言，需要寻找一个能够提供与期望输出误差最小的模型。因此，在训练模型阶段，提前设定训练目标，以决定是否停止训练过程。在神经网络训练阶段，将数据输入到模型中，通过比较输出值与期望值之间的误差是否达到预定目标来决定是否停止训练。在预测新数据时，通过比较输出值与实际值的差值来衡量模型预测的准确性。

在神经网络训练阶段,目前使用的度量主要有以下三种类型。三种方法的计算公式如下:

均方误差:

$$MSE = \frac{1}{n}\sum_{i=1}^{n}\left(y_i - \hat{y}_i\right)^2$$

平均绝对误差:

$$MAE = \frac{1}{n}\sum_{i=1}^{n}\left|y_i - \hat{y}_i\right|^2$$

相对平均误差绝对值:

$$MAPE = \frac{1}{n}\sum_{i=1}^{n}\left|\frac{y_i - \hat{y}_i}{y_i}\right|^2$$

在上述三个公式中,n 为样本数据个数,y_i 为神经网络输出值,$\hat{y}_i$ 为样本数据的实际值。

由于均方误差常被用来衡量神经网络的训练能力,因此均方误差被用作衡量神经网络在训练阶段是否满足标准的指标。在第五章的实证分析中,取均方误差 $MSE = 0.005$。

模型预测结果评价指标。神经网络通过在训练集中的训练过程形成一个相对稳定的结构。在预测阶段,更加关心模型在新数据上的表现。只有在训练集和预测集上表现较好的模型才具有推广和实用价值。平均绝对误差是一种常用的衡量模型预测值与真实值偏离程度的指标。计算公式如下:

平均绝对误差:

$$MAE = \frac{1}{n}\sum_{i=1}^{n}\left|y_i - \hat{y}_i\right|^2$$

上式中,n 为样本个数,y_i 为神经网络输出值,$\hat{y}_i$ 为实际值。选择平均绝对误差来衡量预测结果的优劣。计算出的平均绝对误差值越小,说明模型预测值越接近实际样本值,预测结果的可靠性越高,模型表现越好。因此,选择平均绝对误差来衡量模型对预测数据的表现。

7.4.3.4 算法性能分析

从全球来看,人口老龄化的进程一般是不可逆转的。但其渐进式的特点为养老保险制度的改革提供了基础和时间,从而避免了社会稳定和经济发展剧烈变化所带来的巨大动荡。调整措施必须在科学计算养老保险的基础上实施。因此,本书以养老基金为例,对算法的性能进行了分析,并根据提出的养老计划对模型进行了修正。延迟退休计划对参与人数的影响主要集中在 50~54 岁、55~59 岁、60~64 岁的女性和 60~64 岁的男性。确定函数变量 FX_1,FX_2,FX_3,并介绍了 MX_1 在在职人员参加社会保障的基础上计算延期退休的影响。其流程位图如图 7-7 所示。

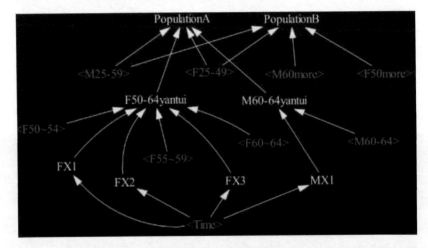

图 7-7 流程位图

通过修改模型相关参数进行延迟退役仿真。将模型运行结果与原始结果进行对比,资金总量曲线如图 7-8 所示。对比延迟退休前后的基金总曲线可以看出,延迟退休后,总基金下降速度放缓,总基金将于 2025 年枯竭。因此,延迟退休对改善基金运作有一定的作用。

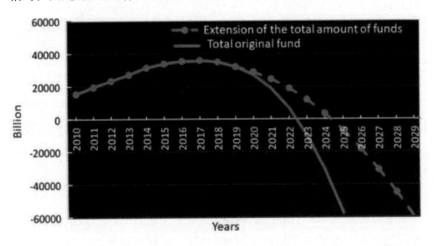

图 7-8 资金总量曲线

如图 7-9 所示,通过比较活动参与者数量的变化和退休人员的数量之前和之后延迟退休,可以看出在职人员的人数慢慢增加到 2020 年之后,于 2025 年达到最大值后开始下降。延迟退休后在职参保人数于 2041 年达到最大值后开始略有下降。延迟退休前后,退休人数均呈上升趋势,但延迟退休后的增长率明显较小。因此,延迟退休对改善我国参保人员结构有很好的效果,可以为经济发展提供更多的劳动力资源。

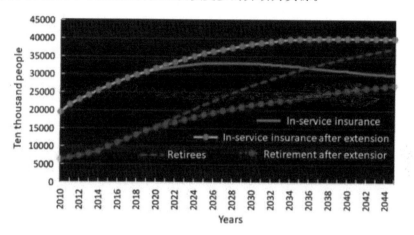

图 7-9 参保人员结构曲线

将投资收益公式代入基金运营系统,得到基金总曲线,如图 7-10 所示。对比表明,在基金耗尽前,基金的入市计划可以增加基金总量,但基金耗尽时间变化不大。

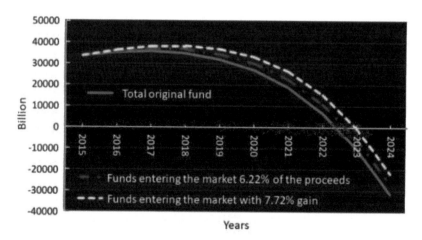

图 7-10 基金总曲线

该模型提出的假设是收款率缓慢提高,因此收款率在 2023 年前增长较少,对未来的影响较小。为了能够比较基金运作中收款率的变化,决定比较征费和税收的年度差距 2016 年后的支出。从图 7-11 可以看出,征税和支出的差距明显低于在改革之前。因此,增加收集利率有利于养老金的长期运行,但养老基金的可持续运作短期内无法实现。

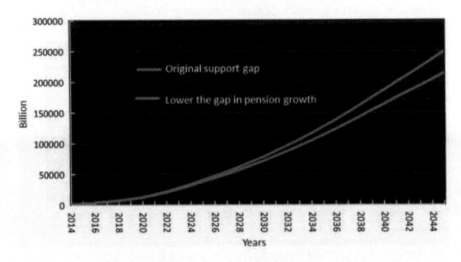

图 7-11　征税与支出曲线

对比图 7-12 中基金总运营曲线可以看出,3% 的补偿率和 4.5% 的补偿率可以分别延长基金运营 1 年和 2 年。而且,在基金总额为正的时期,财政补偿金额与财政补偿比例呈正相关关系。

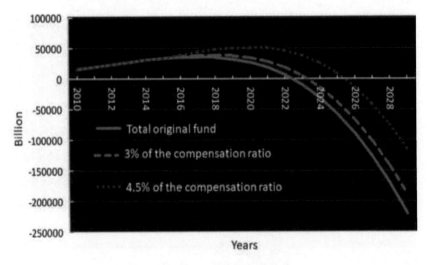

图 7-12　基金总运营曲线

假设养老金增长率与上年 GDP 增长率的差系数为 4.5%。然后进行仿真操作,结果如图 7 - 13 所示。从图 7 - 13 可以看出,养老金增长率的降低在短期内对资金缺口的影响不大,但从长期来看会有助于缩小资金缺口。

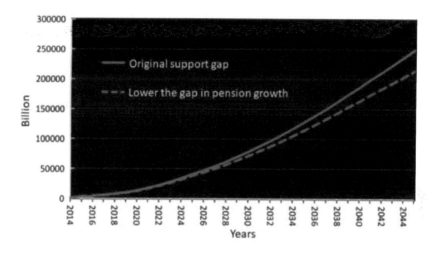

图 7 - 13　基金增长曲线

然后进行综合改造模拟实验。这里提出假设:延迟退休计划保持不变,养老金进入计划的股市回报率设定为 12%,主要考虑股市可能的波动。公司出资率将从 2020 年起每年下降 0.5%,到 2025 年降至 17%,个人出资率将保持不变。由于供款率的降低和收入的增加,2020 年的供款率上升到 55%,2025 年上升到 60%,2035 年上升到 65%。

养老金增长率从 2016 年开始逐渐下降,与上年实际 GDP 增长率的差距逐渐增大,2035 年增至 4.5%。财政补贴比例在 2.3% 至 4.5% 之间波动,以获得最佳财政补贴比例。主要原因是考虑到财务补偿比例可能影响经济发展速度,希望基金能够以最低财务补偿比例持续运作。从计算结果可以看出,最终设定的财政补贴率将从 2016 年开始逐步提高,2020 年提高 2.5%,2030 年提高 3.2%,2050 年提高 3.5%,能够实现基金的可持续运行和目标期内的资金总量。然而,在目标期的后期,养老基金总额的下降速度加快,具体数值变化曲线如图 7 - 14 所示。

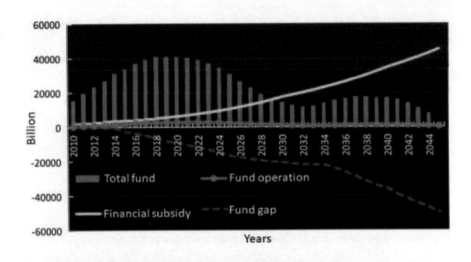

图 7 – 14　基金总额变化曲线

7.4.4　研究结论

国有投资基金业绩的可持续性评价对基金的选择具有重要意义。但研究认为,目前大多数衡量国有投资基金业绩可持续性的方法存在分类不有效、未考虑极值干扰、分布函数不适用等问题。通过引入神经网络算法来衡量国有投资基金业绩的可持续性,可以解决上述问题。神经网络算法能够筛选出系统干扰,分析和计算有效信息,能够较好地筛选出各种基金业绩持久性计算方法的有效部分,而且不需要预先建立显著性检验的分布函数,可以利用隶属度对基金进行有效分类,最终得到更可靠的连续测度结果。

7.4.5　深度学习与机器学习对人工智能技术投资的影响

对人工智能技术的高投资正开始为投资者产生大量风险投资式的结果。尽管自 2014 年以来风险投资交易额超过 100 亿美元,但在 2019 年之前,只有四家 VC 支持的公司(涉及人工智能结合有监督的机器学习)完成大型股权投资的退出交易(超过 10 亿美元)。

而 2021 年的每个季度,涉及人工智能结合有监督的机器学习相关公司,产生的股权投资退出交易的数量都在刷新纪录。到 2021 年第三季度,数量已从 8 起增长到 26 起,增长了 3 倍多,交易价值从 328 亿美元增长到 1 533 亿美元,增长了 5 倍多。

在过去几年中,人工智能企业实现大型股权投资退出的主要用例包括信息安全和自动驾驶汽车。在信息安全方面,各初创公司已成功使用受监督的机器学习技术从大型数据集中对恶意软件和欺诈行为进行分类,如信息安全的端点安全领域为 CrowdStrike 和 SentinelOne 进行了 IPO。此外,欺诈预防促成了 Shape Security 的收购以及 Riskified 的 IPO。

未来可能与信息安全及自动驾驶相匹配的板块包括贷款分析、药物发现和销售与营销。到目前为止,涉及人工智能的 71 个类别行业只有 28 个实现了股权投资退出。而 2021 年首次实现多个大型股权投资退出交易的板块包括销售和营销、药物发现以及媒体和娱乐。在贷款分析方面,Blend 和 Upstart 进入公共市场,体现了监督下的机器学习的作用,此外语言处理技术使得贷款申请过程自动化,降低了贷款发放的成本。

2021 年有监督的机器学习和深度学习技术方面有明显增长且占比较大。有监督的机器学习是根据先前分类的输入数据训练概率模型,从 2020 年到 2021 年,为 21 个大型股权投资退出中的 9 个提供了动力,并在 2021 年再次成为领先技术。

深度学习是用于创建多层网络以在各种复杂任务中实现人类水平精度的技术,其模型的主要用例包括卷积神经网络和递归神经网络,相关公司在不同领域应用并实现了大型股权投资退出。新兴的 Transformer 架构在自然语言处理(NLP)中创造商业成果,新兴的自然语言技术也正在导致跨行业的高度商业化应用。

人工智能巨头的迅速增加表明了通过应用最佳的人工智能架构,创建大型企业的跨领域机会。信息安全领域的优异表现表明高质量的数据汇总是有效实施人工智能的前提条件。未来,深度学习将应用于数据领域,帮助更多的实体企业完成大型股权投资退出,继续扩大人工智能在各个领域的价值。

7.5 创新价值链"全息画像"案例——国有基金投资芯片产业

7.5.1 为什么用芯片半导体产业作为案例分析

中国芯片产业存在的短板比较多,恐怕还要一二十年的时间才能追上世界先进水平。目前,全球 54% 的芯片都出口到中国,但国产芯片的市场份额只占 10%。全球 77% 的手机是中国制造,但其中不到 3% 的手机芯片是国产的。我国芯片产业长期被国外厂商控制,不仅每年进口需要消耗 2 000 多亿美元外汇,而且超过了石油和大宗商品,为第一大进口商品。

中国大陆的集成电路产业从 20 世纪 50 年代算起,已历经 70 余载的发展历史,产业一直面临着"缺芯少魂"的问题。其主要原因有两方面,一方面是起步较晚,另一方面是主导理念的偏差导致创新很困难。归根结底,是缺乏核心技术,中国芯片行业的发展需要去一点点探索创新发展,一步一步踏实追赶。

中国每年向国外进口芯片接近 2 000 亿美元。芯片的很多高端技术在美国人手里。Nvidia,Intel,联发科,高通,IBM,AMD,ARM 这些公司不是在美国人手里,就是在日本人手里。没有自己的芯片,集成电路就是一句空谈。很多技术都卡在芯片关上。从 5G 到移动互联网、云计算、大数据、智能设备、物联网、机器人、无人机及 LED,全部都要芯片,而中国核心芯片工业目前还在起步阶段。

这些年,中国成为各种电子产品的第一制造大国,每年消费海量的芯片都需要进口;中国大力发展的航空航天、军工、国家信息安全等都需要海量的进口芯片。

政府从国家安全、战略层面制定了芯片发展计划,2014 年就计划在未来 10 年投入 1 万亿产业基金;再加上很多地方政府的产业基金的支持,应该远远高于这个数字。

2019 年中兴和华为芯片、操作系统"断供"事件让人清醒认识到了这一问题的重要性。在发生此事件前,都没有意识到芯片技术的重要性,认为芯片在市场上很容易购买到,实际上芯片技术现已与信息安全、国家发展息息相关。

从某种程度来讲,中兴、华为事件的发生让社会清楚认识到了芯片技术和芯片产业的巨大价值,也让国民更加关心我国芯片技术和产业的发展。

在大规模集成电路时代的今天,没有集成电路产业的中国很难追赶得上。同时,放眼全球,芯片技术在飞速增长,我国的芯片产业发展与国际先进水平仍有很大的差距,尽管我国有一些知名的设计和制造企业。

所以,从政策面看,芯片行业不是简单的替换,它是决定国家前途命运的行业,这里面的机会不会一阵风就没了。但是,如前所说,芯片技术国产化任重而道远,技术门槛太高,人才培养、技术积累都需要时间,一定不会一蹴而就,而且需要持续投入。再者,芯片的很多细分领域也未必就一定能够国产化,至少 10 年内都看不到国产化的可能。现在发展芯片是国家行为,已经不是企业行为。就是因为中国政府太重视了,美国政府也早就察觉。中国资本想通过收购或资本运作拿到欧美的芯片相关技术非常难。美国政府专门通过 301 条款,就是针对芯片行业,让全球都对中国封锁芯片技术。

行业里面的普遍观点认为,中国芯片行业成功崛起的概率还是很大的。芯片重要、国家重视,我们要有信心,只是这一过程任重而道远。核心技术的发展,是一个从 0 到 1 的过程,因此要做好充分的心理建设,苦心钻研。同时,核心技术的发展也需要市场的辅助,新研发出来的产品需要投放到市场中去试错,才能不断进步。基于此,习近平总书记要求做好市场化引导。政府采购要首选国产自主研发芯片和软件,让其进入市场,接收一次次的检验,进而走向成熟。总之,集成电路产业的发展是一个长期工程,要做好打持久战的准备,要有信息和决心,脚踏实地地把集成电路产业发展壮大起来。

同时,要充分利用好举国体制和市场经济相结合的优势,比如,国家制定一些发展计划。同时,积极引入金融市场的配套支持,对研发生产的企业给予资金支持,平衡企业在研发过程中可能出现的短视行为。

总之,芯片半导体产业的投资,是政府基金投资创新企业中挑战最高的产业之一,具有非常强的代表性和现实意义。而且,笔者作为工信部芯片产业创业之芯的专家委员,也拥有大量的投资数据和案例基础,这也是挑选这个产业做分析的数据基础。

7.5.2　芯片半导体产业链状况

芯片半导体(chip)又称微电路,是指内部含有集成电路的硅片,是集成电路(IC,integrated circuit)的载体,由晶圆分割排列组合而成,体积很小,通常是电子设备的核心部分,像 MCU、CPU 一样的执行处理的单元。制成这样的硅片,需要在很小的硅晶片精细准确地排布上亿个晶体管,经历 5 000 多道工序。芯片的设计和制造技艺总在不断迭代,每一次迭代都会对半导体领域的行业格局产生深远影响。

集成电路指的是通过半导体、薄膜等技术将电路中的晶体管、电阻、电容和电感等元件及布线互连一起,制作在一小块或几小块半导体晶片或介质基片上,最后在管壳内进行封装,成为具有电路功能的微型结构。半导体介于导体和非导体两者之间。

由上述内容可知,芯片半导体与半导体元件的产业链是重合的,可以等价于半导体,同时集成电路产业又包含芯片半导体产业。由于中国只有半导体行业协会,没有芯片半导体行业协会,故在下文的论述中涉及许多中国半导体行业协会(CSIA)的数据以及集成电路产业的数据,不论是一级行业的集成电路,还是二级行业芯片半导体,指的都是芯片半导体产业。

7.5.2.1　芯片半导体产业链的上游制造

芯片半导体产业链的上游制造主要分为芯片半导体设计、芯片半导体制造、封装测试三个部分。当前,我国在芯片半导体设计及芯片半导体设计产品方面有所欠缺,主要还是依赖进口,在芯片半导体制造和封装测试上,能基本满足我国的需求。如图 7－15 所示,每个生产阶段对应着不同的产品和制作工艺。

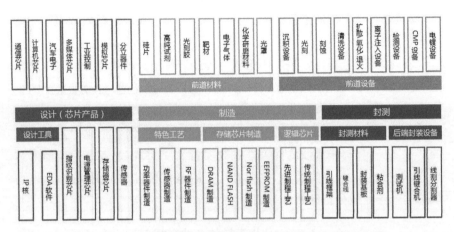

图 7－15　芯片半导体产业链的三个阶段及其工艺流程和产品

2015—2022 年,我国的芯片半导体产业持续增长,从 2015 年亿元的 3 609.8 亿元规模,增加至 2022 年的 12 036 亿元,每年增速均在 15% 以上。其中 2022 年芯片半导体设计、制造、封测产值分别为 5 156 亿元、3 854 亿元、3 026 亿元,同比增长分别为 14.1%、21.3%、9.5%。具体数据如图 7－16 所示。

从产品规模数据中可以发现,中国芯片半导体虽面临增速放缓的态势,但仍然在向上。而且 2022 年的产业结构数据中,芯片半导体设计占比为 42.8%,相较于全球的芯片半导体设计占比超 60% 来说,还有差距。

7.5.2.2　芯片半导体产业链的下游应用

芯片半导体产业链的下游,广泛地应用于 PC、手机及平板电脑、消费电子、工业和汽车等终端市场。以后随着半导体在汽车、手机等方面的广泛应用,芯片半导体的需求量也会逐渐增大。下面主要阐述芯片半导体在汽车、5G、物联网三个方面的应用。

1)汽车芯片半导体

当今,随着汽车的普及,车用芯片半导体的需求也在逐年增加。无论

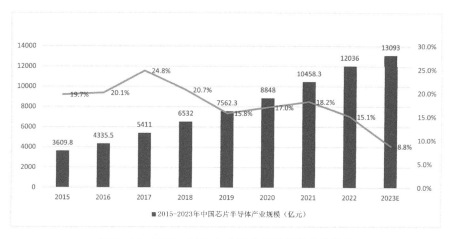

图 7‑16　2015—2023 年中国芯片半导体产业规模

是燃油汽车,还是电动汽车,车用芯片半导体的应用场景包括功率 IC、IGBT、CMOS 等,应用于车载娱乐系统、辅助驾驶系统、视频显示系统、电视系统、电动马达控制、灯光控制、电动车和混合动力汽车的电源管理系统等多处车载功能模块。据市场调查机构 Strategy Analytics 测算结果,目前传统内燃机汽车平均搭载价值为 338 美元的芯片半导体,混合动力汽车则会搭配 710 美元的芯片半导体,纯电动车的芯片半导体搭载量则达到了 704 美元。未来伴随电动汽车销量的快速增长,车用芯片半导体的市场将得到进一步的提高。

2)5G 带动射频芯片半导体需求

在手机无线网络中,系统中的无线射频模组必定含有两个关键的射频芯片半导体:以 HBT 设计的射频功率放大器(RF PA)和以 pHEMT 设计的射频开关器。传统 2G 手机中,一般需要 2 个功率放大器(PA);另外 2G 手机只有一个频段,噪声要求低,使用 1 个射频开关器。到了 3G 时代,一部手机平均使用 4 颗 PA,3.5G 平均使用 6 颗 PA,使用 2 个射频开关器。4G 时代,平均使用 7 颗 PA,4 个射频开关器。下一代 5G 技术,其传输速度将是现行 4G LTE 的 100 倍,频段大幅增加,虽然射频芯片半导体的数量与频段数量并不是简单的线性关系,但通信频段增加势必带来射频芯片半导体价值的大幅增加。

3)物联网时代的到来

随着车联网、物联网、智能城市等逐渐走向现实,未来将是一个无线连接一切的世界,联网设备会大幅增加。根据权威机构的统计数据,2016 年全球一共有超过 60 亿部物联网终端,这个数字还会不断增加,在今后的几年里,将拥有超过30%的增长率,仅仅到2020年就突破200亿部。在终端设备数量迅速增加的同时,相关的产业技术也在蓬勃发展,很多涉及芯片半导体的领域都会受益,万物互联将对很多产品进行全新赋能。

中国的芯片半导体的相关产业链也在向着高端不断迈进,向芯片半导体设计等高附加值产业链转型,产业结构更趋于合理。下面将从芯片半导体设计、芯片半导体制造、封装测试3个方面对我国芯片半导体产业发展现状及未来发展趋势分别进行叙述,并将从根据政策支持方面分析其未来发展的美好前景。

7.5.2.3 芯片半导体设计:存在较大的缺口,自给率稳步上升

从行业产值的集中水平来看(见图7-17),目前芯片半导体设计行业呈现明显的集中态势,根据统计数据,在2018年该行业全世界的总产值的70%以上都是由10家企业提供的(见表7-6)。虽然中国拥有10家企业中的3家,但中国仍有巨大的芯片半导体需求缺口,仍然对国外进口有很大的依赖,中国每年购买的芯片半导体占据了全世界的一半以上。同时根据政府有关部门的统计,2018年,集成电路的进口数量增速超过10%,规模超过4万亿个,进口金额增速更是接近20%,超过3 000亿美元。与3 000亿美元的进口金额对比的是850亿美元的出口额。如此计算下来,每年中国在集成电路方面的净进口就超过2 000亿美元,这个金额远远超过了中国对于原油的净进口金额。

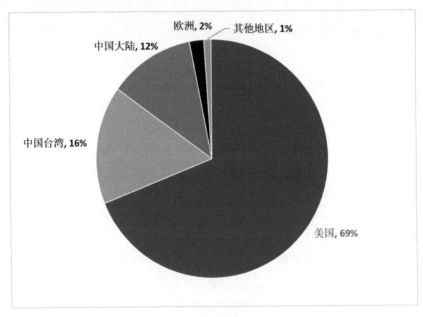

图7-17 2018年全球芯片半导体设计产值区域分布

表 7 - 6　2018 年全球十大芯片半导体设计厂商

排名	公司名称	总部所在地	2018 年销售额 （百万美元）	2018 年同比增速
1	博通	美国	16 639	3%
2	高通	美国	16 481	−3%
3	英伟达	美国	12 281	31%
4	联发科	中国台湾	7 891	1%
5	苹果	美国	7 425	7%
6	超威半导体	美国	6 506	22%
7	华为海思	中国大陆	5 880	25%
8	迈威科技	美国	3 181	5%
9	赛灵思	美国	2 838	15%
10	紫光集团	中国大陆	2 275	11%

同时,国家近几年来高度重视我国芯片半导体设计产业的发展,我国的芯片半导体设计产业在快速、持续稳定地发展。

对比同行的发展,我国进入全球前 50 大芯片半导体设计企业的数量从 2009 年的 1 家到 2018 年的 11 家本土企业,9 年内数量增加了 10 倍,占比已经增加了 20%,发展不可谓不迅速。

从头部企业的角度观察行业的发展特点看,2018 年,中国在该行业的前十大公司拥有着总和超过 15% 的销售额增长率,总和接近千亿元级。而且观察这些企业的地区分布的时候也能够发现一些特点,即这些头部企业都分布在一些经济相对更加发达的地区,例如各个三角经济区。

通过公司的数量也能够了解到行业的发展状况,2018 年全国共有近 1 700 家芯片半导体设计企业,这一数字在 2017 年还仅仅不到 1 400 家,对比前一年有超过 20% 的增长率。其中长三角和珠三角地区的企业都分别对行业的产值有超过 30% 的贡献率,而京津环渤海同样有超过 20% 的贡献。

从规模以上企业来看,2018 年,国内销售额超过亿元的本土设计企业共有 208 家,其中长三角、京津环渤海、珠三角、中西部地区分别是 92 家、37 家、33 家、29 家,见图 7 - 18。

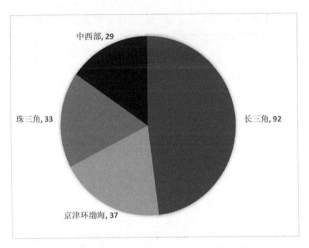

图7-18 2018年销售额破亿元的本土芯片半导体设计企业地域分布图

7.5.2.4 芯片半导体制造:有广阔市场空间,国内厂商占比有提高空间

芯片半导体制造分为两个阶段,第一个阶段是对于硅片的制作与处理,第二个阶段是晶圆制造。从中国目前的制造工艺来看,还是有着十分明显的进步的。对于一些核心技术,例如小量级(7纳米)的工艺溅射靶材,能够转换为资金的东西。尽管如此,中国还有很多需要学习改进的地方,例如对于八寸和十二寸的晶圆的相关工艺和流程就存在着较大不足。以八寸的晶圆为例,在2018年共有近1 900万片八寸晶圆被生产,这里面中国台湾占据1/5以上,居全世界第一;对比之下,中国大陆地区只生产了1/8。由此可见,中国大陆目前有着很大的提升空间。

在晶圆制备阶段,晶圆以沙子为原料,通过转化可以成为具有多晶硅结构的纯净硅,形成带有特殊电子和结构参数的晶体,之后在晶体生长和晶体准备工艺中,晶体被切割成称为晶圆的薄片,并进行表面处理。

在晶圆制造阶段,就是在表面形成器件或集成电路。在每个晶圆上通常可形成200~300个同样的器件,也可多至几千个,晶圆制造有几千个步骤,可以分为两大主要部分:前段工艺线(FEOL)是晶体管和其他器件在晶圆表面形成的,后端工艺线(BEOL)是以金属线把器件连在一起并加一层最终保护层。

晶圆的加工十分复杂,其有几十层结构,这些结构的加工都必须经过很多操作,计算下来,一个晶圆加工好需要完成上千个操作。为实现总体合格率90%以上,就必须要求每个步骤的合格率达到99.99%。

目前,国内在建晶圆厂已有十余座,预计投资规模5 000多亿。2020

年前,全球规划建设 62 座晶圆厂,我国 26 座,占比 40%,我国芯片半导体制造正在以极快的速度追赶世界领先行列。

7.5.2.5 芯片半导体封测:处于世界领先地位

中国大陆负责芯片半导体封测的系列公司通过不断的进步发展,现在从技术角度已经处于世界领先地位。由于全世界正在兴起产能转移的热潮,在这股热潮下,中国大陆的企业通过各种并购手段,提高自身企业发展的速度,在抓住了这波机遇后,已经能够在芯片半导体封测领域领先全球。

芯片半导体封测指的是晶圆上的芯片半导体已经制造完成后,但是仍旧保持晶圆形式并未经测试,因此每个芯片半导体都需要晶圆电测来检测是否符合客户要求,随后进行封装。封袋是指通过一系列过程把晶圆上的芯片半导体分隔开,然后将它们封装起来,保护芯片半导体免受污染和外来伤害的作用,并提供坚固耐用的电气引脚以和电路板或电子产品相连,这个阶段最后还有芯片半导体最终测试,因此称为晶圆封测。

从行业的角度来进行分析,行业将随着市场需求增大和成本上升更加集中化。Gartner 的数据表明,2016 年,全球芯片半导体封测市场规模是498 亿美元,其中包括传统封测市场规模为 272 亿美元,占比 54.7%;先进封测中的倒装封装市场规模最大,为 188 亿美元,占比 37.7%。2016 年封装市场规模占比见图 7 - 19。

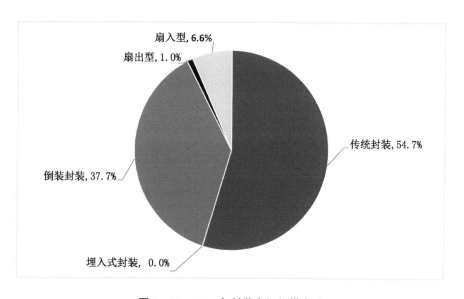

图 7 - 19 2016 年封装市场规模占比

想要发展技术,必然需要大量的资源投入,只有充足的资金支持,封测的相关技术才能够不断提升与发展。同时,技术的发展也需要多家企业的共同努力来产生竞争优势,产业基金的加入可以更好地解决这一问题。国家集成电路产业基金已经对一大批龙头封测企业投入 30 多亿元的资金,来助力其成为世界一流企业。

7.5.3 国家政策扶持下的机遇与风险

在信息发达的时代,芯片半导体产业已成为信息技术产业极为重要的内容,但我国芯片半导体对进口的依赖程度高,制约了相关产业的发展,也面临着国家安全的危险。对此,我国为大力支持芯片半导体产业的发展,制定并出台了相关的政策(见表 7-7),尽最大的努力实现芯片半导体行业的国产化,摆脱依赖进口的窘境。

表 7-7　国家支持芯片半导体产业发展的部分相关政策

时间	发文单位	政策文件
2011 年 1 月	国务院	《关于进一步鼓励软件产业和集成电路产业发展的若干政策的通知》
2011 年 5 月	海关总署	《关于海关支持软件产业和集成电路产业发展的有关政策规定和措施的公告》
2012 年 8 月	国家发改委	《国家规划布局内重点软件企业和集成电路设计企业认定管理试行办法》
2014 年 6 月	工信部	《国家集成电路产业发展推进纲要》
2015 年 5 月	国务院	《中国制造 2025》
2016 年 5 月	财政部、税务总局、国家发改委、工信部	《关于软件和集成电路产业发展企业所得税政策的通知》
2018 年 1 月	财政部、税务总局、国家发改委、工信部	《关于集成电路生产企业有关企业所得税政策问题的通知》

在以上一系列国家层面政策的出台下,各个地方也结合自己的发展实际情况制定出台了相应的政策,来对芯片半导体产业进行助力。

2014 年 9 月,国家集成电路产业投资基金顺利成立,其采取公司制的形式,注册资本 987.2 亿元,这里面中央的资金主要是一个号召作用,真正能够提供帮助的,还是各路资本的力量。以少数的资金撬动社会的资金,体现了杠杆的思想。有着中央财政的带路，金融机构等资金也就有了投资的方向。国家集成电路产业投资基金股份有限公司总裁丁文武表示，大基金第一期募集 1 387 亿元，撬动 5 145 亿元社会资金，大基金第二期可达到 1 500 亿～2 000 亿元，远远超过第一期，按照这个数据预测，两期的资金总额将超过万亿。

芯片半导体产业现已得到国家层面强有力的支持，因此也让很多民间资本想要进来分一杯羹。与此同时，风险也应引起注意，就如上市公司盈方微——一家芯片半导体研发设计的公司，该公司上市之后，出现了亏损，并且这种情况持续了两年，按照相关的管理规定，该公司被提示风险。在经过上述操作之后，盈方微的市场表现更差，投资者用脚投票，使其收获了四个跌停板，市值受到重挫。

第8章 国有基金支持企业创新的路径优化

前几章探究了国有基金支持企业创新的效率测度和全息画像,增强了对国有基金支持企业创新的机制和效果的了解。本章将重点研究国有基金支持企业创新的路径优化问题,充分发挥出国有基金的优势,让企业能够最大程度上利用国有基金带来的助力。

8.1 国有基金促进企业强化监督管理

国有基金入股企业,虽然抱着支持企业科技创新的良好出发点,但如何实现这一目标,促进企业的创新成长,同时保证国有基金的保值增值,首先应该在被投企业成立高效独立的董事会。

高效的董事会成员必须要学会共同思考。在进入会场时,他们可以有不同的想法以及观点,不过需要学会整合以及倾听,最后产生优于自身观点的一致意见。

随着企业的发展,在得到股东的委托之后,董事会通过团队工作的方式,经过管理企业高层管理团队来管理企业。这就代表着,一个成功的董事会管理主要涉及 2 项内容:首先是董事会自身的高校管理以及运转,其次是董事会有效管理高层管理团队。

自我管理:董事长带头。和团队管理有所区别的是,董事会在进行一系列工作时,主要是采取集体决策以及集体协商的方式。多数时候,董事长和董事会的其他成员董事之间主要是平级关系,而不是行政上的上下级关系。所以,怎样在非上下级关系的情况下,对集体智慧进行整合,产生高水准的集体决策,就变成董事会运行以及管理的显著特征之一。

不过,仅有这些是不够的,借助于董事会对一家企业进行管理有很高的难度。董事会并不会因为由一群优秀的人员组成,就会顺利地进行运作。完整有效的董事会结构以及杰出的成员都是构成有效运转的前提,这些仅是静态的死资源;倘若想让董事会更好地运转,还必须对充分条件进行引入，盘活这些杰出的董事资源，而充分条件就是科学管理董事会，让董事会高效运转。

拉姆·查兰是一名管理学专家，他在进行了很多实证探究之后，了解到一个优秀成熟的董事会必须要有足够的团队活力。在董事会成员间有着很好的互动，大家彼此信赖和尊重，团结一心，可以认真地探讨和交流，同时可以在主要问题上获得一致意见，这就是指团队活力。另外，董事会还能自觉地自我评估个人业绩表现，实现自我完善等。团队活力的产生，最开始是由董事长的个人能力所决定的，尤其是他的自我管理水平。

实际上，面对众多杰出的董事会成员，怎样让大家在自身创新性不同同时根本利益又相同的冲突中维持平衡，并富有建设性和创造性，是董事会主席面临的最大挑战。关于这个问题，比尔·盖茨作为微软的董事局主席是最具代表性的。盖茨在微软董事会上的谈话并不多，主要是对其他人的意见进行聆听；他会一直围绕主题，同时还会对其他董事成员给予支持；他总是最后一个发表观点，给其他人足够多的时间和机会；最终按照一致意见对董事会的决策进行概括，最后，盖茨会对董事会做出的决定毫无顾虑的接受。由于盖茨的自律，微软董事会的每一名成员都可以发表自身的看法和观点。如果有所分歧，他们也不会固执己见，而是根据具体事情进行分析。保罗艾伦作为微软前董事就进行过这样的评价："我非常满意微软的董事会，同时也感到很荣幸和自豪，因为是和这么多优秀的人一起工作。"

不过在实际生活中，我国一些公司并不是很注重对董事会的团队建设。因董事会成员很多都是由之前的企业高管转变为公司董事，所有人自然而然地会认为只要他们进入了董事会，就有能力管理团队了。不过事实并不是如此。在我所工作的一家上市企业中，他们在董事会上依然有着强烈的上下级思维，所以在解决重要问题时，也会带有这种思维，并不会采取平级的方式进行解决。我曾经也在一家企业的董事会中担任过管理委员会主任委员一职，执行董事们完全不会自主思考，什么事情都是由老板决定。在他们变成董事后，也不会学习如何展开有效的管理。

一个高效的董事会成员，应对共同思考进行参与。在走入会场时，他们能够带有自己的思考和观点，不过需要学会整合以及倾听，最后产生优于个人观点的一致意见。而在落实这种变化方面，董事长有着重要责任，这也是董事会自我管理的重点。

执行层管理：善处"关系"。董事会再优秀的团队决策依然需要企业高管团队加以实施和执行。所以，怎样管理好高管团队，尤其是怎样管理好

CEO,同时由他们产生效益,就变成对董事会管理效益产生决定性作用的重点。在笔者看来,最重要的是管好人和事。

"管事先管人"已经成为管理者的共识,"事由人为"是由委托—代理关系的性质所决定的,不仅"事由人为",更是"事在人为"。由此看来,董事会与高管团队之间的管理关系,也就是管理者对人的管理。"管"指的是定规则,建立规章制度。"理"指的是团结协作,沟通交流,成功离不开团队凝聚合作。合作要建立在彼此信任以及认可的基础之上。然而信任与认可不会凭空存在,需要一个建立的过程,这个过程需要人与人之间的不断交流互动。归根结底,处理好"人"和"关系"的相关工作,也就是管理好公司或董事会的重点工作之一。

董事会的管理成绩直接影响着一个企业的发展前景,希望那些此刻正身肩重要岗位职责的董事会管理者们,可以充分发挥自己的管理才能,为董事会的运作和公司的发展添上浓墨重彩的一笔。

高效的治理型董事会的基本特征是一个能够代表所有股东有效行使监督和决策两个基本职能,独立而且公正的董事会。为了实现这个目标,就需要在董事会规模、董事会领导权结构、董事会成员构成、董事会知识结构、董事激励、董事会会议频率具体操作问题等方面做出正确的选择。

8.1.1.1 非上市公司需要董事会吗

董事会的权力本是股东的,但是由于股东人数较多时,股东没有办法直接行使权力,这个时候董事会作为股东会的信托机构存在才是有意义的。因此,董事会制度对于上市公司和国有企业来说是必需的,因此股东难以直接行使自己的权利。

那么一个非上市的民营企业,假如股东只有 5 个人,而且这 5 个股东都在企业任职。这时候有没有必要像上市公司那样聘请一些外部董事会构成一个董事会? 还是将股东会、董事会和管理委员会三会合一?

在回答问题之前,应先了解该公司是否上市,还是想引入 VC、PE 等财务投资者和战略投资者。如果回答是肯定的,那就建立一个董事会。因为,外部投资进入公司后,他们需要董事会这个平台来参与公司的经营管理,来保护他们资金的安全。而董事会制度是有其自身运作规律的,越早建董事会,就会越早掌握这种运作规律。而且,现在建立董事会,决策和监督还是几个股东的事,但是外部董事带来的专家视野、知识和能力至少可以使董事会发挥顾问、参谋和咨询的辅导职责。当然,如果公司 5 年乃至10 年之内只做实业,不考虑股权融资和资本运作的话,三会合一是一个合理的低成本选择。

8.1.1.2　董事会的规模多大为宜？

"既然我们决定建一个董事会,那么一个关键的问题就是董事会需要多少人呢? 我国《公司法》规定了股份有限公司的董事会人数是 5～19 人中选多少人为好呢?"诚然,纵观世界上绝大多数公司的董事会人数是单数,但是国外有一些公司特意将自己的董事会人数设置成偶数。对于一些处于风险频发的行业,将董事会的人数设置成偶数,实质上就成为风险管控的第一道防线。比如当董事会的规模为 7 人时,在决策一件风险较高的事情时,4 个人同意,3 个人不同意做,那么最后结果肯定是要去做这件事情了,而 4∶3 的态度就表明这件事情的争议很大,董事会的规模是偶数时,比如 8 人,就有可能 4 个人同意做,4 个人不同意做,那么这件事就暂时放一放,稍后再议,这就成功地控制了风险。

8.1.1.3　内部人中谁可以做董事

为了满足董事会有效决策的需要,而又不至于使得董事会被内部人所控制,董事会中的内部董事只能是那些公司决策离不开的人。按照国际经验,管理层中有 3 个人可以做内部董事。

首先,CEO 必须是董事。CEO 是董事会和企业的桥梁,他不参加董事会,谁向外部董事传达、解释和说明战略方向? 谁来执行董事会决议?

其次,CFO 要进入董事会。金融运作和财务监控是董事会经常而重要的议题,而 CFO 又是财务报表质量和财务控制的责任人,因而也应是董事会成员,即使董事会规模小,CFO 不进董事会,也需要每次董事会开会的时候列席董事会。

最后,国际惯例中 COO 也要进董事会。我国企业中设置 COO 的较少,仔细研究国外大公司中 COO 的岗位设置,可以发现,其实 COO 和我国传统中的常务副总的职位很像。如果企业有这样职位的人,应该和 CFO 一样,也需要进董事会,在董事会中向外部董事解释和说明战略执行的情况。即使董事会规模小,COO 不进董事会,也需要在每次董事会开会的时候列席。

8.1.1.4　外部董事与内部董事的比例多少为好

外部董事与内部董事的比例到底是多少好呢? 不同国家的实践经验是不一样的,2000 年之后,美国大公司的董事会有 1/4 只有 CEO 一个内部董事,有 1/2 的董事会中只有 CEO 和 CFO 两个内部董事,其余的都是外部董事,而且独立董事的比例高达 70%以上。

中国上市公司的情况和美国不太一样。证监会要求自 2003 年开始上市公司独立董事人数要占 1/3,于是大多数上市公司的人数恰好满足证监会的要求,这说明我国上市公司的大股东不太喜欢公司中有太多作为独立董事的外人,这种局面也许是我国的独立董事还负有制约大股东这一特殊职责造成的。不考虑各国历史文化传统的差异,只从建设高效董事会制度的角度出发,为保证董事会高效履行决策和监督的基本职责,外部董事和内部董事的比例应为 3∶1 或更高的比例。

8.1.1.5　董事会一年开几次会

从公司实际需求来看,显然要满足我国《公司法》要求一年至少召开两次董事会的要求,但是从公司实际需要来看,显然少了一些。辛辛苦苦建一个董事会,从企业外部请了一些人来做外部董事,每年才开 2～3 次会,纯属浪费资源。这种董事会建立的目的估计不是为了公司治理需要,而是为了向外界表明:你看,我已经有了董事会,公司治理结构已经完善了。从治理的角度来看,与其建一个每年开 2～3 次会的董事会,还不如将每一年的年度大会变为一年两次。

8.1.1.6　如何对董事进行有效的激励

对董事的激励,是高效董事会建设中的重要问题。

董事会中有三种人,对每种人的激励要求都不一样。内部董事是不需要额外激励的,对于 CEO、CFO、COO 们来说,让他们进董事会,本身就是一种激励:他们将获得比其他管理层更大的权力,更高的声望,在未来的股权激励计划中也会因为其董事身份而获得更多的激励份额。而且董事会效率直接影响其切身利益,因此内部董事的动力是足够的。

外部董事中的股东及其代表也不需要额外的激励,他们参与董事会的价值体现在:当他们为董事会作出正确的决策和有效的监督之后,他们将获得持有股票的利润分红和资本增值部分。因此,对这些外部董事只要报销其参加董事会的费用就可以。

董事会的激励难点在于如何对独立董事进行有效的激励。独立董事既不是公司的职员,也不是股东,他们受股东重托来参加董事会。那么,他们为什么要花那么多时间去参与董事会? 为什么要花那么多时间去研究公司的有关报告? 为什么要去代表全体股东或一部分股东的利益监督公司的管理人员? 为了解决以上的问题,让独立董事积极地在董事会上贡献自己的人力资本,唯一的办法就是激励,激发他们为董事会工作的动力。

为了保证独立董事的独立性,我国证监会《关于在上市公司建立独立董事制度的指导意见》规定,上市公司鼓励董事拥有公司股票的限额为不超过已发行股票的 1%。也就是说,独立董事是可以持股的。但是,在证监会 2006 年开始实施的《上市公司股权激励办法(试行)》第 8 条明确规定:"股权激励计划的激励对象可以包括上市公司的董事、监事、高级管理人员、核心技术(业务)人员,以及公司认为应当激励的其他员工,但不应当包括独立董事。"此办法的相关规定对于我国的上市企业对独立董事进行股权激励进行了严格限制,还是在现阶段就不能用股权激励独立董事?实际上这一政策并不明确。我国独立董事激励现状造成的结果,是使得适合当独立董事的人由于了解独立董事风险与收益的不对等,从而不愿也不敢担任独立董事,独立董事成了稀缺资源。

8.1.1.7 什么样的人可以做独立董事

作为担任独立董事的人选,首先要符合董事任职资格要求;其次,要满足所在国家的法律关于独立董事的"独立性要求"。各国对独立董事独立性的规定细节不一致,但是基本思路是一致的:独立董事就是要与公司或经营者没有任何重要的利益关系以及和大股东或管理者没有紧密的人际关系,这样才可以被认为是对立的。

我国证监会在其 2001 年 8 月发布的《关于在上市公司建立独立董事制度的指导意见》中第三部分对我国上市公司独立董事的独立性作出了要求。为保证上市公司的独立董事的独立性,我国证监会在 2001 年发布了文件,规定了一共有七类人群不被允许成为董事。

8.1.1.8 退休的 CEO 是否应该留在董事会

退休之后的 CEO 要不要留在董事会呢?这是一个不太好回答的问题,因为留有留的好处,不留有不留的好处。退休的 CEO 留在董事会的好处是扶上马再送一程。退休后的 CEO 拥有大量的经验。与其他人相比,掌握更多与公司相关的知识及隐性资源,对公司战略的稳定性、新老交替过程有积极的意义。

一个合理的做法是,如果公司还需要退休之后的 CEO"扶上马送一程",那么就不要让退休,继续干下去。一旦退休,就离开公司,千万不要"退而不休",因为需要给继任者留出成长和创新的空间。当然,为了利用这些退休 CEO 的知识和经验,可以由公司出钱将他聘请成新 CEO 的私人顾问。这样,就可以在离职 CEO 和新任 CEO 之间建立一种紧密而且相互支撑的关系,这种关系使得他们能够对一些重大问题进行非正式的磋商,新任 CEO 能够从前任 CEO 那里得到他所需要的有益建议。

8.1.1.9 外部董事为什么单独开会

公司治理评级机构中有一条标准就是,外部董事是能够单独开会的,哪怕是在某次董事会中有 1~2 小时的时间让内部董事回避,开一个外部董事的会议。如果有,评级机构就认为该董事会是独立的,公司治理得分就会增加,股价就会上升;如果没有,就认为董事会是被内部人控制的,公司治理得分就会减少,股价就会降低。

为什么会有这个标准?当内部董事回避,召开外部董事的会议时,会议的主要议题肯定是关于对 CEO、CFO、COO 等内部董事的业绩考核或酬薪制定的话题,如果这时候内部董事和外部董事一起开会,很多话就不好说了,让外部董事单独开会,对 CEO 和内部董事进行评价,才会客观。

8.1.1.10　董事长是否兼任 CEO

董事长是否兼任 CEO,这是建设高效董事会时面临的一个非常重要的问题,直接关系到公司控制权的配置和董事会的独立性。董事长是否兼任 CEO,被称为领导权的结构,是董事会职能中最有争议的问题,它通常反映了公司董事会的独立性和管理层创新自由的空间,是董事会治理结构中一个基本而且重要的特性。

从公司治理的逻辑来看,公司的所有权是股东的,董事长领导整个董事会对股东负责,而管理层对董事会负责,董事会和管理层的关系是决策与执行、监督和被监督的关系。当管理层的工作不能令董事会满意的时候,董事会和管理层就会解除 CEO 的职务。反过来,CEO 也特别希望能控制董事会,以稳定自己的工作。如果公司的 CEO 兼任董事长,就会出现管理层的领导机构项管理层负责的诡异情况。在这种情况下,就意味着 CEO 可以自己对自己的绩效进行评估,自己给自己发放高额的薪水,这样做将会引起股东、董事会和管理层三个层面之间的系列冲突。因此,为了防止 CEO 控制整个董事会,公司的 CEO 不能兼任董事长。

但是,现实情况却和逻辑推理不太一样。在美国,90% 的大公司的董事长兼任 CEO;在英国,有 1/3 的大公司存在 CEO 兼任董事长的情况;在我国,上市的国有企业董事长和 CEO 基本上是分任的,而民营企业大部分是兼任的。

8.2　国有基金发挥自身优势

我国现行的国有资产管理体制秉承"政资分开、分级所有"的原则,这就为国家投融资体制改革确立了基本架构,国有基金投资公司在这一背景下也迎来了前所未有的发展机遇。改革国家投融资体制的重中之重就是国有基金投资公司的改革与发展,也就是说,国有基金投资公司的结构调整和体制转型能否顺利完成关系着投融资改革的成败。

8.2.1 明确发展中亟待解决的主要问题

20 世纪 80 年代末,国有基金投资公司开始在我国出现,最初是伴随国企改革而产生的,是一种股权性投资机构,旨在提供资本金给实行"拨改贷"改革后的国有企业。随着我国投资体制的改革,国有基金投资公司发展至 20 世纪末无论是在资金规模还是机构数量上都有了很大飞跃,投资结构也日益多元化,不再是过去那种单一的局面。根据 2003 年国资委的相关统计报告,截至 2002 年末,全国共有国有资金投资公司 72 家,注册资本比上年增长 36%,达到 1 218 亿元,资产总量比上年增长 13%,达到 4 579亿元,净资产比上年增长 14%,达到 2 594 亿元;一共有 66 家企业实现税前净利润为正,所有的利润缴纳税款后合计有 65 亿元,并且这 66 家有 17 家实现纳税后净利润大于 1 亿元,仅仅有 7 家纳税后净利润小于零;并且这些企业的总体负债水平在 30%,对比一般的国有企业是相当低的一个水准。不过中国国有基金投资公司仍存在很多问题亟待解决,具体分析如下:

1)国有基金投资公司定位不明确

国有基金投资公司就其职能的角度来讲应当属于企业,充当政府的投资主体,采用投资、持股的方式提供权益资本给国有企业。国有基金投资公司根据盈利与否可分为两类,一类是国有政策性投资公司,另一类是国有投资控股公司。然而,在具体操作中,我国的国有基金投资公司有些负责的是事业性职能、有些负责的是行政性职能,只有极少的国有基金投资公司采取企业化运作模式,具备真正的企业的性质;就经营业务范围而言,不分公司还存在政策性和商业性投资不分的现象;此外,部分国有基金投资公司集行业主管和国有资本授权经营主体这两方面的职能于一身。综上所述,缺少明确的职能定位,导致在日常运作过程中,一些国有基金投资公司难免会出现各种越位、缺位、错位等问题,对其进一步发展非常不利。

2)国有基金投资公司运作不规范

在我国,目前各系统内部多是封闭运行国有投资体制,各部门自行负责征收和使用全部规费资金,但对外则采用统贷统还的融资政策,项目法人独立设置,加之招投标市场不受制衡,这会形成运行成本过高、投资质量降低的局面,不经济、不科学,还会强化部门和个人的权力,成为滋生腐败的温床。值得一提的事,部分国有基金投资公司中,委托贷款、短期联营业务使他们主要的利润来源,《商业银行法》明确指出,对企业的资金拆借业务和信贷业务等不得由非银行机构从事,可见,从事短期贷款融资业务属于违规违法行为,这样做势必会给公司的经营埋藏很大的风险。

3)国有资本缺乏完善的退出机制

获得回报是投资者进行投资活动最本质的原因,必须建立起完善的投资退出机制,才能保障投资者获得收益的权益。其一,国有基金投资公司因决策失误,导致投资项目无法获得期望效益,难以收回本金,更别提获得投资回报。据国家计委投资司调查显示,山东省"八五"期间山东省的大中型国有项目中,仅有不到5%的项目做到了本息全部还付。其二,国有基金投资公司和企业之间的债权是软约束关系,缺乏通畅的股权转让渠道。投资要想获得成功,必须要有相应的资本退出机制作为保障,投资者在资本退出方案缺失的情况下,不可能投资,项目也会因为筹集不到资金难以为继,无法形成"投入—退出—再投入"的良性循环。

4)自我积累和自我发展机制不健全

公司之前通过财政拨款或通过获得国有资产授权经营的大型企业集团投资获得资产,而随着国有资产管理体制的建立以及"政企分开"改革的实施,使国有资产实现保值增值是国有背景的股东们最关注的,公司在分配时倾向于分尽即期利润,而不注重积累。短时间看,股东对资产保值增值的需求在这种分配模式下得到了很好的满足,然而用这样做实际上非常不利于公司的长远发展,会弱化公司的自我积累能力,减缓资产增值的速度,导致公司无法快速拓展业务、扩大规模。此外,一些国有基金投资公司抗风险能力差,长期投资风险准备金不足。

8.2.2 抓住投融资体制改革深化的契机

党的十六届三中全会明确了现阶段我国深化投资体制改革的基本方针,在国家宏观调控基础上,将市场机制调节经济的作用充分发挥出来,做到"谁投资、谁决策、谁受益,谁承担风险",对政府的投资行为进行规范,投资主体由企业来承担,努力建成新型投融资体制,其特点是政府从宏观角度进行调控、投资主体具有自主决策权、采取多种投融资方式、审贷工作交由银行独立承担、规范中介服务等。我国投融资体制改革按照上述原则应做到以下几点:第一,一方面国有资本逐渐由竞争性领域推出,政府投资领域逐步缩小,重点向诸如公共产品等基础设施领域投资,另一方面放宽民间资本的市场准入门槛,增强其投资自主权,对公共事业、基础设施以及其他法律法规未禁入的行业领域允许非公有资本进入;第二,以固定资产投资管理整合之前的技术改造和基本建设投资管理,以产业结构和投资结构的优化、避免重复建设、合理布局重大项目、使投资效益不断提升等作为管理的主要任务;第三,对于企业使用非政府资金建设的非限制、非重大且与国家产业政策相符的项目,采取登记、备案制取代之前的审批制,使政府的投资审批范围逐渐缩小;第四,搭建资信评价体系,根据出资人的资信等级宏观调控其融资能力,使资本、信贷、投资这三方面的决策各负其责,做到相互制约。国有投资体制现存的一些深层次的问题通过投融资体制改革能得到解决,这也有利于国有基金投资公司的改革,具体好处如下:

1)对国有基金投资公司健全出资人制度有利

落实出资人制度是国有投资改革的重中之重。采用制度的方式制约出资人代表机构,通过公司治理结构出资人代表机构进而对企业形成制约,只有这样国有投资才可能形成责任链,从而更好地进行投融资体制改革。由过去的实践结果表明,国有资本投资主要存在缺乏明确的投资主体、风险和收益不对称、利益关系不清晰、产权无法从根本上约束投资活动等问题,对于投资项目由筹资到收取投资回报的整个过程都缺乏能够负起责任的人。投资决策是在国有投资主体缺失的背景下制定的,投资决策受软预算约束所导致的失误难以防止,还会出现投资责任不清的问题,使投资决策的自主权受到影响。国有基金投资公司作为国有出资人代表,承担资本投资的主体责任,这对公司治理结构失衡以及国企产权虚置等问题的解决有利,能够将投资自主权完全赋予企业法人和出资人,相应的投资责任和风险也需由其来承担。

2)国有基金投资公司随着政府转移重点投资领域迎来了新的发展机遇

国有经济改革的战略方针秉承的是"有进有退"原则,基于此建立起投融资体制改革目标框架。国有资本未来将更多向公用产品领域,如基础设施等投资,而由竞争性领域中逐步退出,国有基金投资公司的主要投资对象原本就是这一领域,这就更有利于提升实力。其余的存量资本退出后,要么在国家授权的国有资本的大型企业集团中保留,以经营性资本的方式投资运作,做到资本的保值增值,要么留给同时具备资本运营和资本投资功能的国有基金投资公司,使其投资结构得到优化,投资规模进一步扩大,市场竞争力更强。

3)以资信调控融资能力为依据,保证政府信用实现良性循环

在宏观管理和调控的过程中,一个重要的手段就是利用资信评级制度对出资人代表进行等级评定,对国企、国资更好地发挥约束和激励的作用,商业银行也可据此推行差别化利率,实现利率市场化目标。政府以此来实

现宏观间接管理,做到区别对待,奖惩有序。利益格局固化是分级所有的体制下的典型特征,中央政府进行宏观管理应当围绕地方政府资本利益的增损展开,根据对地方资本所有者所评定的资信等级,区别对待。具体来讲,对于无信用的地方政府资本,其融资渠道会逐步丧失,直至完全无投资能力,而对于信用好的地方政府资本,则为其提供财政担保、银行授信增加、准许地方金融机构增办、准许地方政府或企业发行债券等。

4)帮助投资项目构建起投资、资本、信贷这三重决策互相制衡的局面

原本"统一所有,归口管理"的国有资产管理模式在党的十六大召开后做了大跨步的变革,目前国有资产管理执行的是"政资分开,分级所有"的模式,国有基金投资公司在这种模式下能够构建起投资、资本、信贷这三重决策互相制衡的局面,实现良性循环。政府投资项目在所有者到位后应形成如下决策机制:第一,对于重大项目,投资决策可由行政部门作出,不过资本决策的与否必须由出资人代表机构来决定;资信等级评价是投资决策的硬约束,最终的决策结果可以是肯定的,还可能需要附加免税、追加注册资本等条件,也可以是否定的。第二,对于一般项目,出资人代表机构(含下属企业)承担资本决策和投资决策两方面的职责,由出资人代表机构具体的内部治理结构决定具体的分工情况。第三,银行负责通过分析项目投资主体的还款能力和投资风险等,做出信贷决策。综上所述,投资、资本以及信贷这三重决策相互协同、相互制衡,防止项目审批的过程中仅考虑领导者的个人意志或者行政命令。

8.2.3　发挥自身优势的若干举措

各种问题解决好以后,国有基金投资公司才可能获得更好的发展,然而,这些问题往往是长期积累的结果,可以通过自身改革解决掉其中一部分,对于超出投资公司自身范围的问题,则需要统筹规划,涉及改革国有基金投资公司的整体战略。具体来讲,目前国有基金投资公司要想较快解决现存问题,应牢牢抓住国有资产管理体制改革以及融资体制改革的大好机遇,创新自身的体制机制;重点围绕优化结构、提高效益展开工作,不断提升自身的竞争力水平。

(1)为国有基金投资公司做清晰的定位。在国有经济全面深化战略调整以及我国加入世界贸易组织的大背景下,一些具有较大外部性的投资项目以及公共领域的投资项目逐渐成为政府职能投资的重点领域,也就是说,政府未来会从竞争性领域中退出,该类国有基金投资公司获得政府基金越来越困难,该类投资公司必须明确自身的职能定位,合理及时地调整

方向以提升竞争力水平。要牢牢抓住国有资产管理体制改革以及融资体制改革的大好机遇,重新为国有基金投资公司定位,以公司股本结构情况为依据,结合发展战略,兼顾公司肩负的目标,即保证与增加国有资产的价值,调整其产业及经营结构,努力打造新型的国有投资控股集团公司,重点向技术含量高、附加值高、增长潜力高的优势行业和高新技术产业投资,经营企业及实业投资业务,做到国有投资控股,多方式吸进社会资本,面向国内外市场,超越所有制、区域及行业等的限制开展投资经营活动,实现经济效益最大化。

(2) 大力调整投资结构,筑牢发展基础,缩短投资战线。国有经济布局在国有资产管理深化改革的大背景下,将从以下两个层面做出调整:首先,重新划分中央管辖的国有资产和地方管辖的国有资产的范围;其次,重新界定省市国有资产和地级国有资产,待这两步完成后,再进行企业整合和资产重组。值得一提的是,国有基金投资公司面对大好的发展机遇,在调整结构的过程中,要努力做好以下两方面工作:首先是注重优势培育,对于优质资产,在调整结构的过程中要采取多种措施进一步壮大和巩固,努力发展产业优势,使核心竞争力不断增强;其次是存量改造,抓紧处置不良资产,进一步缩短战线。紧随国家政策导向,果断通过出售、转让、退出等方式收缩那些国家明确提出要退出的、缺少发展潜力的、无关公司业务的资产。对不良资产进行登记,清产核资,尽快按程序申报并核销。值得一提的是,投资公司的资产规模可能会因为对不良资产的核销以及非相关资产的收缩而出现暂时缩水的现象,但从长远角度看,公司可将不必要的包袱卸掉,更轻松地开展下一步工作。

(3) 进一步完善内部资金积累机制,使经营风险控制在可以接受的范围内。改制以后,国有基金投资公司需要尽快完善其内部资金积累机制,政府投资不再是靠山。第一步是将内部资金积累的运作方式建立完备,要立足未来以及持续发展目标,围绕经营战略转变的要求,对公司的经营利润不完全分配或暂不分配,也可以作为公司未来的发展基金或者对股本实行转赠;要准许公司计提投资风险准备金,对于各种不良资产,如多年来积攒下来的呆账、坏账等,可通过提取公积金的方式来冲减,从而减轻公司的包袱,更有后劲支持后续发展。第二步是尽可能降低经营风险,对于公司的资产,要努力增强其流动性,为全部投资项目建立起完善的退出机制,以防资产呆滞沉积,此外,投资公司还要努力提高抵御风险的能力,可通过建立投资风险准备金制度等来实现。

(4) 改革公司的经营机制和内部管理体制。股权经营是投资公司的本质,其持股具有阶段性的特征,旨在使资本实现快速增值。所以投资公司必须管理好所控股和投资的企业,下移管理和经营的重心,对控股、参股企业大力加强管理,提升管控能力和水平,对法人治理结构进行规范,使更多企业实现盈利,确保公司效益最大化。此外,要严格审批和管理投资活动,尽快以企业自主投资取代政府引导下的投资方式,以程序化手段管理投资决策。具体来讲,可以公司所投资行业的实际情况为依据,将不同的投资审批权限分布赋予董事会、总经理以及职能部门,投资审批分三级进行,第一级是项目的负责人,第二级是主管职能部门的经理,第三级是公司的总经理,通过上述方式使投资决策效率得到提升;此外,还可在公司内部设立投资决策委员会,由各个部门共同组成,以防出现公司负责人搞"一言堂",决策由个人说了算的局面,投资决策委员会的主要职责是审核批准具体的投资项目以及公司对其他企业的投资活动,如并购重组、控股、参股等,避免个人决策,实行集体决策,提升决策能力,尽可能降低投资风险,使公司能够更加安全地运作投资资金。

(5)尽力发挥出资源的最大效用,不断扩大发展空间,使公司后劲更足。国有资金投资公司的发展必然离不开资源,当今社会,资源和人才是保持竞争力的两大法宝,占有资源是获得发展的重要保证。开放所要达到的目标就是共享资源,做到优势互补,合理配置生产要素。而必须在市场竞争环境下才能实现资源的优化配置与共享。自我积累、内部资源开发固然重要,然而投资公司要想实现快速发展的目标,势必需要将外部资源利用好。所谓外部资源,具体包含了以下三种类型:其一,政策资源,公司要用好、用足对自身发展有利的所有相关政策;其二,政府投资资源,国有基金投资公司和政府之间本身就有着千丝万缕的联系,要将这一优势充分利用好,努力获得政府在政策、资金以及项目等多方面的支持和帮助;其三,市场资源,国有基金投资公司要与其他同类公司、民营企业、外资企业等之间建立起广泛的合作关系,对优质资产形成吸引力,使不同资源之间、市场之间形成优势互补的局面。

8.3　建立国有基金控股集团

为促进国有基金进一步发展,实现支持企业创新的目标,更好地履行政府赋予的职责,通过组建国有基金控股集团(辛迪加)非常重要。在国内国有基金实践中,一般是成立国有基金控股公司加快推动集团金融产业发展。

8.3.1　辛迪加的内涵

8.3.1.1　基本概念界定：国有基金控股公司、金融控股集团与金融集团

国有基金控股公司是指控制一家或一家以上银行、证券或保险子公司的公司。金融控股集团是指该集团拥有若干个从事不同金融业务的独立金融子公司控制权。金融集团作为一种企业联合体的存在，能够提供多元化的金融服务，且具备独立的法人资格。

综上所述，国有基金控股公司是一个独立法人，与其控制的子公司共同构成金融控股集团；国有基金控股公司与其控制的子公司加上联合契约子公司共同构成金融集团，金融集团不具有独立法人资格。因此，严格从上述定义来讲，某省投资集团因拥有对商行、信托、证券等若干个从事不同金融业务的独立金融子公司的控制权，可称之为金融控股集团（但也有专家认为，若多数子公司都属于非金融性的工商企业，集团就不属于金融控股集团），而不是一个纯粹意义上的国有基金控股公司。

国有基金控股公司从发展实践看主要有以下几个特征：第一，必须是控股公司形式，不包括单一法人机构的金融机构，此外，金融机构持股比例不符合标准的也排除在外。第二，属于金融混业集团，应包含银行、保险、证券中两种以上的业务，其主导产业为金融业。第三，主要任务是制定战略决策和长远规划，下属子公司专注于业务经营，是相对独立法人，盈亏自负。

8.3.1.2　国有基金控股公司的类型

依照不同的标准，国有基金控股公司有不同的分类：

（1）纯粹控股公司和事业控股公司。按照母公司是否拥有自己特有的事业领域，国有基金控股公司可分为纯粹控股公司和事业控股公司两种。前者的主要任务是在高层次上对公司的发展进行路径制定并落实，不涉及具体的业务，属于战略层次的管理，对于具体的事务将交由子公司负责；后者除制定控股公司战略规划外，本身还直接经营银行、证券业务。美国、日本、我国台湾地区的法律都明文规定只许设立纯粹国有基金控股公司。

（2）完全控股公司和部分控股公司。按照对子公司控制程度的不同，可将国有基金控股公司划分成完全控股和部分控股两类。两者对于被控股公司的股份占有比例不同，虽然都能够做到控股，但前者是占据着完全或几乎全部的股份，而后者的比例要低于前者，只是部分持有，同时有相当部分被其他公司所持有。完全控股更有利于控股公司自身的整体配合，发挥更大的作用,很多地区例如美国就专门出台法律对此进行了规定,使得国有基金控股公司对其主要金融子公司的股份控制比例为全部。

(3) 单一控股公司和复数控股公司。从被控股公司的数量进行划分,前者只有一家,而后者有两家及以上。被控股公司个数的不同带来的是受到的监管程度不同。

8.3.1.3 国有基金控股公司的优势

国有基金控股公司成为金融业发展的一个重要趋势,主要是因为国有基金控股公司具备以下优势:

(1) 可获得垄断利润。国有独资银行一直以来都是我国金融服务业的主体,具有很高的垄断程度,政策严格限制了来自外部的竞争,垄断利润由此形成。此外,我国金融业内部不同行业之间在利润率方面存在很大差异,低利润率的部门强烈希望进入其他金融行业。金融业在现行金融管理体制下互相进入相对容易;由于金融企业资产具有高流动性特征,因此,无需过高的成本就可以由某个金融行业或企业中退出。

(2) 资本运营优势。整体资本运作是国有基金控股公司可以考虑采用的一种方式,即母公司控制子公司资本,包括由下属企业运作资本,促进资本的运作效率,利用较少的资本实现对更多资本的控制,使资本能够迅速扩张。为了扩大自身的资本规模,获得更加宽阔和容易的融资路径,加强经营业务等的效率,可以选择上市的手段,或者通过重组进行借壳上市,这对奠定其在本行业的核心竞争力至关重要。

(3) 增加金融创新空间。众所周知,由于金融行业的特殊性,政府对其的监管较为严格,因此留出的创新空间也十分狭小。金融产品隶属某一单一金融行业内部的,在创新的过程中极可能有超越业务范围要求的情况出现,对于难以界定属于哪种金融行业的金融产品在创新时面临的困难更多。作为"行业结合部"的国有基金控股公司,可借助自身优势采用多种方式拓展创新空间,如同业拆借、共享客户资料、银行转账、集中保管清算保证金、保险基金代销、证券抵押融资等。

(4) 实现"1+1>2"。国有基金控股公司可通过横向协同和纵向协同这两种方式发挥协同效应。所谓横向协同,就是整合各业态子公司,为他们提供一站式金融服务,实行集约式综合经营模式,规避风险,需求互补,提升核心竞争力;所谓纵向协同,就是以资本控制为桥梁,利用公司治理以及公司内部管理机制,在统一的企业文化、战略以及发展理念等的指导下,使国有基金控股公司母子公司之间形成联动发展的局面。

8.3.1.4　国有基金控股公司主要运作模式

因为金融监管体制和金融制度的不同,国有基金控股公司在不同国家也有着不同的组织形态。理论上讲,金融业务的综合经营主要有完全综合制(单一公司主体)、全能银行制(单一商业银行)、母子公司制(以银行、保险、证券作为母公司)和国有基金控股公司制四种模式。

(1)完全综合制。所有的服务、业务均由单一公司主体提供,包括信托、银行、保险、证券等,参照图 8 - 1 所示,单一公司主体下包括了银、证、信、创投四种业务,还有其他的金融业务和非金融业务。这是综合经营程度高的一种表现。该模式从理论上分析应当具有存在的合理性和真实性,但是在社会实践中,由于各方面的利益无法做到统一以及内部存在的风险累积无法得到很好的控制等一些负面因素的影响,该模式较难得以构建和实现,也较难维护。

图 8 - 1　完全综合制

(2)全能银行制。该机制主体是单一商业银行,经营银行业务和证券业务,此外,下属子公司拥有独立资本,负责经营其他金融业务,如信托、保险、租赁等(见图 8 - 2)。全能银行制的设立不需要太高的成本,可将综合经营的范围经济、规模经济的优势充分发挥出来,因此经营效率比较高,但这种模式容易有利益冲突,可能会导致风险扩散。

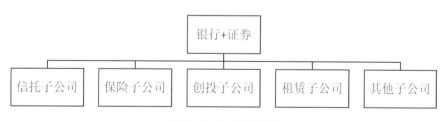

图 8 - 2　全能银行制

(3)母子公司制。母公司从事的金融业务主要为银行争取按揭或保险,其他的金融业务交由子公司负责(见图 8 - 3)。对于此类方式建立的形态表现子公司设立在银行母公司下,所以该模式也被叫作"银行子公司制"。

图 8-3　母子公司制

(4)国有基金控股公司制。控股公司的各子公司,如银行、信托、保险、证券等互为兄弟关系,这与母子公司互为母子关系不同(见图 8-4)。该模式对资产重组、资本聚集有利,还能很好地分离事业经营和战略管理,发生利益冲突、风险传递等的可能性也比其他架构要低,缺点是组织管理成本相对较高。

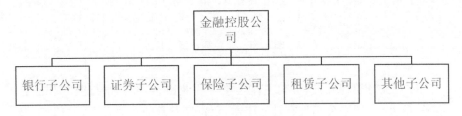

图 8-4　国有基金控股公司制

8.3.1.5　我国国有基金控股公司发展实践

国有基金控股公司目前我国法律中尚未作出明确界定,不过受金融需求日益多元化以及金融体制改革等的影响,国有基金控股公司在我国从无到有,从弱到强,其发展形式主要可归纳为以下三类。

第一类,特定的国有基金控股公司,该公司形成方式是由金融企业业务重组形成的。根据中华人民共和国《商业银行法》规定:商业银行不能投资非银行金融机构。因此,这类公司的建立都是需要经过国务院批准的,并且主要是在国家级银行或非银行金融机构之上形成的。一种是国有五大商业银行(工、农、中、建、交)多是在海外注册非银行子公司,对各类金融公司通过资本运作手段实现控股,进而搭建起国有基金控股公司。另一种是由非银行金融机构,如某些国有基金控股公司通过如中国光大集团、平安集团、中信集团等投资形成的,对银、证、信、保及其他实业公司实现全资拥有或控股。控股母公司经重组而形成,不仅使资源得到整合,还让子公司能够实现分拆营业。

第二类,企业集团的形成方式与产业资本有关,由其投资参股建立,其具备国有基金控股公司性质。通过市场运作,一些优质的上市企业自发投资给金融业。海尔集团作为第一大股东,控股了青岛商业银行、鞍山信托和长江证券这三家公司,同时成立了寿险公司(与纽约人寿合资成立)。海尔集团未来将对金融业投资进行整合,成立控股公司。宝钢、山东电力、红塔集团等都属于这种模式。该类模式的特点为:一是采用投资参股的形式,类似于多元化的投资行为,控股的情况很少,即便对金融企业控股,也较少介入经营。二是跨地域性,集团投资参股的金融企业往往不在一个地区,金融企业的经营实业企业现阶段较少全面介入。

第三类是地方性金融控股集团,是由国资公司组建的。地方政府作为主导方,借助股权这个纽带,由地方国有资产授权经营公司整合地方存量金融资源。地方性金融控股集团是根据建立现代企业制度的要求,在政府的带动下组建起来的,该类集团一方面对省政府负责,另一方面要出资控股各子公司,在一定地区范围内参股或控股金融企业,有利于地方金融资源的整合,做强地方金融企业。

8.3.2 提升辛迪加的投资力

8.3.2.1 控股合并财务报表,提升集团融资能力

盈利能力的持续提升和资产规模的较快扩张,实现了融资能力的不断增强。据测算,通过合并控股金融企业的财务报表,可为集团带来更多的间接融资能力及直接融资能力,为投资新项目提供了重要的资金保障。

8.3.2.2 产业体系逐步健全,协同效应日益显现

通过整合地方金融资产,集团初步形成了门类较为齐全的金融产业体系,通过集团的组织协调和企业的密切配合,集团各产业板块的协同发展已经初见成效:一是金融企业间合作共赢意识增强,金融协同效应逐步显现;二是金融产业对实体产业的支持不断加大,服务更加全面;三是集团及部分控股企业为集团旗下的金融企业业务发展提供有力支撑。随着集团金融产业体系的完善和实体产业实力的增强,产融结合的深度和广度将会得到进一步提升。

8.3.3 加快集团金融产业发展的两种路径分析

根据集团战略转型的定位并借鉴其他优秀公司的先进经验,大力发展

集团金融产业有两条比较成熟的路径可走：一是加快推进战略重组，提高金融产业比重，使集团成为真正意义上的金融控股集团；二是组建国有基金控股公司，整合现有金融资源并不断发展壮大。

8.3.3.1 加快推进战略重组，提高金融产业比重的路径分析

一般而言，从数字上看，金融产业整体盈利能力强于其他产业板块。加大金融产业的投资力度，退出不符合集团发展方向的产业，是不断提高金融产业比重、有效增强集团实力、提升竞争实力的重要手段，也是集团真正成为金融控股集团的重要路径。

通过此种路径发展相关的产业正是目前计划的模式，优势是能够灵活推进，但可能耗时较长，错过金融产业发展的有利时机，因为从某种意义上讲金融产业是一种垄断资源，具有较强的排他性。

8.3.3.2 组建国有基金控股公司，整合壮大金融产业的路径分析

在分业经营框架下金融业可采取的一种有效的金融资源整合方式就是成立国有基金控股公司，也是目前集团公司发展金融产业采用较多的路径。通过国有基金控股公司持有子公司投资的股权，除进行股权管理外，还可以通过对所有子公司的人力资源、财务资源、业务线、营销渠道、信息技术系统、客户信息平台的有效整合，提高驾驭和利用整个系统各种资源的能力。

金融产业专业性较强，通过此种路径发展金融产业最大的优势是有利于提高管理效率。另外，通过资源的整合和共享形成合力，在降低成本的同时提高集团金融产业的市场竞争力。不足是如果体制机制不畅，可能达不到提高管理效率的目的。

8.3.4 组建国有基金控股公司的必要性

适时组建投资集团国有基金控股公司，对优化集团系统金融资源、增强控股金融机构竞争能力、整合地方金融资源，支持地方经济发展，具有较大的经济价值和社会价值。

8.3.4.1 迅速增强集团金融机构实力

组建集团国有基金控股公司，可以增强集团风险承载能力，在组织制度层面提供支持，使集团更具竞争力。公司可采用协同理论、组合理论、能力理论等，借助国有基金控股公司实施战略管理与协调，从而更好地共享各种信息和客户资源、进一步拓展控股子公司的业务范围、调整收入结构、大大提高盈利能力等，还有利于强化专业分工及经营效率，使得制定公司发展规划的时候能够更加全面，考虑上会更加宏观和完整；此外由于子公

司有着较强的自主性,处理各项事务会更加果断,整体流程上也就更简洁明了,这对于促进企业的经营效率,提高客户的满意度有着积极作用,这也使得公司具有韧性,在面对各类事件的冲击时,游刃有余,同时为自身的发展开阔更大的空间,寻求提高企业利润的蓝海地带。

8.3.4.2 强力促进集团产业协同结合

如上所述,集团尽管形成了较完善的金融产业体系,但机构在行业中实力一般,产业协同效果还有很大的提升空间。通过组建国有基金控股公司,优化现行管理模式,在国有基金控股公司的平台上整合各子公司掌握的产品开发技巧,提高产品开发和创新能力;通过共享各种基础设施,节约后台操作成本,并降低经营成本和融资成本;通过交叉销售、捆绑销售,提高整体营销能力。

8.3.4.3 加快实现集团战略规划目标

通过组建国有基金控股公司,不必持有子公司的全部股份,但能以比较少的资本控制较多的资产,进而提高融资能力,优化资源配置,避免经营资源浪费,有利于更深入地整合集团金融资源,促进金融产业资产规模的快速增大,加快集团战略规划目标的实现。

8.3.4.4 壮大地方金融,支持经济发展

金融是经济社会发展的血液和命脉,长期以来,地方金融产业发展滞后已经成为制约某省经济发展的重要因素。建设经济区,发展某省经济,离不开金融的支持。集团作为某省重要的投融资主体,责任重大。通过组建国有基金控股公司,在提高自身竞争力的同时,积极整合省内金融资源、做强做大省内金融机构,一方面有利于快速提高集团的融资能力,支持地方建设;另一方面也有利于增强地方金融机构的经营效率和竞争能力,对某省经济社会的发展提供有力支持和全方位的金融服务。

8.3.5 集团组建国有基金控股公司的可行性

组建国有基金控股公司,具有紧迫的现实意义,从当前的政策导向、金融业发展态势和集团具备的基础条件看,也完全具有可行性。

8.3.5.1 组建国有基金控股公司符合国家政策导向

中国金融业正由严格的"分业经营、分业监管"过渡到"法人分业、集团融合"。根据中国目前对于金融领域的管理条例,此类通过下属金融机构进行分业经营而自身不直接经营金融业务的方式,是被允许的。2012 年 9月 17 日,中国人民银行发布的《金融业发展和改革"十二五"规划》明确指出要积极稳妥地试点综合经营模式,使金融综合服务的能力与水平不断提

高。在充分考虑自身比较优势及风险管控能力等因素的基础上,各试点金融机构可以实行金融综合经营。改革光大集团公司、中信集团公司等,使之发展成为更加规范的国有基金控股公司。由此可见,尽管法律上没有对国有基金控股公司作出明确规定,但组建国有基金控股公司符合国家政策导向,也是未来金融业发展的趋势之一。在当前利好政策的背景下,加上金融综合经营的大趋势,集团应大力发展地方国有基金控股公司,将金融产业体系建立完善,进而壮大整个企业集团的实力,促进产融协调发展,提升整体风险承载能力。

8.3.5.2　组建国有基金控股公司有成功的模式和经验

近年来,发展国有基金控股公司已成为各地政府壮大地方金融产业的重要手段,部分省市正掀起以整合地方金融资源为初衷的金控热潮。比如上海的上海集团、天津的泰达金融控股集团、广东的广东粤财投资控股有限公司、陕西的陕西金融控股集团(2011 年成立)、浙江的浙江省国有基金控股公司(2012 年成立)等等。通过整合地方金融资源,有利于提高政府对地方金融资源的掌控力,促进地方经济发展。

8.3.5.3　地方经济与金融发展是国有基金控股公司成长的坚强后盾

随着"经济区"战略的深入实施,我国中西部地区人口规模最大、经济总量第一的省份经济快速增长。随着我国农业现代化、工业化以及城镇化步伐不断加快,大大增强了国内经济发展的内在需求与动力,国有基金控股公司的业务发展空间也不断被拓宽。

某省在金融体制深化改革和发展的大背景下,逐步形成了各类机构共存的金融体系,包括银行、证券、信托、期货、保险以及监管、调控、经营等。丰富的金融资源,为国有基金控股公司的组建提供了资源和业务保障。

8.3.5.4　集团具备组建国有基金控股公司的业务基础

近年来,集团不断加大金融产业投入,加速实施向金融控股集团战略转型,已经初步具备产融结合的金融控股形态。另外,集团还在申请筹建财险公司,研究设立创投基金及管理公司、寿险公司、融资租赁公司和财务公司,未来集团的金融产业体系将进一步完善。

8.3.5.5　集团具有一定的人力资源、经营管理经验和信息科技储备

近年来,集团及旗下金融企业培育了一大批符合金融控股集团组建要求的会计、金融、计算机人才,在成立后通过建立市场化的、有竞争力的激励约束机制,结合市场化招聘等方式,能够很快建立起一支符合需要的人才队伍。在经营管理经验方面,集团目前已经形成比较完善的流程清晰、权责明确、高效务实、层次分明的制度体系和经营管理理念,并通过持续推

行全面风险管理,较好地实现了风险管控。在信息科技方面,集团多年来通过内部网络建设、财务网络建设及下属金融企业的电子平台建设,积累了一批科技人才及长期合作的软件开发企业。通过内部人才、设施资源并加强与外部软件企业合作,可在短时间内解决信息科技问题,保证国有基金控股公司的平稳运行。

8.3.6 组建国有基金控股公司要解决的重要问题

8.3.6.1 纯粹型国有基金控股公司还是事业型国有基金控股公司

两种类型国有基金控股公司的差异前文已有表述,根据集团金融产业的实际情况,建议集团新设纯粹型国有基金控股公司,主要原因如下:一是集团控股的商行实力较小,不足以作为金融控股集团的核心主体,短期内无法形成全能银行制的国有基金控股公司;二是由于证券、信托管理体制的原因,也无法在集团内形成以证券或信托为主体的母子公司制的国有基金控股公司;三是事业型国有基金控股公司尽管能够最大限度地实现公司效率,不过对金融监管和风险防控的要求也更加严格,否则,极容易造成暗箱操作,难免出现关联交易、不良贷款等现象,会放大经营风险;四是国有基金控股公司在我国刚出现不久,目前管理和经营水平还不高,金融市场完善以及金融实施全面混业所需的条件尚不具备,因此,现阶段更适合采取纯粹型金融控股集团的控股模式以及子公司制的经营组织模式。综上,建立纯粹型国有基金控股公司是发展国有基金控股公司更好的选择。

8.3.6.2 短期没有发展国有基金控股公司的核心主体

鉴于集团短期难以形成有效的国有基金控股公司核心主体,在国有基金控股公司成立后,为避免金融控股母公司边缘化的风险,可考虑从以下几个方面强化核心主体功能:一是争取主导省级股份制商业银行的设立,以其为主体整合集团和省内金融资源;二是加快集团财务公司的设立,由其发挥集团国有基金控股公司核心主体作用;三是鉴于信托公司的制度优势,集团可争取信托的完全控制权,以其为核心主体壮大国有基金控股公司。在核心主体发展壮大后,在条件许可的情况下,可对国有基金控股公司进行母子公司制的改造,以利于符合监管要求,同时提高管理效率,节约管理成本。

8.3.7 集团国有基金控股公司组建方案

8.3.7.1 指导思想

以打造集团大金融体系为目标,组建国有基金控股公司,完善公司治理架构,大力促进银行、信托、证券、基金等业务的发展,增强集团金融企业的整体竞争力;以提高资源运作效率为核心,加快推动产融结合,逐步把集团打造成为体系较为完整、综合实力较强、融资作用显著的金融控股集团,大力支持某省经济发展的关键领域和重点项目,助推经济区建设和某省经济实现跨越式发展。

8.3.7.2 组建原则

第一,符合集团战略定位。国有基金控股公司的发展必须与集团战略定位一致,要及时以实际的经营环境为依据作出调整,做到有进有退,实现战略性经营和多元化经营。

第二,资源共享。各控股金融子公司之间可将重复功能淘汰掉,将共用部门整合起来,协同运用资源,集中力量大力发展领先领域,努力发挥综合效益,使国有基金控股公司的整体战斗能力不断增强。

第三,业务互补。细分客户和市场,各控股金融子公司应在产品、销售渠道及信息等方面形成互补,为客户提供全方位多层次的金融服务。

第四,风险分散与隔离。不同行业有着不同的市场环境、经营的方式、发展趋势以及风险特征等,因此,需秉承多元化原则设立国有基金控股公司,避免风险集中。同时,为避免和减少金融市场系统性风险的影响,要在各子公司之间设置"防火墙",监管规定上也有相关的要求。

第五,避免利益冲突。为减少外部和内部利益冲突,国有基金控股公司要对企业的整体目标以及各子公司实际的自愿条件做统一考虑,在此基础上为各子公司设计绩效目标,要在符合内部公平计价原则的基础上设计对子公司的绩效评价指标,防止出现利益冲突。

8.3.7.3 主要内容

第一,设立方式。新设纯粹型的国有基金控股公司——某省投资集团国有基金控股公司(暂定名,以下简称基金投资控股集团)作为金融控股集团主体公司,通过兼并收购等方式整合集团系统内金融资产。

第二,功能定位。国有基金控股公司具有行政管理职能,监督管理是其主要职能,负责领导和制定战略规划。国有基金控股公司主要围绕收购、转让、调整下属子公司股权结构等方面展开工作,几乎不从事经营,只是具备投资功能,多是为新领域投资,协调共享内部资源。

第三,管控模式。国有基金控股公司下设各事业部,采取矩阵式管理模式。国有基金控股公司最初多是采用子公司制这种经营组织模式,而随着金融产品专业化、多样化的发展趋势以及监管水平的提高,事业部这种经营组织模式的优越性日益凸显出来。在集团内部形成"集团—国有基金控股公司—控股金融子公司"的三级架构,国有基金控股公司实行事业部制管理,其内部实行法人分离制度和二级财务管理系统,国有基金控股公司及其子公司均具有独立的法人资格和独立的财务管理系统。风险管理上,建立适当的"防火墙"制度,明确界定子公司间的业务,搭建统一的技术支持平台、研究开发平台、客户服务平台、网络信息平台。

第四,内部机构设置。国有基金控股公司内设立战略研究部,主要负责公司发展战略研究和资本运营;设立业务协作部,主要负责金融产品研究,协调推动控股金融子公司之间的业务协作;设立计划考核部,主要负责控股子公司的总体计划的协调指导和业绩考核。其他综合部门根据工作需要设置。

8.3.7.4 工作方案

(1)集团独资成立某省投资集团国有基金控股公司(即基金投资控股集团)。为保证组建工作的顺利进行,建议集团、二部、证券部、控股金融企业相关人员组成国有基金控股公司工作领导小组,负责方案研究和公司设立具体工作。

(2)合理调整现有的存量资产,重新进行布局,使资源配置达到最优化状态,完善金融资源平台。由集团规划、引导,把集团控股的金融机构股权转让给基金投资控股集团,逐步扩大基金投资控股集团的子公司数量和业务范围。首先通过股份转让的方式由基金投资控股集团受让集团在担保公司、某省创投、北新投、产业基金、协力基金、银行等公司的全部股权。其次,将集团控股的商行、证券、信托、支付等公司委托基金投资控股集团管理,待条件成熟考虑通过增资、股份转换、无偿划转等方式实现基金投资控股集团控股。最后,将生物基金、环保基金等集团其他金融类资产委托基金投资控股集团管理。

(3)由金控发起或参与设立其他金融子公司。集团在金融领域的资本运作,根据不同情况委托或交给基金投资控股集团运作。集团的金融业务通过整合划分为两个板块,一是核心业务板块,包括银行、证券以及信托业务,二是次级业务板块,除上述三大主营业务以外的业务均属于这个板块。要抓好核心业务,不断开拓次级业务新领域,协同发展不同的业务板块。

(4)争取国有基金控股公司做大做强,实现整体上市。上市以后,国有基金控股公司的资本规模会进一步扩大,内部治理结构更加完善,竞争力水平得到提高。此外,还可借助多种资本运作手段,如合并、收购等对业务布局进行优化。因此,对国有基金控股公司而言,上市从长远角度具有重要的战略意义,但现阶段很难以很合意的方式一步到位实现整体上市。为此可将纯粹由集团母公司控股、对下属子公司高比例或全资持股的架构搭建起来,采取矩阵式管理模式。此外,还要拓展母公司的产权及融资渠道,如引进私募股权投资基金,将整体性的外源融资渠道提供给国有基金控股公司,使子公司资金方面的需求得到满足。国有基金控股公司待政策准许后方可实现 IPO 上市。

8.3.8　国有基金控股公司风险及其防范机制设计

8.3.8.1　国有基金控股公司风险分析

(1)系统传染风险。一家公司有经营事故发生时,另一家公司的业务量可能会受到大幅影响,或者给后者带来流动性方面的困难,这即是所谓的系统传染风险。国有基金控股公司下属子公司之间的关联教育存在高度协同效率是引发这一风险的主要原因。

(2)法人治理结构风险。国有基金控股公司及其子公司治理结构不完善容易引起法人治理结构风险。若国有基金控股公司下属各子公司因集团母公司的管控而使其决策层自主权缺失,或者独立经营受到影响等,就容易出现法人治理结构方面的风险。

(3)政策变动风险。对于国有基金控股公司设立所需的资历,以及其业务发展等方面,国内监管部门目前尚未出台相应的法律法规制度,也就是说,从法律层面上我国并未认可国有基金控股公司,待相关的法律法规制度及监管指标等出台以后,很难预计其给国有基金控股公司会带来怎样的影响。值得一提的是,银行、证券、信托、保险等多种金融业务国有基金控股公司都有涉及,因此,对国有基金控股公司而言,只要某一行业改变政策和监管指标,给其带来的影响都可能很大。

(4)行业竞争风险。对于对外金融机构我国目前并未限制,而且国内金融机构如今还朝着跨区域整合的方向发展,国内大型金融集团和外资金融机构争夺地方金融资源的斗争越来越白热化,而在财务管理、技术资源以及产品营销等方面,一些金融机构的市场竞争力不容小觑,这就使得国有基金控股公司面临不小的挑战,不利于其设立、整合资源、发展金融控股业务等,这即是行业竞争风险的内涵。

(5)利益博弈风险。国有基金控股公司下属各子公司由于信息不对称方面的问题,往往存在利益冲突。金融机构会利用自身的内部信息客户不甚了解的“优势”谋取不正当利益。

(6)关联交易风险。下属子公司在信用、保险、投资等方面的风险,会影响到国有基金控股公司的清偿能力,尤其是当子公司期间存在关联交易、内部不正当交易时,这种风险还会集中起来。此外,国有基金控股公司各分支机构之间的利益也会互相影响,导致它们更倾向于开展内幕交易,使消费者利益受损,利益冲突、内幕交易方面的风险也随之增加。

(7)财务杠杆过高风险。国有基金控股公司的子公司获得母公司的投资后,会继续向新的子公司投资,财务杠杆现象由此形成,重复使用相同资本,对资本充足率造成影响。国有基金控股公司的整体资本是通过衡量单个资本的方式进行评估的,资本金如果被重复计算,那么其整体资本就会比实际由外部筹得的数额高,因此会增加财务杠杆风险。

8.3.8.2 国有基金控股公司风险防范机制

由于组织架构的原因,分业经营所存在的法规限制被国有基金控股公司很好地规避了,但这也将很多风险带给了集团及其所从事的行业中,国有基金控股公司要想实现更加稳定的发展,还需要加强宏观监管和内部控制等,具体可从以下两方面入手。

(1)内部控制。国有基金控股公司应秉承以下原则进行内部控制:第一,在控股公司发挥出协同效应的基础上,应按照市场条件,公平、公开地进行内部交易;第二,控股公司要明晰自身业务层次和组织结构等,明确风险控制的对象,采取专业化手段控制风险,做到实时监控,切实加强风险管理;第三,集团要做好整体的风险管理,在风险可控范围内赋予下属子公司一定的自主决策权。具体运作模式上,以市场规律和定价原理作为指引,依靠市场化的投资手段,以市场化的交易平台作为活动基础,建立市场化的业绩考核机制,充分实施市场化管理,减少内部人控制及寻租行为。

(2)设置风险预警系统。国有基金控股公司可通过设置风险预警系统来控制企业内部风险,而且这是风险控制的一种核心手段。用不良率、资产负债率等指标为主,建立科学的风险预警机制,增强对整体风险集中度的监测和把控;建立净资本监控体系,明确对整体资本充足率的要求,增强对控股子公司资本充足率的监测管理。

8.3.9 国有基金控股公司发展战略构想

8.3.9.1 做到集团控股,金融主体不断壮大,使融资能力达到最优

控股公司的资金毕竟有限,要做到"四两拨千斤",集中力量向商业银行等金融行业投入资本,使公司金融企业的资产规模、盈利能力快速扩大和提升;对于下属金融企业,集团采用相对控股或绝对控股的方式做到实际控制,保证能将金融企业的财务报表合并进来,不断拓展自身的资产规模和资本规模,获得最大的经营利润,将国有基金控股公司的整体融资能

力以及下属金融企业的融资作用充分发挥出来。

8.3.9.2　健全金融体系,实现金融协同,获得最大的综合效益

在目前控股商行的基础上,积极发挥引领作用,参与到城市信用社、城市商业银行等的整合工作中,控股设立并加速发展某省区域性股份制商业银行;将已控股的证券、担保、信托、产业基金、创投等公司进一步发展壮大;努力拓展各类金融主体,如保险公司、租赁公司、资产管理公司、财务公司等,使国有基金控股公司的金融业务体系更加健全。丰富金融服务功能,创新激励约束机制,以某省区域性股份制商业银行为核心,联合集团控股的各个金融主体,加强平台互动与业务协同,逐步实现人力资源共享、信息资源共享、客户资源共享、营销渠道共享、金融品牌共享、信息技术共享和研究成果共享,不断强化金融协同的深度和广度,优化配置集团的现有资源,使风险分散、效率提高、成本减少,使集团能够获得尽可能多的股权价值和综合效益。

8.3.9.3　产融结合,推动有效互动,使集团发展具有可持续性

通过对金融产业的管理和发展,更好地运用融资、资产重组、兼并收购等方式支持实业资本,如提供更多的融资便利给实业资本,以及提供金融产品和信息方面的支持等,使资本能够在集团下属各优势实体产业中顺利流动,以实现整合优化、拓展规模、转移风险等目标,使实体产业实现规模经济,具备更强的竞争优势,进而提升集团的整体竞争力水平和运作效率等。深化推进产融结合,推动集团资本朝向多元化发展。由于在运转周期上产业资本和金融资本之间存在差异,因此,要努力平衡经营风险和资本收益,更好地应对经济周期波动所带来的冲击;深化推进产融结合,使金融资本和产业资本形成相互依存的局面,逐渐降低集团交易所需的费用、节约运营成本、内部化外部利润,使集团综合效益不断提高;深化推进产融结合,借助融资能力方面的优势使集团能够向实业价值链延伸,使资本经营和生产经营所能获得的资本和资金两方面的价值双双提升,将金融和实业的协同价值充分发挥出来,使集团资金的使用效率最大化。

8.3.9.4　积极参与重组地方金融重组,促进某省金融机构整合

向国有基金控股公司的成功案例学习,打牢银行、证券、信托、担保、创业投资、产业投资基金、第三方支付等现有业务基础,将地方法人保险、消费金融、金融租赁、创业投资、汽车金融等新的业务平台逐步搭建起来,积极参与重组地方商业银行,作为一家地方金融控股集团,努力将自己打造成一艘"金融航母",在某省地方金融行业中发挥主导作用,不断提升在国内的影响力,做到门类齐全,下属子公司涉猎商业银行、村镇银行、证券、信

托、地方法人保险、信用担保、产业投资、金融租赁、期货、风险投资等行业，拥有完善的内部治理结构，严密控制风险，效益显著，通过提供更好的金融产品与服务推动某省经济持续发展。

8.4　结　论

随着金融服务全球化、自由化的浪潮不断深入，采用国有基金控股公司的形式进行金融综合经营在国外已经成为金融业竞争的主要方式。尽管我国仍然是分业经营制度，但我国政府已经意识到金融综合经营不可避免，金融企业面对国内外竞争对手，竞争也逐步探索综合经营，地方政府为掌控地方金融资源也积极支持地方国有基金控股公司的发展。在具备形成国有基金控股公司的基础和整合地方金融资源的能力基础上，通过组建国有基金控股公司有利于加速集团战略转型、有利于加快现有金融主体的发展壮大、有利于增强产融结合提高集团资本运作效率，为地方产业升级、技术创新和金融经济发展做出更大的贡献。通过组建国有基金控股集团，充分发挥国有基金的各项优势，以更高效率支持企业创新。

第 9 章　总结与展望

本研究通过分析省级、市级、区县级共计 200 家国有基金投资公司,考察了国有基金投资创新企业怎样发展业务,如何助力产业升级,来实现鼓励国有基金抓住投资机会、在实现高回报的同时,支撑中国产业技术升级和科技发展,共同为完成中国伟大复兴的目标而奋斗。

9.1　主要结论

通过逻辑分析、理论推演以及实证研究,本书得到了以下重要结论。

第一,国有投资基金能够显著缓解被投企业的融资约束,减弱企业在资本市场上的信息不对称性,激发企业的创新活力,提升企业市场价值。

第二,国有投资基金可以增强被投企业会计稳健性,增强企业的信息透明度和信息披露可信性,有助于企业拓宽融资渠道、降低融资成本,提升企业的市场价值。

第三,财政补贴和税收优惠等政策能够引导企业加大创新投入。财政补贴对于企业创新存在收入效应,税收优惠能够通过引导效应和成本效应促进企业进行创新,这些政策通过降低成本来促进企业进行创新投入,但税收优惠的引导效应更强。国有基金投资能够为企业带来更多的政府补贴,在这种作用机制下,国有基金投资可以有效地促进企业创新。

第四,在具备形成国有基金控股公司的基础和整合地方金融资源的能力基础上,组建国有基金控股公司有利于加速集团战略转型、增强产融结合提高集团资本运作效率,为地方产业升级、技术创新和金融经济发展作出贡献,能充分发挥国有基金的各项优势,以更高的效率支持企业创新。

9.2　研究意义

在经济全球化的背景下,中国的经济增长趋势、经济结构、经济政策和中外经济对比方面都会发生不同程度的变化。中国的全球化和改革开放的目的是为了走和平发展的道路，是为了让中国人真正实现富裕。这要求社会创造出更多的财富，而不是简单地进行存量分配。创造财富的前提是提高生产能力，只有生产力得到提高，中国丰沃的资源和广阔的市场才能够为中国经济的增长带来最大的助力，才能够为中国在全球化的进程中博取更大的可能。

伴随着中国经济的高速发展，国人投资理念的逐步成熟，活跃在中国大地的美元基金管理人逐渐开始了人民币基金的筹建，人民币基金逐渐崭露头角，并一步步走到了舞台中心。学术界很少有对国有基金对创新的效率测度和最佳投资模型的研究，原因之一是缺乏可靠的数据。本研究通过对国有基金投资与管理情况的调查，得到了一个可以进行研究的实际数据库。

研究遇到的根本困难在于两个极端现象的共存：在国有基金投资创新中，一方面是有保值增值考核指标和国有基金投资人；另一方面是"科技进步和产业升级"的企业风险。这就需要一个可行的解决方案模型来降低这种内在的矛盾。由国有基金投资人帮助和指导被投企业的经营管理，进行持续优化是至关重要的。

国有资本运营公司的定位是对现存的国有资产进行相关的运作，使其能够具有活性，与此同时，成为一个风向标式的存在，让社会的资金能够以其为标杆，同时提高积极性，从而确保国有资本能够达到一种在流动性和安全性以及积极性三个角度的平衡，即又确保资产的稳增长又使得资产具有变现能力。目前的国资监管类型已经发生转变，在以监管资本为主要目标的情况下，管理国有资本收益和资本安全是国有资本运营公司的重要工作任务，现有的风险管理体系迫切需要进一步转型升级，推动风险管理与价值创造的有效融合，为国有资本运营保驾护航。

国有资本运营具有很强的探索性、创新性和挑战性，在改革过程中面临诸多层面风险。此外，国资委也对风险管理和内部控制工作提出了更高要求。如何构建以价值管理为导向的风险管理体系，为做大做强做优国有资本、推动改革发展提供坚实保障，成为企业亟待解决的难题，具体表现在提升风险分析研判能力，确保业务布局满足国有资本运营公司定位；基于国有资本运营公司定位，优化集团管控模式，实现效率与风险的平衡；打造高效卓越的风险管理运作机制，为国有资本运营保驾护航；有效解决风险管理人才短缺、信息技术手段运用不足的困境。

由于国有基金投资人不仅承担基金保值增值的任务，也承担国家技术进步的战略使命,采用适当的战略和模型,被投企业组合分风险性和复杂度可有效地降低。本次研究也分析了国有基金在这个技术升级关系到中华民族复兴的广阔命题中的投资行为和作用,阐述了能够提高技术升级的专业程序、效率测度和持续优化等方面。

9.3 关键问题与建议

对于国有基金而言,没有一个万能的标杆战略和最佳方式,这在数据收集的过程中也有一定的表现。从与相关管理者的交流中了解到,国有基金面对的往往是大量的、不同的投资标的,以及标的组合件的战略选择方案,这包括:技术产业化度、投资阶段、地域差别、资金结构、管理能力、企业家能力和更迭等。复杂的投资标的与方案对探究国有基金对技术创新企业投资的主要驱动因素、决策标准、效率测度、全息画像和优化路径造成了相当的阻力。

本研究通过上市 A 股国有投资基金投资企业的财务数据,探究融资约束与企业创新和会计稳健性之间的关系,得出四点结论:一是国有投资基金缓解了被投企业的融资约束,融资约束限制了企业创新发展,企业的价值随着融资限制的增加而减低。二是国有投资基金增强了被投企业会计稳健性,企业会计稳健性与企业价值间成正相关,即企业的价值随着会计稳健性的增高而增高。三是会计稳健性与融资约束之间是负相关的联系,当会计稳健性增强的时候,企业融资约束程度会降低。四是会计稳健性能够缓解由于融资约束给企业价值带来的不利,因此如果想要减少企业价值受到的负面影响,就需要增强会计稳健性。

在国有基金积极尝试市场化的过程中,需要做到与企业家共患难,同享受。而这从技术性角度分析,需要考虑两个方面:一是对企业的筛选问题,企业数量与种类众多,规模也各不相同,和谁进行共患难同享受是需要详细考量的;二是漫长的投后管理和服务以及合法合规的退出问题,即如何与筛选出的企业共患难同享受。

9.3.1 国有基金发展的关键

截至 2020 年年底,私募股权投资市场可投资金额为 26 860.94 亿元,2020 年 PE 市场共新募资 9 404.29 亿元 ,较 2019 年同期相比下降 7.4%。投资方面,2020 年 PE 市场共发生 3 328 起投资案例,与同期相比下降 2.6%,降幅收窄;共投资 6 795.74 亿元,与 2019 年同期相比上升 14.4%。

退出方面,2020 年 PE 机构共有 2 019 笔退出,同期相比上升21.5%,在创业板改革试点注册制、中概股开启赴港上市第二轮热潮的背景下,被投企业 IPO 退出案例数持续上升。

在募资市场上,2020 年延续了 2019 年趋势,"二八效应"凸显,头部机构募资优势明显、国有大型产业基金占据市场大量资金。在私募股权投资市场上,5 亿以上规模的基金数量占 21.8%,却募集了整个市场 85.7%的资金。多个国家级基金完成募资,头部基金规模持续扩大,拉高了整体规模。国有资本是目前国内股权投资市场上的第一大资金来源。

当前是我国私募股权投资市场从"量的增长"到"质的发展"的重要调整期,行业整体管理规模仍保持较快增长。在行业竞争日益激烈和宏观经济形势复杂多变的背景下,我国私募股权基金管理人面临更为严峻的挑战。私募股权基金存在小、散、乱、差等现象,多数中小私募基金生存困难。国有基金标杆,国内主要看深创投和国投创新,地方主要看珠海、合肥国有基金。但多数地区国有中小型基金发展困难,或多或少存在自己特有的痛点。在私募股权基金快速发展变化的大潮下,国有基金如何实现健康发展,必须正视自己的痛点,并能够创新求变。

在此背景下,对国有基金的痛点进行分析。

1)激励机制创新难、落实难

机制创新的核心是激励机制创新和用人机制创新。激励机制主要包括股权机制、跟投机制以及投资募资提成奖励三个方面。目前在行业内,这三个机制已经成为行业普遍做法。但与国有企业以往激励机制相比变化较大,较难在国有企业全面实施。比较深创投和国投创新这两个最优秀的国有基金管理公司,深创投早期由于没有股权激励机制,高管纷纷出走,中下层流失更为严重,成了业内黄埔军校。而国投创新由于创立时就设立了职工持股平台坤道投资公司(持有 15%～20%股权),建立股权激励机制,国投创新很少流失人员。国投集团也实实在在收到了激励机制创新的实惠,创造的巨额利润成为集团利润调节器。

2)高度风险厌恶,可以接受整体盈利,但不能接受局部亏损

由于政策、审计、考核评价等原因,国有投资极度厌恶风险。但由于投资本身就存在风险,而且任何一笔投资都不能说没有风险,最主要的还是有控制风险的措施。基金是通过组合投资分散风险,除单一项目基金外,多数还是总体盈利的。最近 10 年内,我国 PE 基金为投资人创造了约 12.5%的费后 IRR,绝对回报不低。但在本金回流方面,私募股权基金的退出总额仅相当于募集总额的 16%,偏早期的投资项目退出率偏低,PE

的退出率已经超过 48%。

3）国有基金社会募资困难

一是资金来源面临各种限制，新募资和后续募资难度加大，加上国有中小基金整体基金盈利水平偏低，投资人的心态受到影响，对于本金以及收益的态度都较为悲观，也使本就困难重重的私募股权募资更加艰难。二是从结构上看，资金加速向头部私募股权基金聚集，集中度高于成熟市场。当前，出资人对于基金管理人的筛选更趋严格，管理团队、历史表现、风险管理及投资策略这四个方面是出资人选择管理人最为看重的内容。三是国有企业目前对基金出资不断收紧，更多聚焦于主营产业。虽然金融监管部门出台了一些支持基金发展的政策，但在具体执行层面尚无新的突破。按照资管新规，大量私募股权基金不属于持牌金融机构，无法达到金融机构准入门槛；大部分市场化母基金已经资金不足。四是作为最敏感的出资人群体，高净值客户开始逃离风险更高的中小型私募股权产品。国有基金平台完全寄希望于职业经理人社会募集不现实，当前没有业绩难以募集社会资金，只有少数国有基金管理公司能拿到社保和各地政府的资金。

4）基金发展战略不清晰，短期行为严重

基金管理公司没有集团化和上市目标，没有多元化投资能力，也跟不上市场变化和客户需求。国内基金通常因"国有一股独大""大佬一股独大"等原因，没有对管理团队进行有效的激励，可持续发展面临困难。近年，一些独立基金管理公司也寻求集团化管理，但因资本实力弱，对子公司持股比例低等原因，也难于对子公司发起设立子基金提供有力的资本支持。

5）重视短期财务目标，在长期战略目标上未能与集团以及地区产业发展战略契合

多数中小型基金迫于生存和考核压力，只能重点关注短期财务目标，对于在产业战略上如何与上级母公司协同发展考虑较少，并且多数也没有产业并购整合能力，与集团发展战略协同也成为一句空话。

6）决策流程长、效率低，出现了代理制问题

目前很多国有基金没有按照惯例由投资团队来独立决策，基本还需要报上级公司决策。即使派出董事或投委会委员，委员也要报上级公司批准后，才能发表意见，出现了新的代理制问题，因此导致决策周期拉长，决策效率变低。

7）基金团队缺乏深厚的产业和技术研究背景

过去基金主要通过财务指标进行判断，对于产业和技术的前瞻性研究

不够,很难再进行价值整合和创造。某些省属投资机构虽然投入几百亿元资金,某种情况做成了母基金的模式,因缺乏产业背景和激励机制,在推动区域产业发展上没有主动作为。与此相反,大型基金因非常重视产业和技术研究,能够充分挖掘市场机会,完成产业链整合。

8)风险控制能力差

由于专业能力不足,多数中小型基金合规和风控约束不够,多半风险失控。不少机构主要靠"资金池"业务维持运转,严重违背基金运作原理和法规,沦落到被清理的境地。现在某些中小型基金充当通道,仅仅为收取几个微薄的管理费,而面临丢失信誉的风险。

9)投后管理能力不强

投后管理是整个股权投资体系中非常重要的环节,投后管理是以退出为导向,协助被投企业进行合规经营和创造价值。但实际上很多基金没有引起足够重视,在被投资企业特别是中小企业陷入困境时,如果不加强管理,及时给予支持帮助,此前的投资可能会"打水漂"。需要强调的是,投后管理虽然重在提供增值服务,但前提则是加强投后监管,即加强风险把控,确保安全合规。

10)退出渠道单一和业务模式单调并存

目前国有基金很难进行多元化发展,导致国内逾七成私募股权投资只能通过 IPO 方式退出,通过并购方式退出占比不到 20%。到 2020 年 6 月,已经有超过百家企业实现上市,它们背后都有着私募股权的身影,私募股权机构的 IPO 渗透率超过一半,对比一下美国的情况,其近年来的退出方式都保持着较为平均的比例,并没有特别倾向哪一种的情况,并购的退出方式是较多的选择。

9.3.2 国有基金发展的建议

从国外基金公司发展历史和国内大型基金发展变化看,出现八大关键性转变:投资方向需要牢牢抓住创新驱动的行业机会;投资原则的导向从机会转变为深度研究;投资能力变得全面,投资业务也有着多种形式;LP 有着更加分散的结构;从 5～7 年延长至 10～15 年也是 LP 投资年限的改变;核心能力从财务判断转为投后价值管理;业务模式从聚焦私募向"另类＋"延伸;借助资本市场与产业龙头深度合作。

本研究通过对国有基金和科技企业都会遇到的产业情景进行分析,总结并解释了采用何种战略和何种行为这一规律性行为存在的原因,也预测了今后几年的变化趋势。从这些研究结果可以得出以下三个可行建议:建立国有基金的核心竞争力；通过差异化来形成国有基金的品牌；提高科技企业的专业化程度和持续改进。同时针对于痛点问题，提出以下对策。

1）学习先进经验、创新激励机制

全面学习借鉴国投创新员工持股做法和中国国新国际投资管理公司基金五捆绑制度（奖励与绩效、工资、办公经费、服务年限、考核结合），建立与市场接轨的薪酬机制、跟投机制、募资和投资奖励制度。深创投为了能够提高员工的积极性，对于激励机制进行了改革升级，对于奖励和惩罚都进行了升级，使得整体的管理制度呈现出较为市场化的情形。当深创投的某个项目取得成果后，负责该项目的队伍就可以得到百分之四的净收益。除了针对项目的奖励，公司在员工持股、利润分红、管理层奖励等方面都进行了强有力的措施，在这样的奖励手段之下，员工的积极性得到大大提高，干劲十足，无论是新老员工，都用行动对此举措表示了支持。值得对比的是，没有这些激励机制的国有基金团队业绩多数较差。

2）授权专业团队，建立高效的决策机制

按照行业惯例建立专业化的团队，明确基金董事会和投委会、风控委员会、薪酬委员会职责是提高决策效率的关键。目前多数国有基金除非大额单项投资（单笔投资超过总规模20%）需报董事会决策，经常性业务都由投委会决策。对于集团派出的董事和投委会委员，要基于敬业勤勉原则发表专业意见，承担相应责任。原则上，投委会委员也可以跟投，以解决道德风险和权责不对称问题。

3）盘活国有资本，解决长期资金来源

目前，多数大型国有集团持有大量的国有上市公司股权，一些国有集团持有股票总市值甚至近几百亿元。由于产业传统和股性不活，股票市值持续缩减。这些上市公司目前产业科技含量不高，亟需在"十四五"提升科技含量，实现产业升级转型。国有集团应当减持部分上市公司股权，作为基金的首期资金，适度减持部分企业的部分股票也不会影响控股权（股比不低于35%或者40%）。这些资金可以作为母基金或者直投资金，投资集团拟战略发展的产业和上市公司相关的科技含量较高的产业。减持上市公司股份变现的资金，用于支持这些上市公司培育和收购目标企业，减持目的还是为了推动这些上市公司发展得更好。

4）母基金和直投结合，定制差异化策略，创新发展模式

与国内外知名基金主要是产业领域有优势的基金合作，比如深创投、国投高新等。在合作基础上，定制差异化策略，比如基金需要依托省经济环境和产业特征，明确特色化发展道路，制定差异化的发展思路。主要应

该聚焦交通智硬科技领域。

5)基金直投业务必须坚决贯彻集团战略产业目标,在总体战略目标下兼顾短期财务利益

当前有的省提出大抓"链主型"企业和关键企业的招引工作,深入实施千亿产业投资工程,加快建设一批高能级制造业平台,以更大力度、更高质量投资推动产业优化升级,打造一批世界级领军企业和"链主型"企业、高市值上市企业、单项冠军企业、隐形冠军和"小巨人"企业。加快推进数字产业化发展,着力推动绿色低碳转型。基金应当围绕上述战略目标与知名大型基金和龙头企业合作进行战略性布局。

6)母基金业务方向需要牢牢把握创新所带来的行业机会

中国的经济在过去几十年里一直保持着相当高的发展速度,但该阶段目标已经过去,目前中国经济的发展目标将由速度转为质量,不求体量,而求结构。因此从政策角度而言进行产业升级势在必行,与此同时,中国的经济将不再完全依靠投资带动,而是由自身科技进行创新实现经济的发展。在这样的背景下,基金的视野应该更多地放到真正具有科技的公司上,比如生物医药、半导体、新能源等行业内的公司。

7)远期探索以上市为目标的双集团模式

一是先打造投资平台,再成立基金管理集团,前者能为后者发起设立基金提供规范而有力的资本支持,进而为打造新型集团化投资平台奠定基础,助力投资平台向"集团化、规模化、品牌化、规范化"转变。二是借助"投资平台"可以实现对"基金管理集团"所属子公司的约束,避免一般母基金管理存在的弊端;对各类基金管理子公司设立的子基金,投资平台给予较大比例资本支持,但不干预具体运作。三是借鉴黑石和凯雷运作模式,培育基金管理公司上市成为公众公司,打开资本市场融资渠道,后续进一步实施股权激励。目前,深圳已经提出基金管理公司上市发展的思路。

8)按照统一标准进行风险控制

为防范道德风险,对于个别少数涉及关联交易的项目仍需由上级单位统一决策;由子基金自主决策的项目,投决会组成中应当有投资平台作为基金投资人派驻的代表。上级投资平台总部设立统一的合规风控委员会,负责对总部和子公司进行统一合规和风控审查。据了解,基金业协会正在研究新的管理规则,各子公司发起设立子基金,接受集团统一风险控制。

9)与产业龙头合作,巧借资本市场东风

通过投资或者定增方式进入龙头企业,与龙头企业合作收购产业链条先进技术企业。国有基金应当学习借鉴高瓴资本与格力电器及隆基股份

等行业龙头合作模式和大型风电设备制造企业远景与红杉资本碳中和基金模式。目前深圳、珠海、广州等新设国有基金以母基金和并购基金为主。

10)加强投后管理

当前,各个投资机构在项目发现和评估环节的差异正在逐渐缩小,在投后环节的管理增值能力成为与同业拉开差距的关键。机构应注重搭建专业化的投后管理体系,尽可能帮助企业在运营管理上做出持续改进,输入更多资源。从单纯通过一、二级市场的价差,向投后价值创造方向转型,创造更多的盈利空间。

投后管理具体有三种模式:一是通过派出董事,在战略和财务、绩效考核上影响董事会和执行层;二是战略支持合作,与管理层达成共同战略目标,积极争取董事地位,侧重参与预算和战略决策,注重提升商业业绩;三是与管理层长期合作,提供战略和运营服务,全面变革和优化资本结构。目前看绝大多数基金在投后管理方面做的没有到位,高瓴资本、KKR 和红杉资本等优秀基金公司在投后管理上做得非常突出,值得国有基金大力学习和借鉴。

9.4　未来研究方向

由于学术研究水平有限,本项目的研究成长明显的不足,未来可以进一步改进和完善。本书的研究期望是:促进进一步的研究并为其提供一个基础。本书研究中提到的"全息画像""效率测度""持续优化改进"对国有基金投资科技企业而言,是"必要"的而不是"充分"的。国有基金的组织形式、激励制度、文化理念、科技企业的含科量、组织力等,都非常重要,都是促进国有基金投资科技企业的主要因素。

本书在研究的过程中,采用了大数据、机器学习以及深度学习等技术,从不同角度对国有投资基金支持产业创新模型进行了刻画,并实现路径优化。在进行相关模型构建前,花费了大量精力进行数据的收集,这包括实地的问卷调研以及对上市公司公开数据的收集和整理。在研究中体会到数据缺失和混乱给研究带来的不便。也正出于此,在今后的研究中,将着力于对数据收集和数据库的建立,力求创造出一个实用的数据库,供各位学者使用。同时也分析了相关技术对投资领域的重要影响,希望在今后的研究中,能够更多地应用前沿技术,对模型进行优化,使其进一步反映国有投资基金在相关模型中的真实表现,从而为相关的投资行为提供具有战略意义的参考。

综上所述，本项研究的成果是提供更有实践意义的专业化科技项目创新投资研究。熊彼特的创新理论为企业的发展带来了竞争优势，是被广泛接受的。技术是熊彼特创新的主要驱动力，也是不受地域限制的全球公认的驱动力。国有基金支持企业创新的效率测度、全息模型及路径优化研究可以作为投资判断模型、国有基金组织技巧和科技企业创新管理的实践，也可以更充分地运用于非国有基金投资的领域。同时也需要更多的关于可广泛运用的理论性专业创新管理知识和学术研究。基于此，这个研究并不是一个定义型的分析，而是关于本研究的观点如何运用于更多问题的建议，笔者也相信，更好地投身于国有基金投资科技企业的研究，可以为将来的学术提供更宽广、更有价值、更有潜力的平台。

参考文献

[1] 白景明. 美国自由主义的市场经济[M]. 武汉:武汉出版社,1997.

[2] 吴亚平. 投融资体制改革:何去何从[M]. 北京:经济管理出版社,2013.

[3] 吴亚平. 中国投资 30 年[M]. 北京:经济管理出版社,2009.

[4] 何婧,徐龙炳. 政治关联对境外上市企业投资效率的影响[J]. 经济管理,2012(08):11-19.

[5] 胡迟. 国有资本投资、运营公司监管的新发展与强化对策[J]. 经济纵横,2017(10):47-53.

[6] 胡锋,黄速建. 对国有资本投资公司和运营公司的再认识[J]. 经济体制改革,2017(06):98-103.

[7] 黄良杰. 国有上市公司非效率投资问题研究:基于地方政府治理视角[M]. 北京:清华大学出版社,2013.

[8] 黄少安. 制度变迁主体角色转换假说及其对中国制度变革的解释[J]. 经济研究,1999(01):66-72.

[9] 计金标,应涛. "一带一路"背景下加强我国"走出去"企业税制竞争力研究[J]. 中央财经大学学报,2017(07):19-27.

[10] 夏立军,陈信元. 市场化进程、国企改革策略与公司治理结构的内生决定[J]. 经济研究,2007(07):82-95.

[11] 夏立军,方轶强. 政府控制、治理环境与公司价值[J]. 经济研究,2005(05):40-51.

[12] 曹尔阶. 新中国投资史纲[M]. 北京:中国财政经济出版社,1992.

[13] 谢毓祯. 国有资本投资运营公司发展模式的投行化前瞻[J]. 国际金融,2017(08):71-74.

[14] 辛清泉,谭伟强. 市场化改革、企业业绩与国有企业经理薪酬[J]. 经济研究,2009(11):68-81.

[15] 辛清泉,郑国坚,杨德明. 企业集团、政府控制与投资效率[J]. 金融研究,2007(10a):123-142.

[16] 苏坤. 国有金字塔层级对公司风险承担的影响:基于政府控制级别差异的分析[J]. 中国工业经济,2016(6):127-143.

[17] 杨兴全,任小毅,杨征. 国企混改优化了多元化经营行为吗?[J]. 会计研究,2020

（4）：58 - 75.

[18] 闫妍,尹力,李晓腾,陈晓松.华尔街控制下的美国经济对我国发展国有资本投资公司的启示[J].管理世界,2015(06)：1 - 7.

[19] 潘泽清.以新加坡淡马锡公司为例谈国有资本运营公司投资策略选择[J].财政科学,2017(6)：109 - 119.

[20] 戚聿东,张任之.新时代国有企业改革如何再出发？——基于整体设计与路径协调的视角[J].管理世界,2019(3)：17 - 30.

[21] 辛宇.国有资本投资、运营公司与国有经济的高质量发展——基于国企系族的视角[J].财会月刊,2019(11)：3 - 8＋178.

[22] 刘纪鹏,刘彪,胡历芳.中国国资改革:困惑、误区与创新模式[J].管理世界,2020(1)：60 - 68＋234.

[23] 曹晋生.企业发展中的银行融资[M].北京:经济管理出版社,2002.

[24] 张宁,才国伟.国有资本投资运营公司双向治理路径研究——基于沪深两地治理实践的探索性扎根理论分析[J].管理世界,2021(1)：108 - 127＋8.

[25] 卜君,孙光国.国资监管职能转变与央企高管薪酬业绩敏感性[J].经济管理,2021(6)：117 - 135.

[26] 綦好东,吕振伟,苏琪琪.国有资本授权经营体制改革与国有企业杠杆率[J].经济管理,2022(12)：39 - 55.

[27] 肖土盛,孙瑞琦.国有资本投资运营公司改革试点效果评估——基于企业绩效的视角[J].经济管理,2021(8)：5 - 22.

[28] 安同良,周绍东,皮建才.R＆D补贴对中国国有企业自主创新的激励效应[J].经济研究,2009(10)：87 - 98＋120.

[29] 白俊红,蒋伏心.协同创新,空间关联与区域创新绩效[J].经济研究,2015(7)：174 - 187.

[30] 刘诗源,林志帆,冷志鹏.税收激励提高企业创新水平了吗——基于企业生命周期理论的检验[J].经济研究,2020(06)：105 - 121.

[31] 陆国庆,王舟,张春宇.中国战略性新兴产业政府创新补贴的绩效研究[J].经济研究,2014(7)：44 - 55.

[32] 叶静怡,林佳,张鹏飞,曹思未.中国国有企业的独特作用:基于知识溢出的视角[J].经济研究,2019(6)：40 - 54.

[33] 袁建国,后青松,程晨.企业政治资源的诅咒效应——基于政治关联与企业技术创新的考察[J].管理世界,2015(1)：139 - 155.

[34] 福建师范大学福建自贸区综合研究院."一带一路"与中国自贸试验区融合发展战略[M].北京:经济科学出版社,2017.

[35] 周静,辛清泉.金字塔层级降低了国有企业的政治成本吗——基于经理激励视角的研究[J].财经研究,2017(1)：29 - 40.

[36] 李文贵,余明桂.民营化企业的股权结构与企业创新[J].管理世界,2015(4)：112 -

125.

[37] 曹春方,张超.产权权利束分割与国有企业创新——基于中央企业分红权激励改革的证据[J].管理世界,2020(9):180-193.

[38] 马连福,王丽丽,张琦.混合所有制的优序选择:市场的逻辑[J].中国工业经济,2015(7):5-20.

[39] 郝阳,龚六堂.国有、民营混合参股与公司绩效改进[J].经济研究,2017(3):122-135.

[40] 杨兴全,尹兴强.国有企业混改如何影响现金持有[J].管理世界,2018(11):93-107.

[41] 蔡贵龙,柳建华,马新啸.非国有股东治理与国企高管薪酬激励[J].管理世界,2018(5):137-149.

[42] 耿明斋.转轨时期的投资体制和投资运作方式[M].北京:中国经济出版社,2001.

[43] 王辉耀,苗绿.中国企业全球化报告[M].北京:社会科学文献出版社,2016.

[44] 王耀中.中国投资体制转型研究——一种中西比较的新视角[M].北京:人民出版社,2002.

[45] 吴敬琏,厉以宁,郑永年,等.读懂供给侧改革[M].北京:中信出版集团,2016.

[46] 吴敬琏.供给侧改革[M].北京:中国文史出版社,2016.

[47] Aghion P, Tirole J. Formal and Real Authority in organization[J]. Journal of Political Economy, 1997, 105(1): 1-29.

[48] Ammar O. L'approche des fonds d'investissement dans l'expérimentation stratégique du Business Model[J]. Humanisme Et Entreprise, 2014(316): 47-66.

[49] Ang A. The Four Benchmarks of Sovereign Wealth Funds[R]. Columbia Business School and NBER, 2010.

[50] Artz M, Homburg C, Rajab T. Performance-measurement system design and functional strategic decision influence: The role of performance-measure properties[J]. Accounting, Organizations and Society, 2012, 37(7): 445-460.

[51] Anand B N, Khanna T. Do firms learn to create value? The case of alliances[J]. Strategic Management Journal, 2000, 21(3): 295-315.

[52] Boyns N, Cox M, Spires R, Hughes A. Research into the Enterprise Investment Scheme and Venture Capital Trusts[R]. Cambridge, UK: Inland Revenue, 2003.

[53] Coyne B. EDF and Eon revenues holding[J]. Utility Week, 2010.

[54] Bourne M, Mills J, Wilcox M, et al. Designing, implementing and updating performance measurement systems[J]. International Journal of Operations & Production Management, 2000, 20(7): 754-771.

[55] Gugler K, Yurtoglu B B. Corporate governance and dividend payout policy in Germany[J]. European Economic Review, 2003, 47(4): 731-758.

[56] Buchanan J M. An Economic Theory of Clubs[J]. Economica，1965，32(165)：1-14.

[57] Jensen M C，Meckling W H. Theory of the Firm：Managerial Behavior，Agency Costs and Ownership Structure[J]. Social Science Electronic Publishing，1976，3(4)：305-360.

[58] Kennedy J. Particle Swarm Optimization[C]. Proc. of 1995 IEEE Int. Conf. Neural Networks，Perth，Australia，1995，Nov. 27-Dec.

[59] La Porta R，Lopez-De-Silanes F，Shleifer A，et al. Legal Determinants of External Finance[J]. Journal of Finance，1997，52(6)：1131-1150.

索　引